1　大嘗宮悠紀殿内部の復元図（中嶋宏子画）

2　近世大嘗宮復元模型内部
（國學院大學博物館所蔵）

3　平城宮朝堂院，大嘗宮復元図（中嶋宏子画）

4　近世大嘗宮復元模型（國學院大學博物館所蔵）

5　平成２年（1990）の大嘗宮主基殿，左は廻立殿

6　神饌と祭祀用具図（中嶋宏子画）

7　平成 25 年（2013）10 月 2 日皇大神宮式年遷宮遙拝の儀，庭上へ降られるところ（宮内庁提供）

8　新嘗の原風景「倭の屯田」と三輪山・大和川

大嘗祭と古代の祭祀

岡田莊司

吉川弘文館

序文　大嘗祭の本義を求めて

神祇祭祀の淵源

古代の祭祀は、神祇を祀る神社における祭式作法に示されてきたが、もう一つ、宮中・天皇祭祀も重要な論点といえる。古代においては、地域・氏族祭祀と国家・天皇祭祀との、祭祀権の二重構造によって神道信仰の基本形が構成され、この形態は明治初期まで継承されてきた。この天皇祭祀の最高峰に位置してきたのが、天皇一代一度の大嘗祭《おおにえのまつり》《だいじょうさい》と毎年の新嘗祭《にいなめさい》であり、ここに古代祭祀の本義が受け継がれてきたことは確かであろう。

神社祭祀の淵源は、磐座《いわくら》祭祀・聖水信仰など、自然景観との関連が指摘されてきた。これらは五世紀初頭以後、遺跡の発掘から祭祀の連続性が確認できる（宗像沖ノ島、三輪山周辺遺跡など）。一方の、天皇新嘗と大嘗祭の源流は、磐座・神社祭祀とは異なり、大王・豪族の居館内神殿に発し、祖神祭祀が想定されている（大和纏向《まきむく》遺跡、秋津遺跡など）。

近年、大和三輪山を望む纏向遺跡の大型宮殿と推定される跡の隣から、稲と粟の実、鯛・鯖・鯵の骨と多量の桃の種が発見された。七世紀・律令制以前の新嘗は、稲・粟が供えられていたと推定され、のちの『延喜式』内膳司によると、干鯛・干鰺が新嘗・神今食の祭料に用いられていて、その品目の共通性は注視したい。

祭祀起源の二系統

[三・四世紀～]　居館内神殿―祖神祭祀　⇩宮中・新嘗・天皇親祭〈内廷〉→大嘗祭・新嘗祭
[五世紀～]　自然景観―磐座・聖水祭祀　⇩神社・天神地祇祭祀・神祇官班幣〈外廷〉祈年祭

祭祀起源の二系統として、古く居館内神殿・新嘗祭祀の原形が始まり、つづいて自然景観を背にした磐座・聖水祭祀から発した神社が成立していった。七世紀後半以後、伊勢の神宮祭祀では、この二系統が合成された新たな祭祀形態を確定させ、皇祖神祭祀の宗廟としての地位を確立してゆく。また、天皇宮中では新嘗を拡大した大嘗祭が成立した。伊勢神宮と大嘗祭とは、ともに天皇祭祀権に基づく皇祖・天照大神への祭祀であった。

これに対して、神社・天神地祇祭祀は、地域祭祀権を温存させたまま、国家祭祀として包括する形態であり、律令祭祀の祈年祭班幣（『延喜式』全官社三一三二座）・月次祭班幣・新嘗祭班幣（ともに、『延喜式』三〇四座）として、年中恒例の神祇官祭祀が確立する。

大嘗祭の祭祀の本義は、農耕生育への感謝と災異現象へ対する予防とであった。日本列島を生活の場に選択したときから、私たち祖先は自然の恵みに沢山の恩恵をうけるとともに、厳しい自然災害を切り抜けてきた。大嘗祭と天皇祭祀は自然災害への対応を組み込むことで、祭祀への理解が深まる。現代へとつづく神道論もまた、自然と災害とを組み入れることで、古代人の思想・意識に触れることが可能となる。

祭祀上の本義

大嘗祭の原形である新嘗のはじまりは、高天原において粟などの陸田種子と稲の水田種子を植えて天照大神の御田が耕作され、その収穫で天上の祭祀が営まれた。さらに天照大神は「吾が高天原にきこしめす斎庭の穂を以て、亦吾が児にまかせまつるべし」と神勅を下され、天上の御田を地上に再現したのが天皇直営の「倭の屯田」である。新嘗に供えられる稲を収穫する御田は、律令制下において、畿内の官田に引き継がれた。これが大嘗祭になると、規模を拡大し国郡卜定で選ばれた畿外（都周辺の外）の国郡二ヶ所で収穫された稲が用いられ、第一の国郡を悠紀《ゆき》（斎忌、清浄のこと）国といい、第二の国郡を主基《すき》（次、二番目のこと）国という。

十一月（中または下）卯日の大嘗祭儀は、大嘗宮の中に左右対称の正殿である悠紀殿・主基殿において、皇祖天照大神に新穀の神膳を捧げ、神と天皇とが共食し、国家の安寧を祈念する国家最高の

「饗《あえ》の事」といえる。当日酉刻（午後六時）に掃部寮官人らは、悠紀・主基正殿の中央に、神座（寝座）・御座を同時に鋪設し、また同時刻、主殿寮により燈・燎が点灯される。これにより、大神来臨の場が作られ、大嘗宮の東の斎場である悠紀院において第一の神事、西の斎場、主基院において第二の同一の神事が行われる。

室町時代の学者一条兼良の『代始和抄』によると、悠紀・主基の二儀は、大きな違いではなく、左右・前後ということであるとし、その和訓は、「神事潔斎の心」であると説く。悠紀・主基の両殿は二殿合一であり、斎忌の斎場で夕膳を供え、再度、次の斎忌の斎場で暁膳を差し上げ共食を行う。悠紀殿の儀は夕膳、主基殿の儀は暁膳《あかつきのみけ》と考えられ、伊勢神宮における神嘗祭《かんなめさい》・月次祭《つきなみさい》の由貴夕大御饌《ゆきゆうのおおみけ》と朝大御饌とにおける祭儀の時間帯の共通性により、祭祀の意義を理解することができる。

本来、天照大神と天皇とは、神代における宝鏡奉斎と「同床共殿」の神勅により、宮殿内に同居することが本旨であったが、国内に疫病がはやり不都合が生じたため、大神をより丁重にお祀りするため、垂仁天皇のとき伊勢に鎮座することになる。「同床共殿」の本旨は毎年新嘗祭と神今食《じんこんじき》《かみいまけ》（中世後期に廃絶）斎行と内侍所《ないしどころ》（賢所《かしこどころ》）祭祀に受け継がれていくとともに、最上の清浄である二殿合一という、二神殿を用意した大神事が天武・持統天皇朝から現代（二〇一九年十一月十四・十五日斎行予定）まで、天皇代替りごとに継承されてきた。

＊　＊

本書前半の第一部「大嘗の祭り」は、三十年前、平成の大嘗祭を控えた平成二年十月に刊行された『大嘗の祭り』（学生社）を、そのまま再録した。同書は山折哲雄監修・日本宗教史年表編纂委員会編『日本宗教史年表』（河出書房新社、平成十六年）の「一九九〇年（平成二）」の年表部分に、

10・15　岡田莊司『大嘗の祭り』刊（この年の即位の礼・大嘗祭に関して「平成大嘗祭論争」の中心意見とされ、折口信夫の「寝座秘儀論」を批判）。

とある。研究書は一般的に五年から十年で生命力を失う事例が少なくない。『大嘗の祭り』も、時代遅れになってきた部分も少なくないと思われるが、「平成大嘗祭論争」において、中心学説とされた歴史の一産物となっているため、あえて訂正を控え、誤植部分の修正にとどめた。

本書後半の第二部「古代祭祀と大嘗祭」は、その後に発表した論稿、最近の研究成果、そして平成の時代が終わり、御代替わりに際して、新たな大嘗祭論議を提起した新稿を組み入れてお届けするものである。第一部と第二部との間には、三十年の時間差があり、引用文献が共通することから、重複する部分は少なくないが、論考の中で見解の相違がある場合は、最新の発表が現時点の理解であることをお断りしておきたい。

平成最後の元旦に

岡　田　莊　司

目次

カバー裏　悠紀国と主基国の「標の山」図（中嶋宏子画）解説

悠紀・主基の国郡の人々が、山・樹木・日月・人物・動物などを台に組み立て、大嘗祭の当日、曳き回わす神賑わいの儀礼。中世後期に廃絶した。のちの全国祭礼の山車（だし）の源流にあたる。弘仁十四年（八二三）淳和天皇大嘗祭が初見（『日本紀略』）。つぎの天長十年（八三三）仁明天皇大嘗祭の様子が『続日本後紀』に記録されており、この記事をもとに描いたのが本図。

悠紀の標は「悠紀丹波」の四字が掲げられ、お祝いの寿山に、桐と鳳凰、五色の雲、太陽と半月が掛かり、その前には中国黄帝の側近天老と神獣である麒麟、後ろには呉竹が置かれている。主基の標は、「主基備中」の四字が掲げられ、寿山の上では西王母が舜に版図を授け、桃を盗む童子、鸞鳳と麒麟、鶴などが置かれている。

図表目次

口絵

第一部　大嘗の祭り

序章　皇位継承儀礼・一代一度の大嘗祭

はじめに

大嘗祭《おおにえのまつり》《だいじょうさい》は神祇官によって代行できた新嘗祭とは違って、かつては摂政といえども代行の叶わない天皇一代一度の親祭《しんさい》である。大嘗宮内の正殿（悠紀殿《ゆきでん》・主基殿《すきでん》）に皇祖神・天照大神《あまてらすおおみかみ》（および天神地祇《てんしんちぎ》）をお迎えし、新穀の神膳を捧げて共食され、国家の安寧を祈念して大神の霊威を享受する厳粛・素朴な国家最高の「饗《あえ》の事《こと》」といえよう。

その祭儀は、特別の呪術的〝秘儀〟が存するわけではなく、学問的検証を欠いた折口信夫説とその亜流の諸説（聖婚儀礼説など）は、一九六〇年代以降流行していったが、もはや通用しない論である。祭りの性格は「単純素朴に過ぎたとも思はれる行事であつた」（柳田国男「稲の産屋」全集第一巻）。

先の昭和の大嘗祭に際して、折口信夫は、天孫降臨された皇御孫尊《すめみまのみこと》がかぶられた〝真床覆衾《まとこおふすま》〟を神の座の御衾に見立て、皇御孫尊である天皇が、この座に入られて物忌《ものいみ》される場とみた。以後、折口説をとくに重視する見解は（宮地直一を除くと）ほとんど評価されることはなかったが、一九六〇年代以降、国文学の西郷信綱が新たな視点から再評価したのをはじめ、歴史学・神話学・文化人類学・宗教学等々諸学に無批判に波及していく活況を呈するに至った。

さらに最近の十年は神秘主義やオカルトブームに乗って、折口〝真床覆衾〟論を受容したり、批判したりしながらも寝座における秘儀を想定して、聖婚儀礼説を唱える意見は数多い。

しかし、寝具との連想から有力視されている聖婚儀礼説も、天皇と誰との聖婚なのか（国津神の女、采女《うねめ》、中宮など諸説出されているが定まっていない）。第二の神座に招かれているのは皇祖神・天照大神であり、皇祖との聖婚が成り立つのか。さらにいえば、寝座は一人用であり、二人分の寝座は用意されていない。

単純・素朴な神祭りの源流は、大嘗祭の淵源である秋の収穫を感謝する新嘗《にいなめ》儀礼であり、また奥能登のアエノコトはその最たる民間の信仰儀礼であることはよく知られている。『常陸国風土記』にみえる、新嘗の夜に祖神が訪れる伝承も、本来は全国的に流布していた新嘗伝承であろう。

こうした観点を重視していけば、折口説および多くの研究者に支持されている聖婚説、寝座秘儀説は説得力が弱いということになる。天皇みずから寝座の寝具にくるまり、秘儀を行い神の資格を得るという従来の理解は根本から考え直さなければならないであろう。

中央の神座は、天皇といえども入ることのできない神の座である。天皇は国の民を代表して、大神に近づくために聖性化のための斎《い》みをつづけ、卯日の夜、天照大神と対座して最高の神膳《しんぜん》を手づから差し上げ、もてなされる。そして神座は大神が一夜お休みになられる見立ての寝座であり、悠紀殿の神事は夕御饌《ゆうのみけ》、主基（次）殿の儀は暁御饌を奉る神聖な一夜である。皇祖神の来訪をいただくことにより、天照大神の神威にふれられ、大神と心を一つとされる。この儀式を経ることにより天津日嗣《あまつひつぎ》をつがれた天皇としての地位が認証され、天皇本来のおつとめである日本国の祭り主としての立場が公けに示されたことになる。大嘗祭以前に、天皇が行うべき親祭である毎年の神今食《じんこんじき》・新嘗祭がみずから親祭されていない（神祇官が代行する）のは、そのためであろう。

一　いま求められている実証研究

大嘗祭の中心儀礼は、嘗殿における天皇「御」一人による神膳供進《しんぜんきょうしん》・共食（薦享《せんきょう》の儀）と〝真床覆衾〟の二つの儀礼から成り立っているといわれてきた。とくに後者の天孫降臨神話に由来する〝真床覆衾〟説は長い歴史の中で奉仕する側からまったく意識されてこなかったことであるが、突然、昭和の大嘗祭に際して、折口信夫がみずから「仮説」であることを認めつつ提示した論である。

しかし、昭和六年（一九三一）に内閣大礼記録編纂委員会が刊行した公式の記録である『昭和大礼要録』の第五編大嘗祭に収める「大嘗祭の意義及沿革」の項にも、「天皇即位の後、始めて新穀をきこしめすに当り、先づ御躬ら天照大神及天神地祇を祀らせ給ふの儀にして、御一世一度の新嘗なれば之を大新嘗とも云ふ」とあり、記紀の引用は記されているが、天孫降臨神話とのつながりは何も論じられていない。

　戦前は折口の〝真床覆衾〟論そのものが世論に与えた影響は大きくなかった。むしろ学問が自由になった戦後になって、折口「仮説」に追随し、また検証なく推論のまま受容・発展させていく学問傾向が目立ち、文学・歴史・神道・民俗・考古をはじめ多方面に展開され、この四十年間に肥大化していった。このことの意味とその今日的影響を問うことも必要であろう。

　折口「仮説」の影響力は現在も大きく、大嘗宮の神座（寝座）と天孫降臨神話の〝真床覆衾〟は同一の場とみられてきているが、何一つこの「仮説」を立証できる根拠はない。

　現在に至るまで、こうした現状を認めてきたことは、実証的検証法を旨とする戦後歴史学の怠慢であり、われわれは長い間折口「仮説」に対して幻想を抱きつづけてきたのであった。しかし、いまこそ真に学問的立場から折口〝真床覆衾〟論を検討すべき時期にきている。

　嘗殿中央の神座（寝座）に天皇は入られ「秘儀」が行われたのであろうか。また、折口説を受容・批判する双方から、聖婚儀礼説や先帝遺骸同衾説《どうきんせつ》などが提示されているが、これらの諸説とも、折口説に準じた神座（寝座）秘儀説であり、広い意味でいえば折口「仮説」の流れを亜《つ》ぐものといえよう。

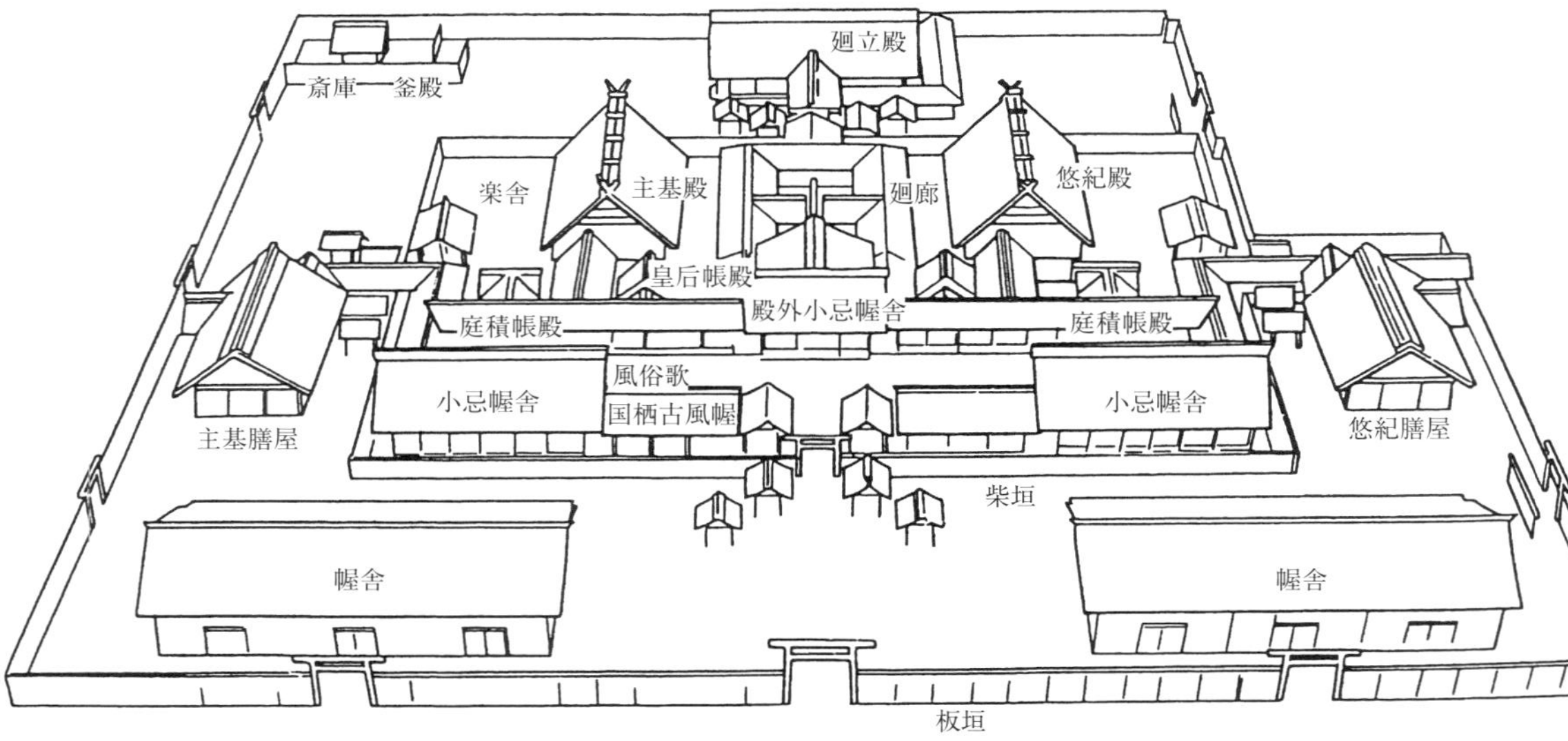

図1　大正・昭和の大嘗宮鳥瞰図

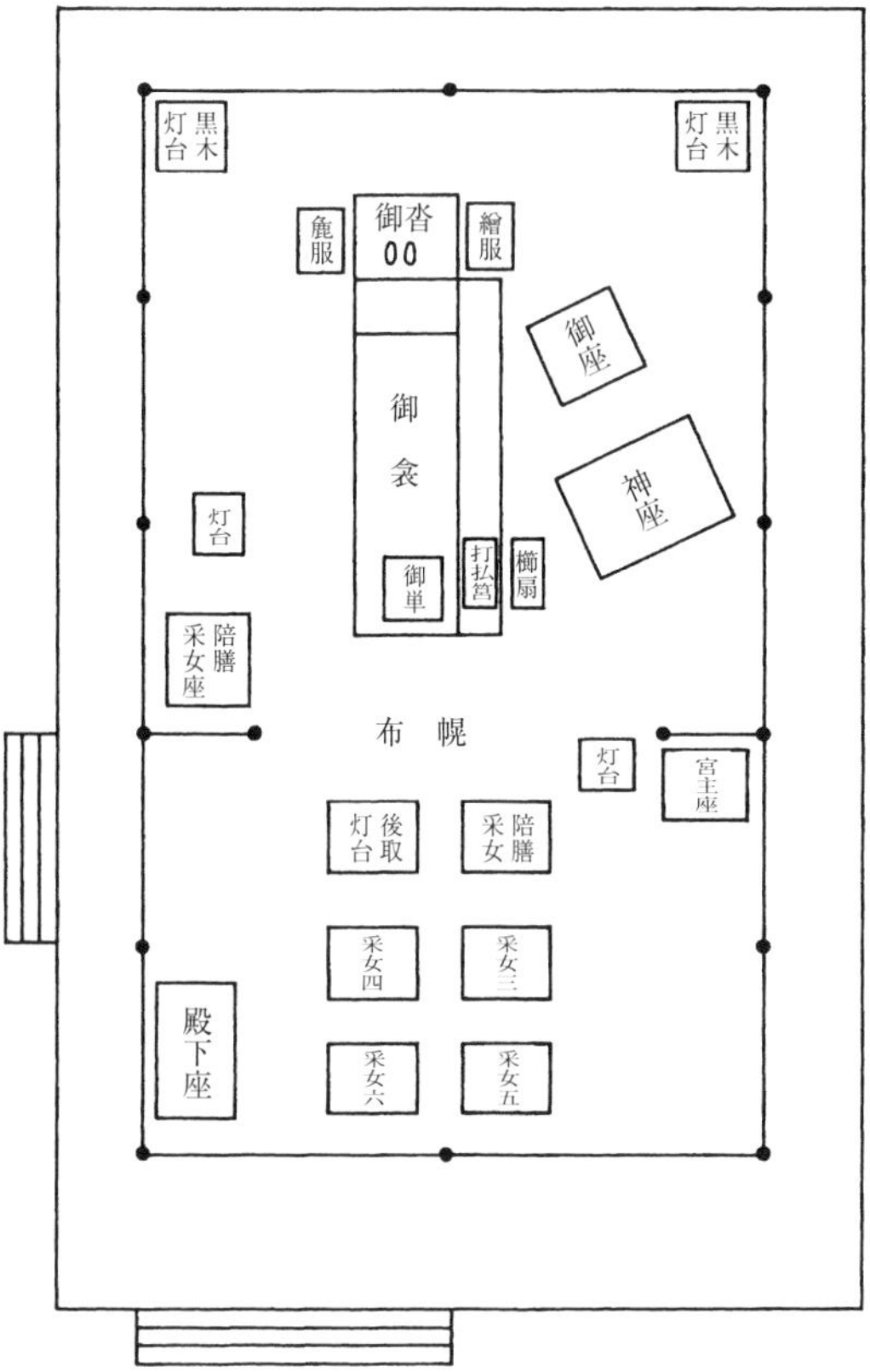

図2　近世大嘗宮正殿平面図

神座（寝座）には、天皇は一貫して近づくことはなく、神座不可侵説を明確に主張しているのは私見以外にはなく、したがって多くの研究者からの反論が予想される。

しかし、神まつりの祭儀の本旨との類似性を考慮していくならば、私見はあながち誤りとはいえず、むしろ折口「仮説」を出発点として六十年間に波及していった新説・珍説の方に多くの欠陥があり、どれも実証的研究の批判にたえられる内容ではないと考えている。

平成元年（一九八九）十二月十六日、伊勢の神宮月次祭《つきなみさい》の由貴大御饌《ゆきのおおみけ》供進の儀を拝観する機会があった。わずかの松明の光のほかは闇の中、粛々と祭儀は進行していくが、御正殿の前における供進の儀は奉仕者のほかは、人前に見せず、また口外もしないことになっている。その祭祀上の本旨は大嘗祭とも共通する意味をもっているのではないかと、浄闇の中で考えた。

大嘗祭の悠紀（斎忌）の秘儀は、皇祖天照大神を第二の神座である短帖にお迎えし、天皇と対座されて夕の神膳を差し上げ、みずからも御飯と白酒《しろき》・黒酒《くろき》をいただく。この時には天皇は称唯（ゐしょう）され、低頭する所作がある。これは大神へ「粛敬」の御心を示したものであろう。薦享の儀を終えると、大神は八重畳の第一の神座に一夜お休みになられる。主基（次）の祭儀には、朝の神膳を捧げ、悠紀と同様の所作があり、皇祖は夜明けとともにお帰りいただく。こうしてみれば、柳田国男のいうとおり、単純素朴な祭りであった。第一神座は皇祖天照大神が一夜お休みになられるための見立ての寝座であり、天皇が入られることはなかったであろう。少なくとも寝座秘儀の伝承は古くから伝えられていない。

大嘗祭は新嘗祭と違って、摂政といえども代行の叶わない親祭であり、皇祖との薦享《せんきょう》の儀を経て、大神の霊威・恩頼《みたまのふゆ》をうけられる国家最高の「饗の事」である。

皇祖天照大神と天皇が人前にみせず、口外せず、聖別された神膳を供えて交歓されることに本旨があり、これを「秘事口伝」として伝えてきた。したがって、いわゆる呪術的な〝密儀〟が存在したわけではない。祭儀はもっとも厳粛・素朴な所作の儀式であり、その本源は大化前代いらいの新嘗に起源をもち、民間に広く行われていた農耕祭祀を源流としている。幻想を排した実証研究に基づいた大嘗祭論がいま求められている。

二　即位の礼と大嘗祭

平成二年（一九九〇）十一月には、皇位継承の中でも最大の儀式、祭祀である即位の礼・大嘗祭が予定されている。

皇位継承儀礼は、践祚《せんそ》・即位・大嘗祭など一連の諸儀礼からなり、長い歴史と伝統に基づいて構成されている。

「践祚」は祚《くらい》を践《ふ》むことであり、古くは皇位に即《つ》く「即位」と同意であったが、平安時代に入り、この二つは分化し、のちには践祚は先帝の崩御、譲位のあったときをさして称するようになった。皇位の継承には、一時たりとも空位があってはならず、本来は継承の儀礼をいうよりも、崩御・譲位に伴う日嗣の継承の〝事実〟そのものをさしたと思われるが、践祚に付随して行われる剣璽渡御《けんじとぎょ》（今回は昭和六十四年〈一九八九〉一月七日、昭和天皇崩御当日の午前十時、剣璽等承継の儀）が、その可視的な儀式とされてきた。この剣璽の二種の神器は、つねに天皇とともにあるべき宝器であり、神器の新帝への移御はすみやかに行うこととされてきた。

昭和天皇崩御から一年、諒闇明けの今年、平成二年は御大典に関わる諸儀礼が行われる。すでにその最初の即位の礼・大嘗祭の期日を賢所《かしこどころ》はじめ宮中三殿の神々に奉告する期日奉告の儀が一月二十三日親祭された。同日午後には宮殿竹の間において勅使発遣《はっけん》の儀（神宮および神武天皇陵はじめ前帝四代の山陵）が行われ、二月八日には斎田点定《てんてい》の儀（亀卜《きぼく》により悠紀地方は秋田県、主基地方は大分県に決定）が斎行《さいこう》され、準備は着々と進められている。

今後は、八月に大嘗祭の祭場となる皇居東御苑において大嘗宮地鎮祭が斎行され、悠紀の嘗殿、主基の嘗殿など、古代宮殿建築の形式をそのままのこしている諸殿舎の造営がはじまることになっており、秋に入ると、秋田・大分両県の斎田に勅使（抜穂使《ぬきほ》）が参向して、黄金色に稔った稲穂を収穫し、その新穀を供納して白酒《しろき》・黒酒《くろき》の御酒造りが開始されることになる。

即位の礼（十一月十二日）は、天津日嗣をつがれ皇位を継承されたことを、新天皇が高御座《たかみくら》に登られ、広く全国民（あわせて諸外国にも）に宣せられる祝賀の儀礼である。こののち、御禊《ごけい》・大祓《おおはらえ》・鎮魂の諸儀を経て、新天皇は聖性化のための斎戒《さいかい》の日々をおくり、いよいよ大嘗宮の御儀が十一月二十二日（卯日）夜から二十三日にかけて、斎行されることになっている。

古来より即位の儀を経たのち、天皇はみずから大嘗祭を親祭されることを例とされた。践祚され天津日嗣をうけられた天皇が、即位の儀において皇位の継承を天下に宣せられ、日本国の祭り主（祭祀権者）の地位につかれた聖なる「御」一人は、はじめて、その年の収穫を神に感謝する新嘗の〝まつりごと〟を親祭される。それが大嘗祭である。

大嘗祭ののちに即位の儀が行われた例は歴史上一例もみえない。すべて即位の儀ののちに斎行されることに順序が定まっていることは、当然そこに確たる理由があったと考えられよう。それは正式に即位された皇位継承者すなわち祭祀権者が執り行う〝まつりごと〟であった。

践祚・即位・大嘗という皇位継承儀礼の一環として最重要の大嘗祭について、その特質、基本性格を、史料が豊富（とくに平安期）で、その成立の原点となる〝古代〟の世界を通していささか言及することにしたい。

三　大嘗祭の前段諸儀

大嘗祭の御儀について一口で簡単に説明することはむずかしい。その祭祀構造は、かなり大がかりで複雑な組織・機能から成り立っている。その最大の理由は長い歴史と伝統に支えられ、重層的な儀礼構造が踏襲されており、その上、古い大化前代からの新嘗儀礼の形態をも含んでいるからである。そして、その原形としての祭祀構造にこそ〝天上の儀〟〝神代の風儀〟が備わっていると意識されてきており、日本の伝統文化や生活様式、さらにもっとも大切な神観などが、ここには凝縮されている。現代においては、簡略化されてしまった面（御禊《ごけい》行幸、大化前代いらいの伝統的氏族の奉仕など）もあるが、その本質的部分については、古例・伝統が尊重されてきた。室町末期の後柏原天皇いらい百八十有余年にわたって中絶したのち、近世の再興時には、古儀を求めて多大の努力が払われた。近代においても、皇后の参加、国民奉賛のしるしとして庭積《にわづみ》の机代物《つくえしろもの》の献上など新規の制が加わるとともに、明治の国制機構の改編に伴い、古代から近世までつづいた職制にかかわる奉仕分担をどう移行させていくか、の課題もあった。基本的な祭儀の本質については変更させることなく、古制を順守しつつも、新たな整備のあとが認められる。

次に大嘗祭の儀式次第を、古代の儀式書『儀式』と『延喜式』に基づいて鳥瞰しておきたい。『儀式』は一般に『貞観儀式』とも称されてきており、貞観年間（八五九〜七七）後半の成立に比定されている。現存する『儀式』十巻のうち、三巻が「践祚大嘗祭儀（上・中・下）」にあたる。これ以前のくわしい大嘗祭式次第書はいまのところ見当らず、研究の第一歩は、この『儀式』に頼らざるをえない。

以下は『儀式』『延喜式』などにより、大嘗祭儀に関わる主要行事に触れていくことにする。

その祭儀の中心儀礼は、皇祖天照大神をお招きして、天皇みずから神膳を供え、おもてなしする卯日（十一月中卯の夜半から翌朝まで）神事（悠紀殿の儀・主基殿の儀）である。当日は全国の天神地祇への班幣行事も執り行われた。卯日の前日寅日は鎮魂祭が斎行されるが、この点は毎年の新嘗祭と変わらない。

大祀である大嘗祭は、一ヶ月の散斎《あらいみ》期間を必要とする重儀《じゅうぎ》であり、十一月一日から官人たちは斎みに入る。そのうちの三日間が致斎《まいみ》であり、祭儀が斎行される卯日と前日・前々日の丑・寅日がこれに相当する。祭儀を終えた辰日以降、三日間は節会《せちえ》、すなわち宴が催され、辰日節会・巳日節会・午日の豊明節会が連続して行われ、一連の大嘗の諸儀を完了する。これら諸儀式を総称して大嘗会《だいじょうえ》と称する方が平安期以降は通用していった。

十一月の大嘗祭（中卯の神事）に先立つ一週間前から悠紀・主基国の人々の手によって大嘗宮の造営にとりかかり、五日間で完成させることになっていた。それは致斎（丑・寅・卯日の三日間）に入る前日（子日）までを造営日程の限度としており、以後は致斎となり、地方から参集した人々も含めて、厳重な斎みと〝祭りごと〟の日々を迎えることになる。

さて十一月卯日の大嘗祭儀へ至るには、半年以上も前から、関連の諸儀式・行事が斎行される。その最初は悠紀・主基の二国を決める（一）国郡卜定から始まる。七月以前に受禅即位のあったときは「天皇即位之年」に行い、八月以後の即位及び諒闇《りょうあん》の登極《とうぎょく》は翌年以降にするとされていた。朝廷側は大嘗祭儀の運営のために、検校・行事の担当官を任命し、行事所を設けた。検校以下は大嘗宮の材木・萱《かや》を採集する山野の地を卜定、また山城北野へ到り、京の斎場の地を卜して、荒見川において祓《はらい》をする。

八月上旬から神事にかかわる準備の諸儀が数多く行われる。（二）大祓使を発遣（八月上旬と下旬の二度）して全国を祓うとともに、その月晦日には恒例二季の大祓と同じ形式で在京諸司を対象とした大祓が施行される。また、こののち（三）天神地祇への奉幣（大嘗会大奉幣）がある。

八月上旬には、（四）抜穂使（宮主・卜部を両国に各二人）を発遣する。悠紀・主基の国ごとに六段の斎田が用意され稲作りが進められる。この斎田を大田といい、ここから収穫された稲を「撰子稲《えりこ》」といった。奉耕者には稲実君《いねのみのきみ》・造酒児《さかつこ》ら、七〇名が従事する。九月になると国郡司以下も参加して穂を抜き、初抜きの四束（高萱御倉に収納）は供御の飯とし、残りは白酒・黒酒の造酒用とされ、九月下旬に上京、北野の斎場に着く。

つぎに（五）供神の雑器《ゆかもの》も八月上旬、宮内省史生が使となり、河内・和泉・尾張・三河・備前の五ヶ国に遣され製作の監督を担当する。また（六）由加物の料の使（由加物使）が九月上旬に阿波・紀伊・淡路の三ヶ国に派遣される。この料物には器物のほか鰒《あわび》・螺《さざえ》・海藻・年魚など海産物の御贄《みにえ》も採集して、十一月上旬までに貢納される。

さらに九月上旬、神服社《かんはとり》の神主が（七）神服使となり三河国に発遣、三河の織女によって製作された衣料は繒服《にぎたえ》として悠紀・主基の嘗殿内に備えられる。また麁服《あらたえ》は阿波の忌部《いむべ》が古くから奉進することになっており、同じく嘗殿に納められた。これら全国の諸地方における神事用の品々が供進されてくる頃、十月下旬に（八）御禊《ごけい》行幸が盛大に行われる。

以上の八月上旬から十月下旬まで（散斎に入る以前）諸行事は、大嘗祭儀の性格を規定し、うかがい知る上で重要である。

右に掲げた八項目の行事分類についてみていくと、（一）卜定にあるように神意をえて定められること。（二）大祓を重視し、（四）（五）（六）などの神膳用や神事用具が厳重に聖別された中で、生育・製作されていること。そして、十一月の散斎期間に入る前、天皇をはじめとする、祭場となる大内裏《だいだいり》内に勤めるほとんど全官人を対象・参加して御禊行幸がある。その様子は京中の人々の目を驚かせるほど盛大なものであり、深夜に厳粛・素朴の中で進められる卯日神事とは、好対照の観がある。

大嘗祭といえば、最重要の儀は卯日夜半から翌朝にかけて悠紀・主基殿において、それぞれ二時間以上を要して、天皇みずから大神と対座され、神膳をお供えし、また戴かれる直会《なおらい》の所作がある。その際、もっとも大切に取扱われるのは新穀であり、国郡卜定によって選ばれた悠紀・主基の斎田（大田）からとれた稲による御飯と白酒・黒酒が用いられる。神膳には、ほかにも数多くの海産物や果物類が供えられるが、直会において天皇自身が戴かれるのは新穀で作られたものに限られている。この食膳の内容における重視のあり方から、第一義的には稲作の農耕儀礼が中心になっていることは疑いを入れない。

聖別された新穀は、神聖な存在ではあったが、この新穀が行列して進むときには警蹕《けいひつ》がかけられることから、神そのものとする解釈もあるが、祭りの本義としては、大神に奉る最高の神膳であるという理解の方が正しいように思われる。聖別化された中で、生成力・霊威といった霊性が備わり、この稲の食膳によってもてなすことにより、招かれた大神はますます霊威をたかめられ、祭り主である天皇に対しても、その霊威が分け与えられるということであろう。

（四）の抜穂使の差遣と抜穂の儀は、八月上旬から九月下旬にかけて行われたが、同時期に、やはり聖別した中で、供神の雑器、由加物の御贄の採集、神服の製作などが進められ、これらは京上して供進されることになる。

以上の諸行事を通覧するならば、一つは祓に代表される聖性化、そして第二には、十一月の本祭にあたる卯日大嘗宮の神事に奉り供えられる大神と天皇が交わる〝衣食住〟生活空間のための品々を用意することにつきる。そのことが御代替りごとに、古式・祖型のままに再現されてきたことから、千三百年以上を経た今日において、その祭儀は、古代さながらに、また神代の風儀をうつした聖空間をかもし出すことになり、その時間と空間の再現こそが、大神を招くのにふさわしい環境づくりとなった。

四　大嘗祭儀の本旨とは

大嘗祭の中心祭儀が卯日神事であることは再三触れてきた。その祭場は柴垣《しばがき》で囲まれた大嘗宮であり、東に悠紀院、西に主基院を配し、各院内の北には膳屋《かしわや》・臼屋《うすや》など神聖な食膳を調理する殿舎が設けられ、その南には垣を隔てて嘗殿が建てられる。その配置構造は、平城宮における三ヶ所の発掘調査の成果と（貞観の）『儀式』による復元において大差はない。嘗殿（正殿）の建築様式は、黒木造りの簡素な形式であり、壁には表と裏の両面から筵《むしろ》が張られた（近世以降は、藺草の近江表）。その建築は神社建築の形式というよりも、古代住居建築の宮殿に近い。大嘗宮は神事が終った辰日には撤去されるが、本旨としては、天皇一代居住の場に見立てたものであり、ここで同床共殿の祭祀が執り行われる。

では、卯日神事（卯日午後九時と翌朝午前四時、二時、三時とする儀式書もある）が二度にわたって、悠紀殿・主基殿の嘗殿二殿を設けてくり返し行われたのはなぜだろうか。『日本書紀』天武天皇五年（六七六）九月条には、悠紀・主基国郡卜定《ぼくじょう》（新嘗祭のための）の初見記事がみえ、悠紀は「斎忌」、主基は「次」にあてている。このことは一条兼良の『代始和抄《だいはじめわしょう》』に明快な論述がある。

大嘗会には悠紀・主基の国郡の定有、悠紀は斎忌といふ心なり、神斎の事也、主基は次と云文字をすきとよめり、次の神斎と云心なり、次といへはとて天地懸隔の心にはあらす、たとへは左右前後なと云程の事也、大嘗会神膳之儀両度あるによて、後の度のをすきと云なり、悠紀・主基之

　字和訓也、神事潔斎之心のみ也、

悠紀・主基の語源的説明は、右の論でこと足りる。悠紀（斎忌）は伊勢神宮の由貴大御饌供進の「由貴」に通じ、二度にわたる供膳の儀は、夕御膳と朝御膳を差し上げることに相応している。

その上で、残された疑問は、悠紀院・主基院の殿舎を東西に別個に建造することの意味である。毎年恒例の新嘗祭・神今食《じんこんじき》《かみいまけ》のように同一御殿（常設の中和院神嘉殿）を祭場として、くり返すことなく、二殿用意されるのはなぜか。悠紀殿のみで朝夕の供進と共食の儀を行うことは、不都合があるのであろうか。

嘗殿二殿の神座鋪設については、『延喜式』掃部寮に、「酉剋、官人已下掃部已上十人、御座等の物を持ち、大嘗宮北門より入り、白端御帖十一枚、布端御坂枕一枚を悠紀正殿の中央に鋪《し》け、又打払布一条を設けよ、（楊筥に納む、）（中略）主基殿亦之の如くせよ」とある。天皇が廻立殿《かいりゅうでん》に出御する時刻（午後七時）より二時間前に掃部寮の手によって悠紀・主基両殿にほぼ同時に設営されている。主基殿の儀は悠紀殿の儀ののち、廻立殿に天皇が戻られて小忌御湯《おみのおゆ》の儀ののち改めて行われる御儀であり、神座《しんざ》の鋪設より十時間から十二時間後に斎行される。それをあらかじめ同時に設ける。さらに「酉時、主殿寮、寮の火を以って燈《ともしび》・燎《にわび》を悠紀・主基二院に設けよ、院別に二燈、二燎」（『延喜式』践祚大嘗祭）とあり、両院同時刻に主殿寮《とのもりょう》によって灯火がつけられる。『儀式』『北山抄』にも同様の記載がある。

このように、同時併行して悠紀院・主基院の嘗殿両殿の神座が設営され斎火が点《とも》されていることは、この大嘗宮全体が一つの聖空間として二殿合一思想のもとに扱われていたのではなかろうか。斎忌《ゆき》（由貴）の嘗殿において、清浄を重んじて斎行される祭儀の次（主基）も、同一祭儀ながら、新殿を用い、神膳・神具の品も、悠紀の儀に用いられたものとは異なる新品を使うことは、より丁重に、清浄な上にも清浄にして大神を迎えることを意味している。

大嘗祭と祭祀構造が類似する毎年の新嘗祭・神今食の祭儀は、恒例のことなので、新殿の建造はなく神嘉殿において二度祭儀がくり返されるが、神座の上におかれる寝具はとりかえることになっている。八重畳《やえだたみ》の神座の上には、「縫司、神の御衣を奉り、内侍之を供す」（『西宮記』巻四、神今食）とあり、神殿における神膳供進が終ると西隔の寝所に天皇は入られる。こののち暁《あかつきのみけ》膳が始まるまでに「内侍、縫司等を率ゐ寝具を撤す、暁又供す」とあり、神座の上の神御衣《かみのおんころも》である御単《おんひとえ》・御衾《おふすま》は新品が用いられる。同じく天皇みずからも暁膳の儀を前にして小忌の湯殿に入られ、新しい御祭服に召し替えられる。このことも清浄・浄化が主眼であろう。

ここでは招かれる大神も天皇も同様の扱いを受ける。大神には二度にわたり新しい御衣（御単・御衾）が供えられ、祭り主である天皇も二度新品の御祭服を召されて、大神と対座されもてなされる。この〝祭りごと〟をうけられることにより、大神はますます霊威を増すことになり、天皇もその神威を享受することになる。その一代一度の新嘗の〝祭りごと〟が大嘗祭であり、大嘗祭において、はじめて新天皇は大神に初対面され霊威をうけられる。大嘗祭以前には、原則として天皇親祭の祭儀（新嘗祭と神今食）は行われることがなかった。

五　如在の礼

大嘗祭は毎年斎行される新嘗祭と神座鋪設をはじめとする祭祀構成において同質の性格をもち、その拡大した形式であるとする見方が有力である。天皇親祭により新穀を重んじる点では、祭祀規模の大小に違いはあっても祭りの本旨は共通する点が多い。その一方で、近年歴史学の方面から、異質部分を高く評価していこうとする見解も出ている。国郡卜定を行ない畿外に斎田を求めていること、稲の生育に公民が奉仕することなどである。これら異質の点については、成立時期（天武・持統朝）の律令的国制の整備による規模の拡大と軌を一にする事項といえる。

大嘗祭と新嘗祭の間には共通性と異質性の両面の性格が共存している。そのどちらか一方を強調するよりも、その双方を総合的に判断し理解する視点が重要であろう。

大嘗祭は大化前代から伝えられてきた「新嘗」儀礼を祖型としていることは誰もが認めるところである。

ところが、古い「新嘗」儀礼が天武朝の大（新）嘗祭に吸収されたのちに（新制の律令祭祀下の）新嘗祭は古い形態が薄れ、律令官制に依存するようになり、「新嘗」の原形に近い形式は、一代一度の大嘗祭に象徴的に残されるようになった。

それは御代替りごとに〝神代の風儀〟をうつす時間に帰ることであり、現代まで連続して、古代の〝衣食住〟空間を再現することで、大神いますが如く、如在《によざい》の礼をつくし、〝祭りごと〟を斎行していくことに、重い意義が存した。

嘗殿中央の神座にすえられる八重畳の大きさは、長さ八尺（二・三六メートル）、幅四尺（一・一八メートル）であり、現在私たちが使っている敷布団に比べるとかなり大きい。しかし、正倉院の北倉に収蔵されている御床（寝台）は、長さ二・三七五メートル、幅一・一八五メートル、台の高さ〇・三八五メートルであり、台の広さは八尺、四尺の大きさと同じである。御床の造りは檜材製、装飾類はなく普段の実用のための寝台であろう。この木製の寝台の上に御床畳がおかれる。平成元年正倉院展（奈良国立博物館）に出品された。その展示目録には、

御床に付属する敷物。長年月の間に風化が進み損傷著しいが、現代からみると、丈の長いマコモ製の筵《むしろ》三枚を重ねて、これを二つに折って六重にし、その表面には藺筵《いむしろ》を一枚、裏面には白麻布を貼り、その両長側は白絁地に錦を重ねて覆っている。錦は経綿の濃褐地花鳥文錦である。『国家珍宝帳』に記載の「緋地錦端畳」にあたる。

と解説されている。さらに畳の上におかれた寝台の敷物（御床褥《じょく》）と御床の覆いも収蔵されている。この二つは寝台の広さより寸法が大きくとられている。

大嘗宮の神座（寝座）の八重畳は、『兵範記《ひょうはんき》』によると、「筵一枚、薦七枚」のあわせて八枚が重ねられ八重となる。一方、日常の寝具として実用されたと思われる正倉院御物の畳は筵六重に藺草の筵一枚を重ねた七重の作りである。大嘗宮の「八重畳」は、『日本書紀』神代巻の海神宮訪問神話にみえる「八重席薦」とあるのや、『住吉大社神代記』に記載されている神座の「八重畳」とも共通するもので、神専用の神座は八重に敷かれていたと推定される。

人が使った七重と神専用の八重には一重の違いこそあるが、その造り、大きさはまったく一致している。それは、神を招いてもてなすことは、最高の賓客を一夜御寝・御休みいただくことと同じ考えのもとにある。目には見えない大神を可視的にしつらえた神座を設けてもてなすことに、如在の礼奠《れいてん》を尽くす祭儀の本旨があり、大嘗祭はその典型的形式といえる。

神座（寝座）には寝具がおかれ、坂枕の東に神の御櫛と御扇、打払筥《うちはらいのはこ》に納めた打払布、そして八重畳の北に神の御沓が備えてある。これらは遠来の賓客、来臨された大神が休まれ、使用されるための神具である。打払布は、遠くから来臨された大神がお体をぬぐう布であり、祓いの具の意味もある。これらの神具を、祭り主である天皇が使われる所作は何一つ記録されていない。あくまでも如在の礼をつくすための神専用の用具とみられる。

大嘗祭には、吉野の国栖《くず》や地方の忌部《いんべ》、食膳を準備する高橋氏、安曇《あずみ》氏など、大化前代いらいの大和朝廷と深いつながりをもってきた人々によって祭儀が執り行われた。国栖や隼人に代表されるように御贄を奉り、また歌舞の芸能を奏することから、服従する〝服属儀礼〟として大嘗祭の構造を位置づけようとする方向はいまもなお有力な説である。〝祭り〟は〝まつらふ〟こと、すなわち服従することであり、大神の神意に随順することからみれば、天皇みずからも大神に服従して神威をえることになろう。

古代ヤマト王権は武闘による征服が進められ、服属に伴う供献は記紀に詳しい。また大和朝廷確立の過程で一方では平和的に大王の権威が拡大されていったことも事実であろう。その最初期には服従・服属し、それが儀礼的形態として残されていたとしても、時代の推移により、のちには大嘗祭など公的祭儀の場に招かれ、服属的性格からみずからの氏族・共同体のハレの場として意識され、〝奉祝儀礼〟へと転化していったことは当然の帰結であろう。それを千三百年以上を経た今もって〝服属儀礼〟としか読みとれない歴史研究の現在には限界がある。

長い歴史と伝統に支えられて伝習されてきた大嘗祭は、〝服属儀礼〟として生きつづけてきたのではなく、〝奉祝儀礼〟へと再生していったところに、大嘗祭存立の今日的意義がある。

六　本書執筆の意図

本書は折口信夫の唱えた〝真床覆衾〟論や聖婚儀礼説など、宮殿（嘗殿）の室中央に設けられる神座（寝座）における密室内の秘密儀という〝おどろおどろしい呪術的世界〟を想定する大嘗祭論からの解放を意図している。

天皇は呪術的世界を主宰する〝祭司王〟といった性格で理解することはできない。重く厳しい斎みをつづけ、政事（世俗世界）を超越して、清浄な中で執り行われる皇祖神および全国津々浦々の天神地祇に対する〝まつりごと〟は、少くとも折口信夫いらい、近年増幅している特定イデオロギーの天皇観によってのみ解釈すべきではなく、記紀神話にある〝天上の儀〟のごとく、また、古代〝衣食住〟の空間世界を今の世に顕し出し、大神と天皇とが如在のごとくに対座され誠意をつくしてもてなされる厳粛・素朴な〝まつりごと〟として、把え直す視点も必要であろう。

私が折口の〝真床覆衾〟論に疑問をもち、寝座秘儀説を否定する発端となったのは、宮内庁書陵部に所蔵されている旧九条家本、藤原忠通が書き留めた保安四年（一一二三）崇徳天皇大嘗祭の詳細な儀式次第書を読んでからである。摂政忠通はねむくて憤《むつが》られる天皇の介添をし、悠紀殿の儀を終え、廻立殿に戻ると、待機していた白河法皇は密々に御菓子を幼帝に差し上げるといったことまで記されている。この史料を基に平成元年『國學院雑誌』に短文を寄稿し、寝座秘儀説を否定し、不可侵の神の座であることを論じた。私見も折口と同じく「仮説」であることには変わりはない。ただ、第三章において若干の文献学的検証を行なってはいるが。従来の折口説と寝座秘儀説一辺倒に対する反省がおこり、私見を含めた幅広い研究の輪が広がっていくことを何よりも望みたい。そして、「ために する学問」とは絶縁し、真の実証研究・客観的批判を積み重ねていくことが大切であろう。
なお、序章の最後に、一部重複する部分はあるが、はじめて寝座秘儀説を否定した短文を掲げさせていただく。

＊　＊

真床覆衾と〝國學院流神道〟

明年（注・平成二年のこと）十一月に予定されている平成度の大嘗祭は、成立の確実な天武度から数えると七十二回目になる。大嘗の祭儀は、十一月中卯日の夜半から斎行される悠紀・主基二殿の神事を中心としており、祭祀の本義については、折口信夫の〝真床覆衾論〟を基軸にしながら、今後一年以上にわたって活発な研究・論議が予想される。

前回の昭和度大嘗祭に際して、折口は本誌三十四巻十一号（昭和三年十一月、御大礼奉祝号・下）に『大嘗祭の本義ならびに風俗歌と真床覆衾』と題する談話を寄せられ、「私は大嘗宮に於ける御衾が、神代紀に見えた真床《マドコ》覆衾《オフスマ》で、これにお籠りになる聖なる御方が、新しい悠紀・主基の外来魂をとりこんで、立ち直られることを中心として、大嘗祭の御儀を、ほのかながら、御観察申しあげたいのである」と結んで〝とぢめ〟とされた（さらに同年九月信濃教育会東部部会講演筆記を基に『大嘗祭の本義』と題した詳細な論が全集第三巻に収録されている）。折口のすぐれた直感力は定評があり、例によってここでも『日本書紀』神代巻に見える皇孫ニニギノミコトが真床覆衾にくるまれて日向高千穂峰に降臨されたことと、嘗殿の第一の神座に用意される寝具・御衾を同一のものと推論された。

以来、六十年にわたって、折口説は岡田精司など一部に批判はあるものの、不動の地位を築いてきている。それは、國學院に限らず、他大学、そして大嘗祭研究者の間に幅広く浸透しており、各学問分野にわたって肥大化していく様相さえ感じられる。この大嘗祭の本義をめぐる折口論に対して外部から〝國學院流神道〟と命名する論も出てきているが、いまや國學院に限られた論ではなく、たとえば井上光貞注になる『律令』神祇令の解説にも「天皇は大嘗宮に入って浴湯ののち、悠紀正殿に入って神饌を供し、みずからも御饌を食し（御衾の秘儀もこの間おこなわれる）、同じことが深夜、主基正殿でもおこなわれる」とあり、ことし三月に刊行された岩波の『続日本紀』第一巻（新日本古典文学大系）の補注、新嘗祭（三四二頁）の項においても「神との共食とともにマトコオフスマの秘儀が行われたが、その詳細は知りえない」（月次祭の項においても「天皇は中和院内の神嘉殿において二度にわたり神と共食する。またマトコオフスマの秘儀を行う」とある）と記されている。折口の論証を欠いた推論が、そのまま実証史学の中に継受され正統論として堂々と生きつづけていることに驚かされる。

私の理解する大嘗（新嘗・月次の神今食を含めて）の祭儀の本旨は天皇親祭による神膳の御供進と共食にあり、いわゆる〝真床覆衾〟にくるまる秘儀はまったくなかったと考えている。秘儀とは前者のみをさしていう。したがって折口説を容れる余地はなく、〝國學院流神道〟なる範疇がもしあるとすれば、私は國學院において、はみ出し者以外の何者でもない。

最近活字化された摂政藤原忠通の『大嘗会卯日御記』（『図書寮叢刊』九条家歴世記録一）は保安四年（一一二三）十一月十八日に斎行された崇徳天皇大嘗祭の次第をくわしく記録している。藤原頼長の『台記』には「摂政即天子也」と記されているほど、摂政は幼帝である天皇の天皇権を掌握し、代行できる立場にあったが、祭祀権、なかでも大嘗祭の祭儀の代行は叶わなかった。崇徳天皇御年四歳という幼帝（童帝）といえども、みずからの祭儀実修が必要とされた。四歳といえば物事の正否の判断がつく年齢には至らず、まして徹夜で長時間行われる祭儀に耐えられるものではなかった。

忠通の記録によると、悠紀の儀に入った頃から「幼主頗六借」とある。摂政忠通は嘗殿の室の天皇御座近くに控え、供膳の作法も一度だけ形のみ天皇が行ない、残りは摂政が代行した。この間、幼帝は憤《むつか》りつづけた。忠通は「手自勤㆓仕神事㆒、此事偏帝者所為也、非㆓人臣之勤㆒、怖畏之至、不㆑知㆑所㆑謝」と書き加えて、天皇祭祀権への侵犯をみずから律している。長時間の悠紀の儀を終えて廻立殿に還御され、ここで一時「御乳母奉㆑抱暫御寝」されたが、この間も「六借《むつが》」られ、つづく主基の儀においても、「幼主猶六借給」とあり、神膳親供の所作はここでも忠通の役目とならざるをえなかった。

摂政忠通が書きとめた保安四年の大嘗祭の式次第は憤られる幼帝に困惑している様子が丹念に綴られている。神膳の次第については他の大嘗祭の記録と同様、また摂政という立場からそれ以上に詳細である。これだけ詳細をきわめた次第書にも、いわゆる〝真床覆衾〟にかかわる神座（神具を設けた寝座）での所作は何一つ書かれていない。「六借」られる幼帝を一時でも「御寝」させるには、第一の神座（寝座）がもっとも適当な「場」であるのにかかわらずまったく用いられていない。御休みされたのは、廻立殿に戻られてからである。ということは、嘗殿に設けられた神座は客人としての神祖がお休みになられるために見立てられた神座であり、ここには天皇といえども近寄ることはなかったと考えたい。

すなわち、折口の推論である〝真床覆衾〟説は六十年間にわたって私たちに与えつづけてきた幻想であり、〝國學院流神道〟も存在しないことになる。

（平成元年六月十二日記）

第一章　大嘗祭の本義をめぐる研究史

一　柳田国男

かつて柳田国男は『明治聖徳記念学会紀要』旧版に(1)「御大礼参列感話」と題する所感を発表された。今から七十三年前のことであり、その前年（大正四年〈一九一五〉）には大正天皇の大嘗祭が斎行され、柳田は大礼使事務官として直接役職に携わっている。

同誌発表に先立って、明治聖徳記念学会主催による講演が行われているが、同誌の短編はその時の要旨と考えられる。まず冒頭において、

我明治聖徳記念学会は此の御大典の問題を徐かに引き続き御研究に最も適当の団体と思ひます。然し此国民共同の強き大感激を惹き起した御大典終了後未だ数月をも経ざる今日、翫て極客観的に此事件を歴史として取扱ひ、若くは追想録として吾々が話をするのは、或は早きに過ぎざるや

を疑ひます。

と述べられ、御大礼記録の三種類作成の必要性を説き、最後には、

之を要するに一方では古代のかかる御儀式を鄭重に行はせらるる時にも尚他方では各種の方面に近代的分子が必然的に入り込んでをる事実を見ます以上は、この新旧両分子が如何に相関聯し如何に相消長しその将来や如何と云ふ問題も自然起つて来るのであります。此の問題の解釈は一方に於て科学的進化論の精神を十分汲むことが出来而して同時に又我国思想生活の過去現在未来に就きて深き同情ある御研究を目的とせらるゝ本学会の諸君が真摯に攻究せらるべきものではなからうかと思ふ。

と結ばれ、示唆に富む提言をされている。

どの時代にも新儀と旧例の相克の中で歴史と文化はつくられる。柳田は近代における、この事態を直視し、「大嘗祭ニ関スル所感」を記したが草稿のみで、この方は公けにはされなかった(2)。

新儀と旧例を考える上で先の昭和天皇の大喪儀は、古代いらいの伝統が失われていった事例の一つといえる。平安中期の儀式書『西宮記』や『類聚雑例』（『左経記』の抄出本、後一条天皇の葬送を記す）によると、藁沓《わらぐつ》・白杖《しろずえ》を用いており、これは古来の葬法に属する。室町時代の『誉田宗廟縁起』や孝明天皇の葬送絵図にも、公卿・殿上人らが杖をついており、藁沓をはき白杖（桐杖）を持つことは、死出の旅路へ導く役割をもっている。これは天皇葬送に限らず、葬儀社が関わる最近の葬礼以前の、

近年までつづいていた民間の野辺送りの葬送にも、よくみられた形式であった。この古例は、明治・大正天皇の大喪儀にも行われたが、今回はじめて断絶してしまった。柳田が生きておられたら、先生は何とおっしゃったであろうか。ミニ鳥居や徒列の弓矢が失われていったことは多少なりともとりあげられていたが、藁沓と白杖の断絶についてはまったく問題視されず、民俗史上の大きな汚点となろう。せめて徒列の先頭に立つ大喪儀委員がモーニング姿ではなく、一人だけでも衣冠・素服に藁沓・白杖の姿で先帝の霊輦《れいれん》を死出の旅路に導く必要があった。前回までは葬送に加わったほとんどの人（高等官）が、藁沓・白杖姿であったが、全員がそうする必要はない。徒列を先導する一人が、その装束を着けることによって儀礼の象徴性は表現されるのだから。

大正の大嘗祭についで、昭和の大嘗祭に柳田は直接関わることはなく、朝日新聞論説委員として「御発輦」「大嘗宮の御儀」「大嘗祭と国民」を新聞紙上に発表した(3)。昭和三年十一月十二日付「大嘗祭と国民」には、

夜の御祭には本来説いてはならぬ部分があるかも知れぬ。私なども一たび前御代の御式には與かつた者であるが、今考へると唯きらきらと光るものが、眼の前を過ぎたといふ感じである。しかし言辞をもつて伝へ得ざる點は、人は感覚によつてこれを永世にしようとしてゐた。さうして今日の奉仕者の多数は、遠く神域の外にあつて、書冊に由つて始めて学ばうといふ人である。彼等をしておのづから会得せしむべき新たなる学問の発達することも、また恐らくはこの時代の要求

であらうと思ふ。　（「大坂朝日新聞」）

と大嘗祭に関する新たな学問の発展を予言されている。

大嘗祭研究史の始源としては、室町中期に五百年来の学者と称された一条兼良の『代始和抄』が挙げられる。同書には「卯日は神膳を供ぜらる、其儀ことなる重事たるによりて委しく記すに及ばず、（中略）秘事口伝さまざまなれば、たやすくかきのする事あたはず、主上のしろしめす外は、時の関白・宮主などの外は曽てしる人なし、まさしく天照おほん神をおろし奉りて天子みづから神食をすゝめ申さるゝ事なれば、一代一度の重事これにすぐべからず」とある論が、宮中の諸儀式に通じていた立場からの穏当な見解である。[4] これ以降も、この論をしのぐ研究の展開はみられなかった。

大嘗の祭儀については、卯日の夜半から斎行される嘗殿二殿における悠紀《ゆき》・主基《すき》の神事を中心としており、とくに神座と祭神の問題は、その本義を考える上で、長い間、主要なテーマとされてきた。

昭和度の大嘗祭に際会した柳田国男は、新たなる学問的発展を予測する論陣を張ったが、みずからが民俗学の立場から学問的に本格的研究に立入ることはなかった。むしろ、この論の先頭に立ったのは、後述するとおり、柳田を師と仰ぎつづけた折口信夫であった。

管見に及んだ限りにおいて、柳田がその本義に直接言及されたのは終戦後のことである。それも折口信夫が亡くなられた二ヶ月後、昭和二十八年（一九五三）十一月、にひなめ研究会編『新嘗の研究』第一輯に収録された「稲の産屋」[5] がほとんど唯一のものといってよい。折口存命中に執筆されたものであろうが、同書は結局折口の目に触れることはなかった。

「稲の産屋」の内容は多岐にわたっているが、ここには大嘗祭（またその祖型である新嘗）の本義にかかわる大切な事項が述べられている。佐伯有清は「大嘗祭の本質についての核心に切り込んだ論が見うけられず、柳田の大嘗祭についての研究は、ついに未完に終ってしまったのである」[6]と結論づけられているが、私はそうは思わない。柳田が論じられた中から、重要と思われる二項を掲げると、[7]

（一）この大嘗の日の神殿の奥に、迎へたまふ大神はただ一座、それも御褥御枕を備へ、御沓杖等を用意して、祭儀の中心を為すものは神と君と、同時の御食事をなされる、寧ろ単純素朴に過ぎたとも思はれる行事であった。（「稲の産屋」一九六頁）

（二）畏れ多い推定ながら、天の長田といふやうな大切な稲栽培地が皇室にも属して居て、年々の斎田を卜定なされる必要は無い時代が遠い昔にはあり、所謂大新嘗は後代の各地の相嘗と、もう少し近いものだつたのではあるまいか。（同、一九八頁）

右の（一）は嘗殿における天皇親祭祭祀を簡明に論説したものであり、（二）は祭儀に必要とする稲の御田についての見解であり、「倭《やまと》の屯田《みた》」の所在を通して考察した次章に掲げる私見とも完全に一致する。柳田の（一）（二）説は、大嘗そして新嘗の淵源、すなわち本義を明らかにする上で、重要な提言であった。

ここで注意しておきたいことは、「稲の産屋」の執筆に当って、すでに昭和三年に折口信夫が論じて世上に流布していた〝真床覆衾《まとこおふすま》〟論や天皇霊について、何一つ触れられていないことである。意図的に論及することを避けたとも考えられ、交友の深かった折口に対して、大嘗祭の本義に関する事項については、柳田の学問的領域からは相容れることができなかったのではなかろうか。これは単なる推測にすぎないが、折口へ批判の鋒先を向けず、無視することで柳田の意志を表示したのではなかったか。

二　折口信夫

柳田が意識していたと思われる折口信夫の大嘗祭論は、主に昭和三年（一九二八）の大嘗祭前後に集中している。なかでもかならず後学の研究者が引用するのが、『折口信夫全集』第三巻（中央公論社、昭和三十年刊）に収録された「大嘗祭の本義」であり、同論考は昭和五年刊行の『古代研究』民俗学篇第二冊に基づいている。同書の巻末には、

此書物の中から、私の現在の考へ方を捜り出さうとするのは、無理である。実は、今におき、悩んでゐる。日々、不見識な豹変を重ねてゐるのだから。（中略）民俗学篇でも、「村々の祭り」と「大嘗祭の本義」との間には、実際、御覧に入れたくないほど、考への変化がある。この論文は半年も立たぬ間に、出来たものなのである。其でゐて、かうである。かうした真の意味の仮説を、

学界に提供する事は、わるいとも言へよう。又、よいとも言へる。其は、結論を度外視した顔のとりすました学者の為に、一人で罪を負ふ懺法としての、役に立ちさうだからである。慎重な態度を重んずる、庠序学派の人々は、此を、自身の学問と一つに竝べるをさへ、屑しとせないであらう。

と「追ひ書き」を記し、「大嘗祭の本義」が短期間に書かれ、自ら「仮説」であることを断言された。従来の神道研究に飽き足りなかったことが窺えるとともに、閉鎖的な学界に対する警告の意味も含まれていた。

『古代研究』に収録され全集に再録された「大嘗祭の本義」は、完稿に至るまでには、論説の内容に刻々と変化があったようである。同文は、

『國學院雑誌』第三十四巻第八・十一号

昭和三年九月信濃教育会東部々会講演筆記

などに基づいて集成された。ただし、後者の講演日時は、昭和三年六月二十九・三十日の両日、長野県東筑摩郡教育会中央部支会の主催で行われた「大嘗祭の本義」の講演が正しいようである(8)。『國學院雑誌』には同年八月号に「大嘗祭の風俗歌」、同年十一月号（御大礼奉祝号・下）に「大嘗祭の本義ならびに風俗歌と真床覆衾」と題する論稿が（談）話の形で載せられている。このほかに十月九・十日に弟子に浄書させた内容の異なる同名の「大嘗祭の本義」と書かれた未完の草稿も残されている(9)。

大嘗祭の本義といえば、卯日の悠紀・主基の神事にあり、それは天皇みずから神饌の御供進・共食と〝真床覆（追）衾〟の秘儀から成り立っていると一般に信じられ通説とされてきた。これは六十年前の折口説の影響が大きい。前者については、一条兼良の指摘にもあるとおり異論をはさむ余地はないが、後者については、無批判に折口の推論がまかり通ってきた。しかも折口自身が「仮説」と称して学界に提示された推論が、そのまま定着し、その後の研究史の中で、柳田も避けて通り、実証的研究対象としてとりあげられることは近年までほとんどなかった。

「大嘗祭の本義ならびに風俗歌と真床襲衾」（前掲『國學院雑誌』）に収載された談話形式の中で、「私は大嘗宮に於ける御衾が、神代紀に見えた真床襲衾《マドコオフスマ》で、これにお籠りになる聖なる御方が、新しい悠紀・主基の外来魂をとりこんで、立ち直られることを中心として、大嘗祭の御儀を、ほのかながら、御観察申しあげたいのである」と結んで〝とぢめ〟とされている。右の雑誌論考、講演や未完の草稿などを基に完稿したのが流布本の「大嘗祭の本義」と考えてよいだろう。

以下、折口論の重要部分を全集第三巻より掲出してみると、

（一）恐れ多いことであるが、昔は、天子様の御身体は、魂の容れ物である、と考へられて居た。天子様の御身体の事をすめみまのみことゝ申し上げて居た。（中略）此すめみまの命に、天皇霊が這入って、そこで、天子様はえらい御方となられるのである。（一九三頁）

（二）大嘗祭の時の、悠紀・主基両殿の中には、ちやんと御寝所が設けられてあつて、蓐・衾があ

る。褥を置いて、掛け布団や、枕も備へられてある。此は、日の皇子となられる御方が、資格完成の為に、此御寝所に引き籠つて、深い御物忌みをなされる場所である。実に、重大なる鎮魂《ミタマフリ》の行事である。此處に設けられて居る衾は、魂が身体へ這入るまで、引き籠つて居る為のものである。（一九五頁）

（三）此重大な復活鎮魂が、毎年繰り返されるので、神今食・新嘗祭にも、褥が設けられたりする事になる。大嘗祭と同一な様式で設けられる。復活を完全にせられる為である。日本紀の神代の巻を見ると、此布団の事を、真床襲衾《マドコオフスマ》と申して居る。彼のにゝぎの尊が天降りせられる時には、此を被つて居られた。此真床襲衾《マドコオフスマ》こそ、大嘗祭の褥裳を考へるよすがともなり、皇太子《ヒツギノミコ》の物忌みの生活を考へるよすがともなる。物忌みの期間中、外の日を避ける為にかぶるものが、真床襲衾《マドコオフスマ》である。此を取り除いた時に、完全な天子様となるのである。（一九六頁）

右は（一）が天皇霊、（二）（三）が〝真床覆衾〟に関する直感力にすぐれた折口ならではの「仮説」であり、折口説の核心部分の論が展開されている。この感性豊かな折口説を直接に、また無意識に継承していった論考は、神道・文学・民俗・歴史など各方面にわたって枚挙のいとまのないほどである。[10]

大嘗祭の本義をめぐる折口の核心部（〝真床覆衾〟論）については、歴史学の方面からの綿密な論証が必要とされるが、従来、この方向からの研究蓄積は薄かった。

歴史学における近年の動向を掲げてみると、昭和五十一年三月に早川庄八は「律令制と天皇」[11]において、大嘗・新嘗とほぼ同祭儀である神今食について「神との共食のほかに、傍らに敷かれた八重畳の上でいわゆるマトコオブスマの秘儀が行なわれた筈であるが、その詳細は知りえない」「神今食には、神との共食とマトコオブスマとの二つの秘儀が行われた」とされ、新嘗祭についても前者を述べ、「天皇一人、深夜神嘉殿にこもって神とこれを共食し、祖神と結合することによって王としての新たな生命を獲得したのであった。だから、神事を畢えて神嘉殿を出て、その外に居並ぶ官人の前に姿をあらわした天皇は、もはやそれまでの天皇ではなく、新たに再生した王であった筈である」といって折口の名と論文名を明らかにはされなかったが、折口説を継受した内容になっている。

ついで同年十二月に刊行された岩波日本思想大系『律令』神祇令の注において、井上光貞は「天皇は大嘗宮に入って浴湯ののち、悠紀正殿に入って神饌を供し、みずからも御饌を食し（御衾の秘儀もこの間おこなわれる）、同じことが深夜、主基正殿でもおこなわれる」と解説され、早川と同様の見解を示された[12]。

その後も東京大学古代史グループは、折口の推論を受け継ぎ、現在に至っている。平成元年三月に刊行された岩波新日本古典文学大系『続日本紀』第一巻の補注にも、新嘗祭について「神との共食とともにマトコオフスマの秘儀が行われたが、その詳細は知りえない」と述べ、月次祭の項においても「天皇は中和院内の神嘉殿において二度にわたり神と共食する。またマトコオフスマの秘儀を行う」

（早川庄八執筆）と記され、六十年にわたって岡田精司など一部に批判はあるものの、「仮説」のまま実証史学の中にも、正統論として生きつづけ不動の地位を築いてきた。

三　折口説の波及

折口の「仮説」である、新帝が〝真床覆衾〟にくるまる秘儀のあったことを論じた推論が、主に東大実証歴史学に継受されていったのはなぜか。ここに近代神道史学の創始者である宮地直一の存在を考えてみたい。

宮地は神道史に関する数多くの先駆的業績を発表してきたが、大嘗祭に言及することはほとんどなく、昭和三年（一九二八）の大嘗祭においても論文らしい内容は発表していない。それは内務省に勤めていた関係上、発表を遠慮したとも考えられる。翌昭和四年の神宮式年遷宮に際して数編の論著を発表しているのに比べて、大きな違いがある。

宮地は昭和十三年、東京帝国大学の神道講座の主任教授に迎えられた。その時の講義案(13)には鎮魂祭《ちんこんさい》について、

天皇は天皇としての天皇霊・天皇魂を持っておいでになる。その霊魂は天祖天照大神以来終始一貫して天皇の御肉体の中に宿つて居る、肉体は霊魂の容器であり、天皇の天皇たる本質はその中

に宿在する天皇霊・天皇魂である、さうしてその天皇霊・天皇魂を発揮せしめ奉りて、天皇の天皇たる実を表現し奉るべく神秘の方術を執り行ふのがこの祭であらうと。（中略）いつからか新嘗祭と結び、之が予備的行事のやうになつた。それは天皇が霊的に最も完全なる状態、神としての御資格を具有せられて、之に奉仕せらるべきであるからであるとも解することが出来る。

と述べられており、この天皇霊の見解は、先の折口の（一）の所説とほとんど同一である。右の鎮魂祭の解釈は、折口の推論の継受と考えられる。

宮地直一と折口信夫は、同年代であったが、学問的方法論に大きな違いがあり、二人はかならずしも好い関係はもっていなかったと聞いている。しかし、天皇霊の解釈や〝真床覆衾〟論には、あえて反論はせず、むしろ折口の推論を受容していた節がある。宮地の東大神道講座における講義内容は、その後においても影響を与えつづけてきたといえるであろう。

これに対して宮地の弟子であった西田長男は昭和三十年代頃から折口学に接近していったが、折口の大嘗祭論については懐疑的であった。昭和五十年（一九七五）の神道宗教学会大会の共同討議「践祚大嘗祭をめぐって」(14)の質問で次のような発言を行なっている。

大嘗祭の本義ということでございますが、それに関連しまして真床御衾というものの問題がございます。これにお入りになりまして、その位を持つということでございますが、学生時代に最も大きな疑問を持ったのでありますが、今もその疑問を持っているのでありますが、これの存在が確かなものかどうかということによりまして、今日の大嘗祭の本義というものが崩れて来るのじゃないかと、こう思うんです。

　そこで古社の御神座の様子を考えてみますというと、大嘗宮の作りに非常に似ているという点が考えられるわけでございます。神いますが如く、ということで、神様のお褥、つまりベッドですね。それから枕とか蒲団とかの品々が設けてある。（中略）だから、神社の内陣にも真床御衾があると云えますし、大嘗宮だけに真床御衾があるというのではないと思います。神様がいらっしゃるのですから、神社にも大嘗宮と同じ設けがあってもよいとおもいます。これが学生時代からの素朴な疑問でした。

　この西田が提示した素朴な疑問に、私もまったく同感である。柳田が昭和の大嘗祭に「新なる学問の発達」の必要性を予測されたが、平成の大嘗祭に向けて、六十年にわたって継承されてきた折口「仮説」を、根本から実証的に問い直すことが緊急の課題となろう。

　折口の「仮説」である嘗殿の第一神座に設けられる寝座・寝具（御衾）に『日本書紀』神代巻にみえる皇孫ニニギノミコトが真床覆衾にくるまれて天孫降臨されたこと、この寝具に新帝がお入りになり、外来魂の「まなあ」である天皇霊を付着すること。すなわち〝真床覆衾〟論と天皇霊継承の問題は、折口「仮説」にとって一体のものと意識されている。

　しかし、この天皇霊についても『敏達天皇紀』にみえる「天地諸神及天皇霊」が、そのまま大嘗・

新嘗の祭儀に作用したものとは考えにくく、「皇祖之霊」の擁護・恩頼《みたまのふゆ》をうけることはあっても、天皇の体内に天皇霊が祭儀を経て入るという見解には、これも岡田精司の批判[15]があり、皇位継承儀礼の中に、その存在を認めることはできない。

四　折口・柳田後の動向

柳田国男と折口信夫の大嘗祭論（新嘗も含めて）には、大きな乖離がある。しかも折口は「仮説」でありながら、大嘗祭研究史に大きな影響を与えつづけてきた。その本格的検証はないまま。一方の柳田の見解には、文献研究の立場から充分納得できる整合性をもっている。しかし、柳田の大嘗祭論は、現在の研究史の上で、正当な評価をえているとはいいにくい。

柳田没後（昭和三十七年没）の研究動向を眺めても、折口一辺倒の傾向は強い。むしろ、その方向がさらに増幅していったと表現した方が適切かもしれない。

とくに昭和四十年代前後から文学の西郷信綱[16]、民俗学の宮田登[17]らが、折口説を継承発展させていく論陣をはり、折口「仮説」を土台に屋上屋を重ねる論が展開していった。しかも新書版という低価格の読みやすさも手伝って、研究者から一般の読書人へと折口「仮説」の普及に大きく貢献するところとなった。

さらに昭和五十年代に入ると、先述のとおり、東大歴史学の重鎮井上光貞および早川庄八による「マトコオブスマの秘儀」が行われたことを示唆するわずか数行の解説が出回ることになる。これには論拠を示すことが何一つ行われなかったが、実証主義を重んじる歴史学からの見解であっただけに、文学・民俗学・神話学からの発言に比べて重い意味をもっていた。

折口がみずから「仮説」であると称してから五十年、ここに通説から定説へと昇格する。「仮説」検証がほとんど行われず、定説の地位を獲得するという、学問世界における不思議な現象であった。この頃を境に、学問は多様化を極め、また学際的方向へと進んでいく(18)。こうなると折口「仮説」は独壇場となり、多くの研究者に無批判に受容されるようになり、天皇論研究の中枢を占め、〃真床覆衾・天皇霊〃論は活況を呈するようになった。最近の神秘主義、オカルトブームは、これに拍車をかける結果になった。ここに至ると、もはや研究史として個々に位置づけていくことの意味は薄らいでゆく。

そして最後には、石ノ森章太郎の『マンガ　日本の歴史3　興亡する倭の五王と大嘗の祭』（中央公論社、平成二年）に登場するまでに流布することになった。

さて、私の理解する大嘗と新嘗は、各章にも触れているように、天皇親祭による神膳の御供進と共食にあり、いわゆる〃真床覆衾〃にくるまる秘儀はまったくなかったと考えている。秘儀とは前者のみをさし、それは神社祭祀、神職奉仕の本旨とも共通するもので、秘儀と呼ばれる特別の儀礼があるわけではない。伊勢の大御饌《おおみけ》供進《きょうしん》が秘儀とされているのと同様、口外せず、人前に見せず、神と人（天皇）のみの交歓がはかられることに、本義が存する。

したがって大嘗祭を斎行することで、天皇位が得られるのではなく、天皇の地位につかれた祭祀権者が親祭を執り行うことに重要な意味をもっている。摂政といえども天皇以外の代行はかなわなかったことは摂政忠通の『大嘗会卯日御記』にくわしく記録されているところである。嘗殿内に設けられた神座（寝具をおいた寝座）は客人として迎えられた神祖（天照大神）がお休みになられるために、見立てられた「神聖な場」であり、ここには天皇といえども近寄ることは許されなかったであろう。また岡田精司らの唱える聖婚儀礼説も、神座（寝座）に接することができなければ成り立ちえない。

右の私見を補うために、旧稿には〔追記〕と題して宮下矩雄（当時、宮内庁掌典職）の論稿を紹介した。

十一月二十三日の夕刻、神嘉殿に皇祖天照大御神始め諸神を招じ、天皇陛下親しく新穀の御飯・御酒を神々に御饗《みあえ》し、また御自身も大御神と御対座で召し上がられ、更に八重薦《やえごも》の寝座《しんざ》に一夜大神の御寝を願った後、再び暁の御饗を共食あらせらる、即ち国土のいのちの稔りを神々と共に主上みずからきこしめされ、国民統合の象徴としての御力を益々あらたかに備えられる神聖な一夜である。

（中略）

少なくとも記録の存する京都御所時代以来、御歴代天皇は新嘗祭には伊勢の方角より神を迎えて御饗《みあえ》を捧げて来られた。即ち対象の神はいつ頃からか皇祖始め天神地祇となったけれども、本則的には、江家次第秘抄巻十五践祚大嘗会「悠紀」の語に註している如く「御祭りなさる丶神は天照大神一体也」であって、爾余の神々は大御神の後方に侍る御立場であるとしてよい。

即ち新嘗祭は天皇陛下と最高の賓客皇祖天照大御神が一つ屋の内で御対座に行わせられる日本国至高至聖の「あえのこと」と申してよいであろう。

右は私の考えている大嘗祭の本義と共通するところが多く、毎年、宮中新嘗祭に奉仕されてこられた宮内庁掌典職の方の発言であるだけに、大いに勇気づけられた。

ところが最近、真弓常忠は、右の私見と宮下の論を引かれ、「御座は神座に背を向けて東方または東南方に神前を供進するのであるから、ここに天照大神が坐するとは考えられない[20]」と論じて、不同意の立場を明らかにされた。真弓の研究は、一貫して折口説にもっとも近い見解を表明されており、当然の反論であろう。しかし神座（寝座）に背を向けているとはいっても、天皇による神膳供進、共食の儀は天皇御座の前に天照大神をお迎えして斎行するのであり、その時には、神座（寝座）は空《から》の座である。したがって天皇が神座に背を向けてもかまわないことになる。共食の御直会を終えたのち、大神は一夜、この神座（寝座）にお休みになられるのであり、如在の礼をつくすための見立ての座である。真弓の「同意できない」とする見解は私見に反論する批判にはなっていないと考えるが、いかがであろうか。

最後に私見を補う二つの論説を紹介しておこう。一つは大正時代、その二は、ごく最近発表された論稿である。

その一、和田英松は大正三年における明治聖徳記念学会の講演[21]において、

大嘗宮には陛下が御先祖の天照大神を御招待になる所であります。(中略)その内院に賓座を設ける。賓座には一丈二尺の畳を敷いて、其上に又九尺の畳を四枚敷いて、其上に八重畳と云ふのを敷く、其畳の上に坂枕と云ふ枕をする、つまり神様の御寝床です。さうして、南の方の側には、神様の御召物を置き、其足の方には御靴を置く。其外、御帯、御櫛なども皆取揃へてある。全く神様を御迎へ申す訳です。其側には陛下の御座があつて少し斜めになつて居る。其処で自ら御祭りになり、陛下も聞召すと云ふ次第です。(中略)大嘗祭と云ふものは御親祭でありまして、陛下が御先祖の天照大神、及び天神地祇を御招待になって、御躬ら御饗応になり、御自分も御相手なさるのでございます。

と述べられている。一条兼良いらい大正時代までの大嘗祭論は、和田の意見が正統論であったと思われる。これを大きく改変したのが昭和における折口信夫であった。平成の時代になってふたたび大正以前に戻すのが私見であるともいえよう。

その二は、最新の牟禮仁の論であり、その「要旨」を掲げさせていただく。

折口信夫は、戦後「天子即神論」から「天子非即神論」へと転向した。一方、『大嘗祭の本義』は昭和三年の大嘗祭に際して考察された。では、天子即神論の立場による『本義』の大嘗祭理解の立論は、戦後の非即神論へと転向した後はどうなるのであろうか。その大前提が百八十度転換したわけなのだから、当然、折口としても主張を変えざる得ないと推測される。また私たちの『本義』の説に対する見方も、変えざるを得ないと思われるがどうか。

まったくそのとおりであり、折口は戦後、非即神論へと転じたのであるから、折口〝真床覆衾・天皇霊〟論も放棄したとみるべきであろう。この時から、厳密にいえば、〝真床覆衾・天皇霊〟論は折口の説ではなくなったのである。以後は一人歩きしながら肥大化しつづけ研究者の間に蔓延していく。まるで鵺《ぬえ》のように。

注

（1）「明治聖徳記念学会紀要」第五巻（大正五年五月刊）、『定本柳田国男集』には未収録。近年、佐伯有清『柳田国男と古代史』の附編に「大嘗祭より大饗まで」（『新日本』五巻十二号）とともに再録された。

（2）『定本柳田国男集』第三十一巻、筑摩書房、昭和四十四年第五版）。詳しくは佐伯有清「柳田国男と大嘗祭」（『柳田国男と古代史』吉川弘文館、昭和六十三年、所収）。

（3）佐伯有清、前掲論文。「大嘗祭と国民」は『定本柳田国男集』第三十一巻所収。

（4）三浦周行『御即位礼と大嘗祭』（京都府教育会、大正三年。神社新報社より復刻、昭和六十二年）、和田英松「御即位礼・大嘗祭の沿革」（『國學院雑誌』二一巻九号、御大礼号、大正四年、『国史国文之研究』雄山閣、大正

十五年に再録、『別冊歴史読本・絵解きシリーズ、皇位継承「儀礼」宝典』新人物往来社、平成二年、にも収録）は、一条兼良いらいの堅実な学風を引き継いだ著述である。

（5）『定本柳田国男集』第一巻。

（6）佐伯有清、前掲論文。

（7）拙稿「大嘗・新嘗の淵源―倭屯田を訪ねて―」（『大美和』七七号、平成元年）、本書所収。

（8）折口博士記念古代研究所編『折口信夫手帖』昭和六十二年。角川文庫『古代研究Ⅲ』（「解説・折口信夫研究」加藤守雄執筆）、関係資料については折口博士記念古代研究所・岡野弘彦所長から御教示をいただきました。記して感謝の意を表します。

（9）『折口博士記念古代研究所紀要』第三輯（昭和五十二年三月）。流布本「大嘗祭の本義」とともに草稿も、折口の大嘗祭論を考察する上で貴重である。

「大嘗祭りの宵の悠紀殿の儀は、元の日のみ子の「まつりごと」の覆奏で、其間新しく現出《アレ》ますべき方に、衾の中に籠つてゐられる。其式が済んで、鎮魂式の後、天皇霊その他の威霊を得て、元の方の復活せられた形で、物忌みから離れて斎湯《ユカハ》に入つて、神の資格を得る。さうして其場で乳母《チオモ》の乳、飯嚼の飯によつて、外来の進められる威霊―食国の魂―を躬に固着《フレ》しめる」「悠紀殿の御衾は、元の日のみ子の籠り居給ふと考へたのである。主基殿のは、次の日の御子の籠らせられるもので、二つに分かれてゐても、同じ衾一つの大御身《オホミマ》のお出でになるものと信じた長い時代の後、其を形式上に長く守る様になつたのだ。此衾は、天孫降臨の際、身に被《カヽツ》つて居られた「真床覆衾」で、地上にある。その時、あもり着くまで脱がれなかつた。其をふりのけて出られたのが、御母神《ミオヤガミ》並びに天上の父神の魂のふれついた時である」と記されている。天皇霊と〝真床覆衾〟について触れているが、その論には若干の違いがみられ、十月初旬に至っても自説が未だ定っていなかったことが想像される。

（10）本章をほぼ書き終わった頃、皇学館大学神道研究所編『続大嘗祭の研究』皇学館大学出版部、平成元年）が送られてきた。同書には詳細な研究目録が巻末に収められている。それによると。大嘗祭およびその周辺を対象とした研究著書は二〇〇点以上、論文も五〇〇点以上を数え、重複はあるものの、併せると八〇〇点近い研究蓄積がある。しかし、大嘗祭の本義について正面からとりあげた論考は意外に少ない。しかも折口論の継承がほとんどといってよい。

(11) 早川庄八「律令制と天皇」（『史学雑誌』八五編三号、昭和五十一年、のち『日本古代官僚制の研究』岩波書店、昭和六十一年所収）。

(12) 井上光貞『日本古代の王権と祭祀』に再録、東京大学出版会、昭和五十九年。

(13) 『神道史序説』第三篇「上代神道史要義」（『宮地直一論集』第五巻、蒼洋社、昭和六十年）。

(14) 『神道宗教』八三号、昭和五十一年。

(15) 岡田精司「大王就任儀礼の原形とその展開―即位と大嘗祭―」（『天皇代替り儀式の歴史的展開』柏書房、平成元年。初出は『日本史研究』二四五号、昭和五十八年）。

(16) 西郷信綱「古代王権の神話と祭式」（『文学』二八巻一号、昭和三十五年）、「大嘗祭の構造」（『文学』三三巻一二号・三四巻一号、昭和四十一年・四十二年、のち『古事記研究』未来社、昭和四十八年再録）、新書版としては『古事記の世界』（岩波書店、昭和四十二年）。

(17) 宮田登『生き神信仰―人を神に祀る習俗―』（塙書房、昭和四十五年）。

(18) 佐々木宏幹、山折哲雄ら、その研究者は数十名にのぼるが逐一氏名をあげることを省略させていただく。

(19) 宮下矩雄「宮中祭祀と神宮祭祀の一体性について」（『瑞垣』一〇六号、昭和五十年）。

(20) 真弓常忠『日本の祭りと大嘗祭』所収の補記「真床追衾の秘儀と大嘗祭の本義」（朱鷺書房、平成二年三月）。同書は昭和六十年に刊行された『神と祭りの世界』の改訂版である。なお、右の補記は同書刊行後、『季刊・悠久』第四一号（特集・即位の礼二）平成二年四月、に「真床追衾の秘儀」と題して、ほぼ同文にて収録されている。

(21)　和田英松「大嘗祭に就て」（『明治聖徳記念学会紀要』第三号、大正四年）。

(22)　牟禮仁「折口信夫『大嘗祭の本義』と天子非即神論」（『神道宗教』第一四〇・一四一合併、大嘗祭特集号、平成二年）。

第二章　大嘗・新嘗の祖型
――倭の屯田を訪ねて――

一　千三百年を越える歴史伝統

即位儀礼の一環としてもっとも重儀とされてきた天皇一代一度の（践祚）大嘗祭は、天武・持統天皇朝にその開始期が求められることは、ほぼ定説になりつつある。天武朝を第一回の初例とすると、これまで一時中断（南北朝期・中世後期以降など）もあったが、昭和までの間に七一例を数え、平成二年（一九九〇）十一月に予定されている大嘗祭が第七十二回目（北朝を加え、七六回）ということになる。

天武朝の大嘗祭（毎世）は、『日本書紀』天武天皇二年（六七三）二月の「天皇、有司に命せて壇場《たかみくら》を設けて、飛鳥浄御原宮に即帝位す」（原漢文、以下同じ）とある即位礼につづいて、同年十一月に斎行されたことが推測される。斎行記事は収められていないが、その翌月、十二月丙戌（五日）条に、「大嘗に侍奉れる中臣・忌部及び神官の人等、幷て播磨・丹波、二つの国の郡司、亦以下の人夫等に、悉に禄賜ふ」との記述は畿外の国郡卜定《ぼくじょう》を伴った大規模の嘗祭が行われたことが認められる。しかも、この畿内五国を除いた畿外に卜食田を求めるという中央の権威を世に示した形態は、即位後の世ごとに限らず、毎年斎行されていた形跡がある。

天武天皇五年条には、神祇官の前身に当る神官が奏して、毎年の新嘗のために斎忌《ゆき》（悠紀）・次《すき》（主基）の国郡卜食が行われ、尾張・丹波両国の郡が選定され、同六年にも新嘗に奉仕した神官・国司等への賜禄記事があり、天武朝においては、毎年の新嘗（令制下ではこれも大嘗と称した）にも畿外から収納された新稲を用いた中央集権の律令国家にふさわしい形式で行われた。和銅元年（七〇八）元明天皇の大嘗祭には国郡の人々一千八百余人に叙位・賜禄が行われているのも、その規模の大きさが確認できる。践祚の大嘗は『続日本紀』に記載する方針がとられたが、毎年の新嘗に関しては、天平勝宝八歳（七五六）聖武太上天皇崩御後の諒闇《りようあん》中により、天皇親祭は廃され、神祇官のみが関与して斎行される形式となったが、このような異例の場合にのみ国史に記載されるところとなった。

大嘗祭の開始期とみられる天武天皇の時代は、先述のとおり即位後一世一代の大嘗と毎年の新嘗祭の間に、畿外を対象とした国郡卜定などでは違いはみられない。したがって、より厳密にいえば一代一度と毎年の大嘗・新嘗が判然とした形式によって運用されるのは、浄御原令《きよみはらりよう》制定後の持統天皇大嘗祭（辛卯、六九一年）が、以後の毎年、畿内の屯田《みた》（官田）を用いる縮小された新嘗とは区別された初例とみることができる。

持統天皇は前年（六九〇）正月に即位され、その年九月に先帝（天武天皇）の遺志を引き継がれ第一回伊勢内宮遷宮を斎行、大嘗の翌年（六九二）には外宮遷宮を実施して、式年遷宮制度を確立させたことも、国家・天皇と祭祀を考察する上で重要な画期であった。

今次に予定されている平成の大嘗祭は天武天皇から数えると七二回目（北朝を加えると七六回）、持統天皇からでは七一回の回数を重ねてきたということになる。また、第六十一回伊勢式年遷宮も、その三年後（平成五年十月）に予定されており、ともに千三百年以上の長い歴史と伝統に支えられてきた祭儀である。

二　大嘗祭の原型を求めて

大嘗祭の成立時期を天武朝とするか、持統朝に降るかの判断は、大嘗・新嘗斎行の方式の違いに対する見方によって異なるのであり、どちらか一方を選択したとしても、これ以前の大化前代から、大嘗・新嘗の淵源は記紀の古典や考古学の遺跡の中に確実に認められることは否定することのできない事実である。

右の大嘗祭の成立年代は、律令国家の確立という大きな指針のもと、畿外へ規模を拡大し、〝外廷〟的国制組織を充実していく中で行われた。斎田二ヶ国には百姓（公民）の営む田六段が卜食して充てられ、その収穫分については、正税から給される方式であった。その卜食田を「大田」（『儀式』）と称して、抜穂の儀など稲の取扱いには慎重を極めたが、天皇の直営する御田を用いるという新嘗祭儀の本義からは、大きく逸脱することになった。

律令制定後は国家祭祀（神祇官祭祀・外廷祭祀）と天皇親祭を中心とした直轄祭祀（内廷祭祀）に分けられ、国家機構運用の上で違いがみられ、複雑である。これに対して大化前代は内廷と外廷未分化の天皇祭祀である〝内廷〟的祭祀の斎行のみで完結できる形態であり、大嘗の淵源となるべき新嘗一つをとってみても、素朴・原初的所作が残され、他の令制下の体系化された祭儀に比して、その中心的祭儀には古式の形態をとどめている。

大嘗祭の本義をめぐっては、折口信夫いらい〝真床覆衾〟論が主流を占め、聖婚儀礼説なども出されて諸説紛々としているが、柳田国男の「大嘗の日の神殿の奥に、迎へたまふ大神はただ一座、それも御褥御枕を備へ、御沓杖等を用意して祭儀の中心を為すものは神と君と、同時の御食事をなされる、寧ろ単純素朴に過ぎたとも思はれる行事であつた(1)」とみる澹《たん》々とした解釈が、簡潔にして要をえた論であろう。これ以上の諸説には文献上の実証性に乏しい部分が少なくない場合もみられる。

本来、大嘗のもととなる新嘗は、天皇祭祀にのみ限定されたものではなかった。『日本書紀』皇極天皇元年十一月には「天皇新嘗御《きこしめ》す、是の日、皇子・大臣各自ら新嘗す」とあるのがそれで、皇子はじめ臣下においても行われ、『常陸国風土記』筑波郡条の「新粟初嘗《わせの》」は陸田農耕の祭祀儀礼ではあるが、地方でも嘗祭が行われていたことを示している。

このほか『万葉集』には、葛飾《かつしか》の早稲《わせ》の新嘗の歌など、東歌二首が引かれており、東国地方には、新嘗の儀礼が遅くまでのこされていたようだ。

また、奥能登にのこされているアエノコトは、最も素朴な形を今に伝える収穫感謝の民間習俗である。

これら民間祭儀に共通している点は、みずから労働し農作業が滞りなく終了したことを神に報告することに主旨があり、そこに奉られる神饌・供膳の稲は各自が領有する最も大切な田んぼの収穫物を用いることを原則としていた。天皇祭祀としての新嘗も本来の形式は、天皇直轄・直営の御田の収穫が充てられていたと思われる。

稲作は近年注目されているように雲南省を起点に中国大陸の江南を経て、北九州から近畿地方に伝播していったことが、もっとも有力視されているところであろう。しかし、弥生以前における歴史事実としての稲作文化の発展経路としては、それが正しいとしても、神話体系の中に直結した大化前代の新嘗祭祀は、記紀古典に、その本源が語られ、祭祀の本義が貫かれてきた。

『日本書紀』神代巻の高天原における天照大神の御田作りとその稲穂に祭祀の起源がおかれていた

ことは、各豪族を糾合して強力なヤマト朝廷を確立し、天皇親祭祭祀として不断に斎行されつづけてきたことを考えるとき、神話と祭祀の体系は切り離すことのできない関係を保ってきた。「天照大神、天狭田・長田を以て御田としたまふ」（『日本書紀』第六段本文）とある神聖な御田に対して弟素戔嗚《すさのおの》尊《みこと》は乱行を働き新嘗の祭場と祭儀を妨害された。この御田は前段（『日本書紀』第五段一書第十一）において、粟・稗・麦・豆をもって陸田種子《はたつもの》とし、稲を水田種子《たなつもの》とし、天邑君《あめのむらきみ》を定め、その稲穂を用いて、始めて天狭田・長田に殖えた個所に相当する。さらに天照大神は神勅を下され、葦原瑞穂国は皇御孫命の治める国であり、この地に「吾が高天原に所御《きこしめ》す斎庭の穂を以て、亦吾が児に御《まか》せまつるべし」と仰せ出されて御自ら営む御田の稲穂を下された。天照大神が直轄される天上の御田を地上に再現したのが、「倭の屯田」である。

三　天皇供御の官田

新嘗に供えられる稲を収穫する御田は、天上世界から地上（倭《やまと》の屯田《みた》）へ、さらに律令制下においても、屯田の遺制として畿内官田に含まれ、古来からの祭祀系譜の上に成り立って確保されつづけてきた。

『養老令』田令には「凡そ畿内に官田置かむことは、大和、摂津に各卅町、河内、山背に各廿町」

と規定され、「其れ田司は年別に相ひ替へ」ることになっていた。畿内の官田は併せて百町。この内、大和の三〇町の中に、本来の「御田」が含まれていたことが想定できる。『養老令』に記載する「官田」は、大宝令注釈書である『古記』（『令集解』所引）によると「屯田、謂、御田、供御造食料田耳」とあるとおり、主に天皇供御のための田であり、大宝令には「屯田」と書かれ、呼ばれていたことが判明する。それは、天平二年（七三〇）の年紀を有する『大倭国正税帳』（『正倉院文書』）にも、十市郡・城下郡・添上郡の三郡において「屯田稲穀」の記載があることからも裏付けられよう。もちろん大和の屯田（官田）は、この三郡に限られていたものではなく、欠損部分（たとえば城上郡など）にも記述されていた可能性は強い。

　このように奈良前期までは、大化前代に由来をもつ語が律令語として使われ、その所管は宮内省に入り、毎年交替した「田司」も省所轄の諸司の伴部・使部がその役に仕えた。この「田司」も、また大宝令には「屯司」と称されていた。

　秋になると官田（屯田）の稲穀は宮内省管下の大炊寮《おおいのりょう》に収納され、主に天皇の供御《くご》（日常の御食事）と祭祀用および仏事の東大寺大仏供養料などに供された。先述のとおり田数は、宮廷財政を補強できるような広大な耕作は必要とされず（『延喜式』では総田数八六町、宮内省営田は畿内四国総計四〇町）、その量は儀礼上の〝見立て〟的世界の範囲内にあった。

　『延喜式』大炊寮によると、天皇供御のための稲・粟は「官田を用ゐよ」と規定され、このほか、中宮（皇后）・東宮（皇太子）、そして伊勢神宮に仕える斎宮の在京期間中の食膳も同様の扱いをうけた。官田の稲を食することのできた方は、天皇に準じた皇位継承予定者をはじめとする内廷の核として位置づけられる極めて限られた存在である。そして、それぞれ中宮職・東宮坊・斎宮寮の独自の職制機構をもち、年中の儀礼も「御」（天皇）に準じて行われた。とくに注目すべきは、天皇以外の官田稲を食することを許された方々にも、神祇官の御巫《みかんなぎ》や卜部《うらべ》から選定された宮主《みやじ》が置かれ、玉体に準じて、聖別された御体としての取扱いをうけた。

次に祭祀の神膳用にも、御田に系譜をひく官田稲・粟が供えられた。この場合、律令の国家祭祀全般にわたったわけではなく、天皇直轄の〝内廷〟的性格を濃厚に伝えた祭儀に限られている。同式（宮内省式・大炊寮式・造酒司式）によると、六月・十二月の神今食、十一月の鎮魂祭と新嘗祭がこれに該当する。この二系統の使途から、共通点として、御田（屯田・官田）に生育した稲（粟）は産霊《むすひ》・霊力の付着した神聖性が意識されており、官田の制度そのものは国家体系のなかに包括されながらも、大化前代からの単なる遺制としてではなく、平安時代にも強く生きつづけている。

四　大王直営の屯田

これまで律令制下における屯田《みた》（官田）の変容について概要を述べてきたが、これが天上の儀である高天原の御田との間のつながりについて大化前代の概況を記紀と考古学の発掘成果から眺めておきたい。

まず古典の記事『日本書紀』仁徳天皇即位前紀の条文を引用する。この部分は、倭の屯田の性格をよく表わしていることから、しばしば引かれる所である。その内容は、応神天皇崩御ののち、太子菟道稚郎子と大鷦鷯尊《おおさざきのみこと》（のちの仁徳天皇）の間で互いに皇位を譲り合った。その時に異母兄にあたる額田大中彦皇子は「将に倭の屯田及び屯倉を掌らむとして、其の屯田司出雲臣が祖淤《お》宇《う》宿禰に謂《かた》りて」、この屯田は自分が治める地であると主張する。大中彦皇子の言い分は、屯田を預っている出雲臣から二人の太子と皇子に伝えられた。この屯田の由来を承知しているのは倭直吾子籠のみであり、早速召されることになる。吾子籠の答えは、伝え聞くところによると「纏向《まきむく》玉城宮御宇天皇の世に、太子大足彦尊に科せて倭の屯田を定めしむ、是の時に勅旨は『凡そ倭の屯田は、毎《つね》に御宇す帝皇の屯田なり、其れ帝皇の子と雖も、御宇すに非ずは掌ること得じ』とのたまひき」という明快な返事であり、倭の屯田は皇位継承者、すなわち皇御孫命である大王《おおきみ》（天皇）に付属することを勅旨として伝えている。皇子といえども、その領有を浸すことはできない聖別された田であり、纏向玉城宮に都宮の所在した垂仁天皇の時代に、天皇の命をうけて太子（のちの景行天皇）が定められたという。この所伝は皇位継承の争いをも反映させた内容が窺えるが、結果的には大中彦皇子は皇位につくことも、皇位継承とともにあるべき倭屯田の領有をも果たすことができなかった。

「倭の屯家を定め」たことは、『古事記』の景行天皇の段にも所見する。右の垂仁天皇のとき、太子（景行天皇）が定められたする『日本書紀』の所伝と若干の齟齬はあるが、大きな違いとはいえない。ついで『日本書紀』景行天皇五十七年十月条の「諸国をして、田部・屯倉を興す」とあるのも、倭屯田設定の延長線上に出て来たものと理解する。

本来、天上の御田に対応する所は倭の屯田であり、ここに稲穀を収納しておく屯倉《みやけ》や、屯田司が在住し屯田管理の役所ともなった屯家・屯宅が置かれ、御田（屯田《みた》）とも〝ミヤケ〟とも通称されるようになり、五世紀以降になると畿内各地に天皇王権の経済基盤となるべき屯倉が多く成立、設定拡大していった。一部の研究者の間には、垂仁・景行天皇期に屯田の成立をみたとする点について、時代が古すぎるとして疑問を挟む否定的見解も出されているが、後述するとおり最近の纏向遺跡発掘の進捗は、そうした否定的意見を氷解してしまうほどの興味深い発見がつづけられており、この批判に関しては岸俊男の「額田部臣」と倭の屯田の関係について論じた研究によって、ほとんど批判すべき余地はなくなったといってもよい(2)。

屯田・屯倉について、とくに「倭の屯田」を中心に話をすすめてきたが、朝廷の経済基礎となった県《あがた》についても若干触れておきたい。県も土地支配を目的とする直轄領であり、大和の屯田とともに、中でも重視されたのが倭の六御県《むつのみあがた》である。大和川の上流に位置する穀倉地帯ともいうべき、添・山辺・磯城・十市・高市・葛城の六所をいい、広く大和盆地に分布し、それぞれ式内社である御県神社が鎮座している。六御県は大化前代いらい天皇供御《くご》の蔬菜《そさい》を恒常的に貢納する役割を果たしてきた。先の『日本書紀』の仁徳天皇即位前の条の倭の屯田に対応する御県に関する所伝が、『日本書紀』の推古天皇三十二年十月条に収録されている。大臣蘇我馬子は天皇に、天皇が直轄する六御県の一つである「葛城県は元臣が本居なり、故、其の県に因りて姓名を為せり」との理由により、この御県の下賜を願い出た。推古天皇は叔父馬子の奏言を拒み、後の世に女性が天皇の位に臨んだため、伝来されるべき御県を失ってしまったという批判の出ることを予想され厳然と対処し拒絶されたのであった。葛城県《かつらぎのあがた》を含む倭の六御県が、宮廷の供御に預かった天皇の生活そのものにかかわるもっとも大事な領地であったことは右の伝承からも窺い知ることができる。

『延喜式』所載の祈年祭・月次祭祝詞には、辞別して大和国内の御県・山口・水分《みくまり》の諸神社の祝部にも宣り下す内容となっているが、とくに六所の「御県に坐す皇神等の前に白さく（中略）此の六つの御県に生ひ出づる甘菜・辛菜を持ち参来て、皇孫命の長御膳の遠御膳」として蔬菜類を捧げ奉る由来を語る。この祝詞は国家祭祀（〝外廷〟祭祀）の最重事である二月の祈年祭と六月・十二月の月次祭において神祇官班幣《はんぺい》儀式に宣せられたもので、倭の屯田の系統を引く屯田（官田）の稲穀は〝内廷〟的祭祀に用いられたのに対して、倭の御県の収穫物は日常の天皇供御のほか、御県神社の在地神事に奉献され、大和川の支流が合流する広瀬神社の大忌祭《おおいみのまつり》祝詞にも、御県の農耕を中心とする大和国内の順調な生育が四月・七月の二回、天武朝から祭祀されるようになる。七世紀後半まではまだ宮廷の

〝内廷〟的供御の需要産品は大化前代からつづいて倭の六御県に大きく依存していたと推定できる。令制が整備されていくと、宮内省被管の園池司が供御用の蔬菜・果樹の類を栽培・管轄するようになり、御県の役割もここに吸収されていったであろう。こののち園池司も寛平八年（八九六）に内膳司《ないぜんのつかさ》に統合された。

五　纏向遺跡の発見

倭の屯田は、天上の高天原から地上世界に再現され、大化前代、ついで律令制下へと変容しつつも、新嘗の祭儀を通して、その祭祀の本義は伝えられてきた。

新嘗については、天上の儀のことは別にしても、神武天皇即位前に厳瓮《いつべ》の粮を食されて出陣していく段は、まさに新嘗の祭儀を厳修し、新たな霊威を身にうけて国内平定へと勝利に導いていく。さらに『古事記』の雄略天皇の段にも、命乞いする伊勢の三重采女の寿歌の中に、新嘗の祭祀の寿ぎの歌謡が収められている。その内容は景行天皇の都宮である「纏向《まきむく》日代宮は朝日の日照る宮、夕日の日駈ける宮」であり、ここに新嘗屋（爾比那閇夜）が建てられたことが、宮廷の寿歌として二世紀以上語り継がれてきた。このことを「日の御子」に伝えている。雄略天皇は有名な稲荷山古墳の鉄剣銘に記されたワカタケル大王にあたり、銘文のヲワケノ臣に至る八代の系譜は、実年数を数えると二世紀前後の期間を要し、崇神・垂仁・景行天皇期まで系譜伝承が遡るのであって、右の新嘗の寿歌も、鉄剣銘の信憑性から類推していくと、まったくの架空の伝承であったとは思われない。

古くから大王一代一宮制が採用され、崇神天皇は磯城《しき》瑞垣宮、垂仁天皇は纏向珠城宮、景行天皇は纏向日代宮に都宮のあったことが『日本書紀』に記されている。三代ともに三輪山の麓周辺に都宮が営まれていたことが推定でき、事実その伝承地が存在する。とくに垂仁・景行天皇の纏向の地は、三輪山の北西、纏向川の流れる北方穴師の地近辺にその伝承地がある。三輪から纏向にかけては、相嘗祭の官幣に預かる古社としての格式をもった大神《おおみわ》社（大神大物主神社）をはじめ、穴師社（穴師坐兵主神社）と巻向社（巻向坐若御魂神社）が鎮まり、両社には神主も置かれていた。纏向に都宮があった時代に、倭の屯田が設定されたということは、新嘗祭儀の伝承もその遡及の正しさが一層明らかになってくる。纏向が栄えた時代に倭の屯田が設けられたとすると、その都宮（纏向）から、そう遠くない場所に屯田が作られたことが想定できる。

表1「倭屯田」の系譜

神代	御田（天狭田・長田）	天邑君
大化前代	倭屯田	屯田司
大宝令	屯田	屯司
養老令	官田	田司

そこで最近の纏向遺跡発掘の成果の概要について先学の報告を基に簡単に紹介・列記しておくことにしたい(3)。

纏向遺跡は景行天皇陵（渋谷向山古墳）から南に広がる谷と纏向川に挟まれた三角地帯一平方キロの広大な、古墳・大溝などを伴った集落跡である。JR西日本巻向駅の近辺が、その中心部であり、その広さは藤原宮の規模に匹敵するという。昭和四十年代後半から数次にわたって発掘調査が行われ、古墳時代前期（三世紀後半～四世紀前半）の大集落遺跡、日本最古の都市といった性格の場所であることが明らかになった。それも弥生時代中後期までは、まったくの未開拓地であった所が、急速に開発され、現在発掘が進められている最古の前方後円墳（帆立貝式古墳）と推定されている、石塚古墳が造成されるとともに、その周辺の太田地区に繁栄の時代が訪れる。またその西側から南北二筋に分かれる矢板列の大溝の存在が確認されている。昭和五十三年には心柱・棟持柱をもつ二間・三間の掘立建造物の跡がわかり、西面して周囲に垣をめぐらした特殊遺構が発見された。これは普通の住居や倉庫ではなく、特別の宗教的施設、あるいは宮殿に類した建物である可能性の強いことが指摘されている。

その後も新たな発見は続々とつづき、点から面への拡がりを確実にみせはじめている。昭和六十二年には纏向の都宮跡伝承地に近い巻野内（小字家ツラ）から古墳時代前期（纏向四式期）の倉庫と推定される建物跡とともに、高度の技術を必要とする導水施設が確認された。また、同じ年太田地区（小字南飛塚）から四世紀前半頃の建築部材が大量に出土、檜の丸材と角材を組み合わせた簀子状の壁や二等辺三角形に整えられた棟木など、当時の建造技術の想像を絶する発掘がつづいている。

このような纏向近辺各所における、いわゆる纏向遺跡の発掘進行を総合的に判断すると、この地がヤマト朝廷発祥の地であり、その王権に包まれた地であったことが想定される。これは纏向の垂仁天

図3－1　纒向石塚古墳の発掘現場（橿原考古学研究所付属博物館提供，以下同）

図3－2　纒向遺跡から出た簀子状の壁

図３－３　纒向遺跡から発掘された大溝

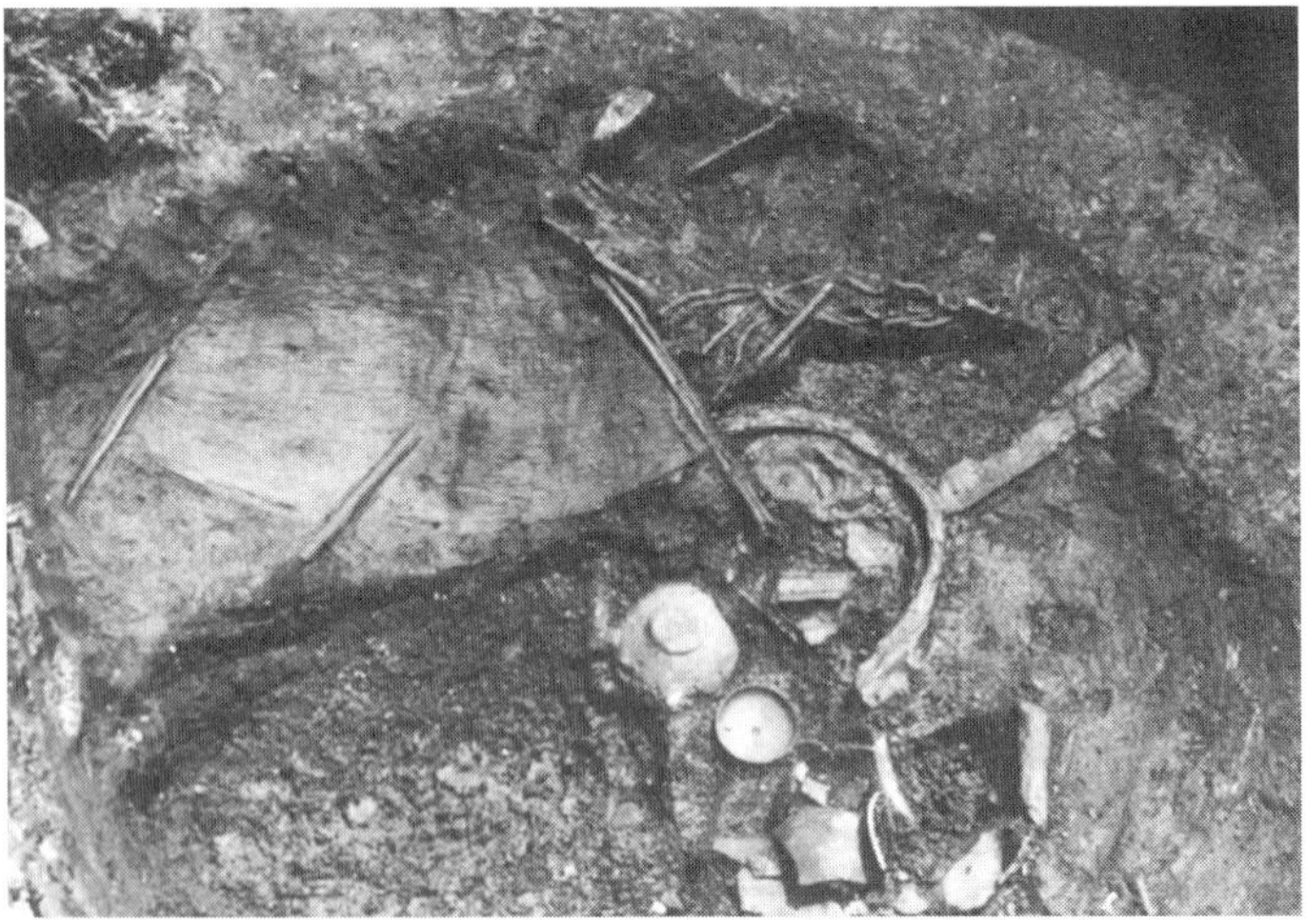

図３－４　箕・土器等の出土状況

皇珠城宮、景行天皇日代宮とのつながりを認めないわけにはいかない。そして四世紀前半を過ぎると、しだいに纒向遺跡が衰退の方向に進んでいくのも、都宮の遷都・移転とかかわる事態と考えてよいだろう。

さて、この遺跡内から祭祀に使用したと思われる遺物が、土壙に意図的に廃棄した形で出てきている。壺・甕・鉢・高坏などの土器・竪杵・籠・箕・鍬・鋤など農耕の収穫具などである。纒向遺跡の調査に早くから携わってこられた石野博信は、これらの出土品から「まつりの内容は、稲籾を脱穀し、炊飯し、盛りつけ、儀礼ののち共食する過程が考えられる(4)」ことを推測され、『延喜大膳職式』の御膳神・竈神や新嘗の祭祀に用いられる品目との類似性を指摘され、こうした祭祀を「纒向型祭祀」と名づけられた。

共同体における新嘗の淵源は弥生時代まで遡ると思われるが、体系的な新嘗は、纒向に開花したとみられる。それは、一つに強力なヤマト王権の確立、そして第二には聖別された稲穀を生産する倭の屯田の設置が前提になる。

六　倭の屯田を訪ねて

「倭《ヤマト》の屯田」と呼ばれてきた、ヤマトの地域が大和国全域と同義になるのは後世になってからのこ

図4　大和盆地（纏向と倭の屯田）

とであり、当初のヤマトは磯城（城上・城下）、十市の両郡を中心に、山辺郡の西南と高市郡の北部を含んだ限られた地域であった（直木孝次郎、和田萃らの説に若干の区域の設定に違いがあるものの、ほぼ同一地域をさしている）(5)。その基となったのが纏向遺跡であり、この地と深くかかわり合ったのが倭の屯田であった。

纏向とその近辺に特徴的にみられた地名に「大」字を冠することの多いことに気づく。天皇が古くは「大王《おおきみ》」と呼ばれていたように、「大」はヤマト王権と深くかかわって称されてきた。ヤマトが大和に充てられ、大和川と呼ぶのはのちのことだが、纏向の中心遺跡である太田は、延久二年（一〇七〇）興福寺雑役免帳に記された「大田庄」であり、大田の起源は古いだろう。大神《おおみわ》大物主神を祀るため招かれた太田田根子の「太田」も、この地名に基づいていると考えられる。後述する出雲庄内の大西・大泉も屯田と直接関係をもつ地域とみられている。さらに箸墓《はしはか》古墳は「倭迹々日百襲姫を大市に葬る」（『日本書紀』崇神天皇十年九月条）とあるように、大市の地名が古くからあったところで、市がすでに形成されていたことを窺わせてくれる。いうまでもなく「大神神社」の「大」神はヤマト王権にとって最高の祭祀対象であり、だからこそ神に「大」の字を付けて称する特別に扱われた大神であった。

地名については、第二に太田・東田・豊田など「田」字が多い。これは、この地が水田耕作にかかわり、新嘗祭祀の本拠であったことを地名からも裏付けられる。

さて、私は今から二十年も昔（昭和四十三年夏）のことになるが、渡辺澄夫の大和国出雲庄の研究書を頼りに、地図に条里を書き込んで国鉄巻向駅を降り、左手に箸墓古墳を見ながら、出雲庄内を歩いた思い出がある。中世史の研究といえば、当時の流行は荘園史のみであり、一学生であった私もその例外ではなかった。目ざす江包《えずつみ》と大西の村落を歩き村内の神社の位置を確かめるだけで満足であった。まだ纏向遺跡が学界に知れわたる以前のことであり、古代史に余り興味を持っていなかったものの、箸墓の巨大さと美しい緑の墳丘、そして神奈備の三輪山の姿は、今も鮮明に記憶に残っている。あれから二十年、今度は岸俊男の研究論文のコピーを片手に、ふたたび出雲庄の江包と大西を訪ねた。県道沿いは変貌が著しいが、一歩足を西方に進めると、ほとんど変わらない田園風景がつづき、嬉しかった。

岸俊男の論は、倭の屯田を管理した屯田司の淤宇宿禰《おうのすくね》が出雲臣の祖であったという伝承と、延久二年に初見する城上郡出雲庄の「出雲」の地名に何らかの関係を有するのではないかと推測され、纏向遺跡との関係や、出雲庄の中心村落である江包と大西二村が合同で行う「お綱まつり」（旧暦正月十日、現在は二月十一日）と呼ばれる珍しい農耕予祝の祭儀を紹介（辻本好孝『和州祭礼記』、『奈良県史』十三民俗下）して、「倭の屯田」の所在地を明らかにされた。纏向遺跡の西側、纏向の大溝（北溝）を越えた東田に近接した場所であり、いわゆる纏向の集落跡につながっている。纏向に都宮がおかれた初期ヤマト朝廷の直営田には、もっともふさわしい場所であり、東田や大西という地名も、三、四世紀までさかのぼることができるかという点で不安は残るが、「倭の屯田」の東と西という方角を指しているとも考えられる。出雲庄の中心である江包と大西は初瀬川を挟んで南北に分れ、水田耕地としての不安定さは免れえず、早い時期に、新嘗の斎田としての「倭の屯田」の所在は失われていった可能性はある。この学生時代の思い出の旅の地が「倭の屯田」であったとは、予想外の知見であった。

柳田国男は「畏れ多い推定ながら、天の長田といふやうな大切な稲栽培地が皇室にも属して居て、年々の斎田を卜定なされる必要は無い時代が遠い昔にはあり、所謂大新嘗は後代の各地の相嘗と、もう少し近いものだったのではあるまいか(7)」との指摘は正しく、定められた倭の屯田の稲穀を用いて、天皇（大王）による新嘗祭祀が原初の祭礼形式であり、都宮の移転や耕地の不安定さが理由となって、屯田の中から卜食田を定める必然性が、のちに生じてきたのであろう。屯田が大和国内に数ヶ所設定されていったのも、こうした反映が一つにはあったと思われる。『日本書紀』顕宗天皇三年二月と四月条の歌荒樔田《うたのあらすた》・磐余田《いわれだ》は卜部によって卜定された新嘗斎田としての屯田であり(8)、五世紀末以降は、卜部による卜食が定着し、纏向に隣接した記紀神話に系譜を引く倭の屯田は初瀬川の度重なる氾濫などにより、流域は移動しその所在はしだいに不確かになったのであろう。

岸俊男の鋭い洞察により、「出雲」の地名を手がかりに、「倭の屯田」の地を割り出されたことは、大きな発見であり、新嘗の祭儀の本質を考える上で重要である。

纏向に都宮の所在した垂仁・景行天皇朝は、まさに纏向遺跡が拡大・発展していった時期にあたる。

崇神天皇陵
(行燈山古墳)
大豆越
(旧河道)
草川
景行天皇陵
(渋谷向山古墳)
東田
辻
江包
太田
石塚古墳
巻野内
穴師
出雲庄
(北溝)
(南溝)
纒向川
豊前
箸墓
箸中
大西
豊田
三輪山
大神神社
大和川(初瀬川)
金屋

図５　纒向遺跡周辺図

その近接地に天上の儀のように、「倭の屯田」が営まれていたことは、（践祚）大嘗と新嘗の祭儀の体系的確立を、この頃まで遡らすことができよう。それは、ヤマトの纒向の地に強力な政権を築いた天皇による親祭祭祀の始まりでもあった。

　纒向遺跡はヤマト朝廷、日本国家発祥の地ともいうべき貴重な遺跡である。その調査は点から線へ、さらに面へと拡大する方向にあるが、本格的な全面的発掘までの道のりはまだ遠い。その規模からみても、県や桜井市の予算で行うには限界にきている。一日も早く国の史跡として指定し、平城宮や藤原宮と同等の本格的調査が望まれる。そして日本最古の国家レベルの都市・都宮を後世へ残す史跡公園建設への道を開いてもらいたい[9]（注：纒向遺跡の居館跡は、平成二十五年〈二〇一三〉国史跡に指定され、平成三十年柱列が復元された）。

七　記紀神話と新嘗

さて、本章の最後に、これまで深く論及しなかった大嘗祭の淵源である新嘗と記紀神話との関係について触れておきたい。

　記紀神話が古代祭儀の投影であり、神話に述べられている神語りの祭式化が宮廷祭祀であるとみる観点は一応理解できる。しかし、古代祭儀（とくに律令祭祀）と記紀神話に語られている個々の神話伝承を、そのまま直截につなげて論じていくことは、かならずしも賛同できない点がある。

国生み神話を八十嶋祭にあて、高天原神話や日向神話を、年間恒例の律令祭祀と結びつけて論じることには無理がある。もし記紀神話が古代祭儀の神語りとして書かれているとするならば、個々の祭祀と結びつく結論がもっと明確に示されてよいはずであるが、そのようには導き出せない。類似する例証を引いて神話と祭祀がつながげられても、完全な投影を確定することは不可能であろう。

記紀神話は、さまざまの伝承が流伝してきたものであり、その神語り・神話は、天上における〝まつりごと〟の世界であるのだから、当然、後世の祭儀・祭式に反映し、祭祀伝承の根拠の一例とはされても、それが唯一に残されてきたものとはいえない。

祭祀儀礼には共通する事項・性格が存しており、その本質について記紀神話を通して読みとることは可能であっても、神話伝承を個々の祭祀にあてはめ解釈することには慎重でなければならない。

記紀神話と宮廷祭儀を対応させて考察していく研究は盛んであるが、神話体系の配置と年間祭祀の月の順序が入り乱れ、交錯している結果を見るにつけても、そのことを痛感せざるをえない。

大嘗祭は、天孫降臨神話に語られている〝真床覆衾〟とつなげて解釈する折口信夫の論が、これまで主流となってきた。これに疑問を投げかけたのが肥後和男と岡田精司である(10)。

岡田は「天孫降臨神話の細部と大嘗祭の祭儀にはまったく一致するところがない」ことを指摘され、一般の新嘗儀礼において、天皇以外の人物が臥床につく例のあることをあげ(11)、また、天孫降臨神話の中心は「高千穂峰」に下られたことであったが、すべての所伝に共通してみられる高千穂峰を象徴する標示が見当たらないことから、否定的見解を示された。さらに私見をいえば斎庭の稲穂をいただいて降臨された〝真床覆衾〟の場で、稲を用いて食膳をとるのは合点がいかない。この稲穂は斎種の穂であるのだから。

また、大嘗祭では悠紀、主基二度の神事がくり返されるのだから、〝真床覆衾〟の儀も二度行われることになる。年中の祭祀、六月十二月の神今食、そして新嘗祭と年三度の祭祀も、あわせると六度にわたるわけであるので、この説明がつかないのではないか。

さて、大嘗祭の原型である新嘗を記紀神話の中に求めるとすれば、第二節の最後にも触れておいたように、第一は天岩戸神話にみえる「天照大神の新嘗きこしめす時を見て、則ち陰に新宮に放戻《くそま》る」（『古事記』には「大嘗」とある）とある素戔嗚尊の乱行に記された新嘗、そして第二は天孫降臨神話（第二の一書）の斎庭の稲穂の神勅が、記紀神話と新嘗伝承を結びつけるもっとも可能性の強い内容である。しかし、これに限らず〝まつりごと〟の反映は随所にあるといってよい。

後世の事例ではあるが、文和三年（一三五四）後光厳天皇の大嘗祭が迫ったとき、摂政二条良基は、大嘗祭の本旨を理解するために、平野流の卜部兼前から『日本書記』第一巻の教授をうけている（卜部兼豊『宮主秘事口伝《みやじひじくでん》』）。第一巻といえば「神代上」にあたり、天岩戸神話が中心であったろう。第二巻「神代下」の〝真床覆衾〟を含んだ天孫降臨神話以降には及んでいないのである。この点も、大嘗祭と記紀神話を考える上で、留意しておく必要があろう。

注

(1) 「稲の産屋」(『定本柳田国男集』第一巻、筑摩書房)。
(2) 岸俊男「「額田部臣」と倭屯田」(『日本古代文物の研究』塙書房、昭和六十三年)、菊池照夫「顕宗三年紀二月条・四月条に関する一考察―大和王権の新嘗と屯田―」(『千葉史学』第九号、昭和六十一年)。
(3) 寺沢薫・千賀久『日本の古代遺跡　5　奈良中部』(保育社、昭和五十八年)、和田萃編『大神と石上』(筑摩書房、昭和六十三年)、寺沢薫「纏向遺跡と初期ヤマト政権」(『橿原考古学研究所論集』第六、吉川弘文館、昭和五十四年)、大山誠一『古代国家と大化改新』(吉川弘文館、昭和六十三年)。また、纏向遺跡関係の現地説明会資料については森好央氏の提供をうけた。
(4) 石野博信『古墳文化出現期の研究』(学生社、昭和六十年)。
(5) 直木孝次郎『飛鳥奈良時代の研究』(塙書房、昭和五十年)、和田萃『大系日本の歴史　2　古墳の時代』(小学館、昭和六十三年)。
(6) 渡辺澄夫『畿内荘園の基礎構造』(吉川弘文館、昭和三十三年)。
(7) 柳田国男、前掲論文。
(8) 菊池照夫、前掲論文。
(9) 本稿執筆後(平成元年五月)、纏向の石塚古墳の発掘が進められ、三世紀後半の築造であることが、ほぼ確実になり、この一帯の遺跡の古さ、ヤマト王権とのつながりがさらに強まった。
また、福島県会津坂下町の宮東・男壇《おだん》遺跡から三世紀後半頃の前方後円形の墳丘と畿内式土器の大量出土があり、畿内ヤマト王権文化がすでに東北まで及んでいたことになる。三輪山山麓(纏向地方)に築かれたヤマト王権とのつながりを、今後、出土土器との比較から綿密に検討していく必要があろう。

(10) 岡田精司「大王就任儀礼の原形とその展開」(『天皇代替り儀式の歴史的展開』、柏書房、平成元年)。岡田精司以前には、肥後和男「古代伝承と新嘗」(『新嘗の研究』第二輯、吉川弘文館、昭和三十年)に「大嘗会に衾がもうけられる意味は折口氏のすぐれた見解もあったと思うが、或はこれは休息に入る形かも知れない。いわゆる山の神が里の神となり、更に山に帰るということを考えると、神が働いて収穫が終り、それを新にきこしめして冬眠に入ったのかもしれない。(中略)衾がおかれるというだけで大嘗会と天孫降臨をむすびつけることは多少疑問があると思う」とある。

(11) 『日本書紀』神代下には天稚彦が返し矢をうけて亡くなるとき、「新嘗して休臥《ねふ》せる時なり」とある。また『古事記』履中記には「難波宮に坐しし時、大嘗に坐し而、豊明為たまひし時、大御酒於宇良宜而、大御寝したまひき」とあり、これらの新嘗(大嘗)の事例をもって、従来多くの学者は新嘗の夜の休臥を〝真床覆衾〟の儀の傍証として利用してきているが、新嘗の祭りは、酒の宴を一つの祖型としており、人代の世界からみれば酒が入れば休寝してしまうという素直な見方は通用しないのであろうか。この二例を無理に、〝真床覆衾〟の儀礼表象と断じることには賛成できない。綏靖即位前紀にみえる大床に臥した手研耳命が殺されるのが「冬十一月」であるとの理由から、新嘗の最中のこととみるのもこれまた独断の見解であろう。

(平成元年四月末日稿)

第三章　〝真床覆衾〟論と寝座の意味

はじめに

皇位継承儀礼（即位儀礼）の一環として、即位儀とともに国家の重事とされてきたのは、天皇即位後に斎行された一代一度（毎世）の践祚大嘗祭である。

室町中期の公卿学者一条兼良は『代始和抄』[1]（『御譲位・御即位・御禊行幸・大嘗会仮字記』ともいう）において、「御即位は漢朝の礼儀をまなふ者なり、大嘗会は神代の風儀をうつす」と記している。即位儀に比して大嘗祭は伝統的祭儀であることが、兼良をはじめ公家社会の共通した認識であった。

大嘗祭は十一月（下または中の）辰・巳・午日の節会を含めて大嘗会と称しているが、祭祀としての中心儀礼は、卯日の悠紀・主基神事である。祭儀の解釈については、一条兼良ら公家の間には、その性格・意味について共同の了解がされていたと考えられる。これを大きく改変したのが、昭和度大嘗祭に際して発表された折口信夫の〝真床覆衾〟論である。

いらい折口説は六十年間にわたって、ほとんど本格的検証もないまま後進の研究者に引き継がれ、各学問分野に推論が肥大化して波及していった。さらに研究の方向を複雑にしていったのは、折口説（〝真床覆衾〟論）を批判し、聖婚儀礼説などを唱えている一部研究者の間にも、天孫降臨神話の真床覆衾と同一の場と推定した嘗殿の寝具・寝座（神座）の上で、天皇による秘儀のあったことを想定している。折口説を批判する立場の人々も、全面的否定には至っておらず、折口説および折口批判の諸説（聖婚儀礼説等）とも、〝寝座秘儀説〟では一致している。

しかし、神座において天皇所作になる秘儀があったという確証は何一つなく、すでに『國學院雑誌』平成元年七月号[2]の「談話室」（本書序章）で指摘しておいたように、「嘗殿に設けられた神座は客人としての神祖がお休みになられるために見立てられた神座であり、ここには天皇といえども近寄ることはなかった」。以下、折口説と〝寝座秘儀説〟の流れを亜《つ》ぐ諸説について平安朝から中世の諸記録を基に検討し、従来、同一の性格をもつとみられてきた毎世の大嘗祭と毎年の新嘗祭の根本的相違点についても明確にしておきたい。

一　秘儀とは何か――寝座秘儀説批判

折口信夫は当時の学界に新風を吹き込むことを意図し、みずから「仮説」と称して〝真床覆衾〟論を展開した。[3]「大嘗祭の本義[4]」に語られた中で、広く流布するところとなった二項の要旨は、

（一）「天子様の御身体は、魂の容れ物」であり、皇御孫命である天子の御体に「天皇霊」が入ることにより「天子様はえらい御方になられる」（一九三頁）

（二）大嘗祭の悠紀・主基両殿には寝具・寝座が置かれ、「日の皇子となられる御方が、資格完成の為に、此御寝所に引き籠つて、深い御物忌みをなされる場所」であり、「日本紀の神代の巻を見ると、此布団の事を、真床襲衾《マトコオフスマ》」といい、皇孫ニニギノミコトがこれにくるまれて降臨された。「此真床襲衾こそ、大嘗祭の褥裳を考へるよすがともなり」「物忌みの期間中、外の日を避ける為にかぶるものが、真床襲衾である。此を取り除いた時に、完全な天子様となるのである」（一九五・一九六頁）

という内容である。折口説を積極的に受容されている真弓常忠[5]は、（二）について「第一の神座（寝座）は真床追衾にくるまれて天降り坐す皇御孫命の姿を象徴するものであり、代々の天皇は皇御孫命であるから、御座に坐す天皇はこの寝座より出て来られたものと想定する」と解説し、御衾を備えた

神座に「坐すのは皇御孫命である天皇であり、天皇が皇祖の霊の憑りつかれるのを待たれるものと解される」と論じられた。

折口説の（一）天皇霊と（二）〝真床覆衾〟論は不可分の関係をもち、折口は『敏達紀』の「天地諸神及天皇霊」を引いてこれを外来魂「まなあ」であると指摘し、この天皇霊が「魂の容れ物」である新天皇の体内に入ることにより資格完成が得られたものとみた。

しかし『日本書紀』にしばしば散見する「皇霊之威」「天皇之神霊」「天皇之霊」「天皇威霊」や『続日本紀』宣命《せんみょう》にみえる「天皇大御霊」などが、大嘗祭の祭儀実修を通して天皇の体内に宿るとは考えられない。右の『日本書紀』『続日本紀』を通覧していけば、「天地の諸神とともに皇祖の諸霊を王権の守護霊とする信仰が存在し」「歴代の天皇の諸霊全体のもつ霊力が王権を守護していると考えられていた[6]」とみる熊谷公男の指摘が妥当な論であろう。

大嘗祭の中心祭儀は神饌供進・共食と折口の論じた（二）〝真床覆衾〟にかかわる秘儀の二つの儀礼から成り立っているとみるのが通説である。近年の古代史研究に大きな足跡を残している、井上光貞注、日本思想大系『律令』神祇令の解説においても、「天皇は大嘗宮に入って浴湯ののち、悠紀正殿に入って神饌を供し、みずからも御饌を食し（御衾の秘儀もこの間おこなわれる）、同じことが深夜、主基正殿でもおこなわれる[7]」と述べられ、「御衾の秘儀」の存在を明言されている。

このほか、〝真床覆衾〟論に加えて聖婚儀礼のあったことを想定する山尾幸久は「大嘗の神事でも天皇が、単衣を着し枕をし衾を覆って、神座の八重帖に臥したことは間違いがない」「令制下の天皇の即位大嘗における神座の儀の理念的説明は、天孫降臨神話に求めるのが最も妥当なのではないかと思われる。してみれば即位大嘗の神座の儀は、新生の穀霊児たる天孫が、真床に臥し衾われて、天空より地上に降下してきた行為の再現であり、俗性の離脱行為であり、神と化す行為なのであろう(8)」と論じている。近年においても、西宮秀紀は、大嘗と祭儀形態が同形式の祭祀である「新嘗・神今食(二回)は、天皇自ら行なう御寝具等によるマドコオブスマ儀礼と御膳の供薦(9)」があることを指摘している。

右の諸説は主に歴史学において論じられてきた折口説の影響を直接・間接にうけた論である。「御衾の秘儀」が本当に存在したのであろうか。秘儀とは何か。次に神事実修者と見聞者の記録を通して、祭儀の内容に迫ることにしたい。

嘗殿の室内の神事について熟知していたのは、天皇のほか摂政(関白)、陪膳《はいぜん》の采女、宮主など限られた人々であった。

後円融天皇大嘗祭(永和元年〈一三七五〉)の記録である二条良基の『永和度大嘗会記(10)』には、

神膳の次第は人のしらぬみぬ事なれはしるし申にをよはす、天神地祇を天子のてつからまつらせ給て、神供をそなへ給ふとそうけ給はる、執柄の家なとの外はしる人もなきにや、夕膳は亥時に侍へけれとも、やう〳〵夜あけかたになりぬ、近代はかやうにそ侍る、神膳はてて又廻立殿にかへらせ給ふ、又御ゆかけあり、そののち主基の神殿へなりて、又御膳をそなへ給ふ、さきのことし、抑天子の代のはしめに大神宮以下にたてまつらせ給ふ神膳なれは、いかほとも結構せられて金銀の器なとにてこそまいるへけれとも、た丶器かしはの葉はかりをあみつらねて御膳の器にそなへたり、神代の風俗倹約をさきとせられける事のいみしさ、

とあるように、卯日神事は神膳供進の記述に終始している。宮主の職をつとめる卜部の兼豊の秘書である『宮主秘事口伝』(11)にも、

大嘗会者、神饌之供進、第一之大事也、秘事也、御当職、関白殿下、又生涯之御大事此事也、

とあり、大嘗祭に先立って行われた習礼《しゅらい》（儀式の練習のこと）は「神饌御習礼」のみに尽きていて、神饌供進を「秘事」と称している。

称光天皇大嘗祭（応永二十二年〈一四一五〉）については関白一条経嗣の『応永大嘗会記』(12)（「大嘗会仮名記」「成恩寺関白記」）に、

何よりも神膳の儀ことゆへなくとけおこなはれぬる、神威のいたりもいちしるくめてたし、凡神国の大事ハ大嘗会也、大嘗会の大事ハ神膳に過たることハなし、其故は神座・神服をまうけて、まさしくあまてる大神を勧請し申されて、天子御身つからまつり給ふ儀也、代々執柄申さたに付ても故実口伝ともおほくあるにや、

とある。さらに先の摂政・関白を勤めた一条兼良『代始和抄』にも、

卯日は神膳を供せらる、其儀ことなる重事たるによりて委しるすに及はす、（中略）嘗殿と云は板敷をしかす筵をしく、神膳を供する所也、神座のまうけには八重たゝみ打払の布坂枕なんと云、（中略）神膳のことは陪膳の采女もはら是を掌とる重事たるによつて、兼日御習礼の事あり、秘事口伝さま〳〵なり、たやすくかきのするにあたはす、主上のしろしめす外は時の関白・宮主なとの外はかつてしる人なし、まさしく天てるおほん神をおろし奉りて天子みつから神食をすゝめ申さるゝ事なれは一代一度の重事是にすくへからす、

右の兼良の筆記につづけて、文明十一年（一四七九）宗祇に贈った同書には吉田兼倶の追文が綴られている。

大嘗宮とは悠紀主基の両神殿の所をいふ、此神殿をは嘗殿とも申、神殿のかまへさま〳〵の事なれは、くはしくしるすにあたはす、（中略）神膳御供進の次第は天子の御灌頂一朝の重事なれは、事ゝに秘事口伝にあらすと云事なし、（中略）本柏とて柏の葉を稲の穂にてしたゝむる様あり、深秘の口決なり、宮主臨期に調中事秘の中の秘たる故にや、（中略）くほてにもりたる物ともを此ひらてに主上手つからみつからもり給ふに、ことさらに御口伝のある事とも、ふかき子細あり、御飯には稲舂の米をもて大炊寮の官人調進す、内膳奉膳とて神膳を調進の司ゝこれあり、

以上の『永和度大嘗会記』『宮主秘事口伝』『応永大嘗会記』『代始和抄』及び兼倶の追文に共通していることは、傍線を引いた部分で明らかなように神膳供進を重事・秘事としている。秘儀にあたる

「秘事口伝」は天皇の神膳供進の所作をさしていう。

このことは建暦二年（一二一二）順徳天皇大嘗祭に際して記録された後鳥羽上皇の宸記（『大嘗会神饌秘記』）にも、神膳の次第を「秘蔵」すべきこと、および神供の所作の「秘説三ヶ事」が注されている。これまで、嘗殿の神事は神膳の供進と共食儀礼、御衾にくるまる秘儀の二つから構成されていると考えられてきたが、右の記録を読む限りでは前者の儀礼しか確認できない。したがって「秘事口伝」と称している〃秘儀〃に相当する内容は神饌供進の所作次第をさすのではなかろうか。

祭祀における「秘事」とは、仏教の密教や陰陽道の呪術と同質に語られるものではなく、たんに人前に見せず、口外しないことに重儀・本旨がある。宮中祭祀と一体の関係をもつ神宮祭祀の大御饌供進は、そのことをよく示している。祭儀の本旨を大事として伝習していくことに、大神の恩頼を蒙る必要条件があり、祭祀の前儀に当る斎戒や鎮魂が重視された。では、真床覆衾にくるまることを含めて〃寝座秘儀説〃は本当に実修されたのであろうか、深い疑念がわいてくる。

二　『日本書紀』神代巻の注釈から

次にもう一つの祭儀とみられてきた後者の折口〃真床覆衾〃論にかかわる「御衾の秘儀」の存在を検討することにしたい。大嘗祭の秘儀が『日本書紀』神代巻と共通する事柄であるなら、その後の神代巻研究、注釈史の中で、何らかの関係が論及されているはずである。

『釈日本紀』は平野流卜部兼方の編輯にかかり、その基となったのは、父兼文と五摂家の一条家の人びととの勉強会の問答録に拠っている。文永十一年（一二七四）摂政九条忠家は「大嘗会故実無二御存知一」(13)という理由により解任され、一条家経に交替した。後宇多天皇大嘗祭を半年後に控えた時期であり、おそらくは八歳の天皇を摂政が補佐して斎行する神膳供進の次第について伝授されていなかったからであろう。一方の一条家経とその一族は卜部兼文・兼方と特別の関係をもち、大嘗祭を前に家経の摂政在任中に『日本書紀』神代巻への関心が昂まり勉強会へと発展する。しかし、『釈日本紀』にも、大嘗祭と〝御衾の秘儀〟について直接の言及はみられない。同書の巻八、述義四には、

真床追衾、私記曰、問、此衾之名、其義如何、答、衾者、臥レ床之時覆レ之物也、真者褒美之辞也、故謂二真床追衾一、一書文、追字作レ覆也、訓読相通之故並用、今世太神宮以下諸社神体、奉レ覆二御衾一、是其縁耳、

とあり、海神宮訪問神話にみえる「八重席薦《タヽミ》」について「私記曰、問、此何物乎、答、今新嘗祭・神今食神態之時神座八重畳、模レ之者也」とある程度である。天孫降臨神話にある真床覆衾を大嘗祭の神座と結びつけた見解はなく、飽《あ》くまでも一般論として、神宮・神社の神体を覆《おお》う神具と位置づけており、一条兼良『日本書紀纂疏』も「謂二在レ床之衾一也」と記すのみで、大嘗祭の嘗殿（新嘗祭・神今食を含めて）に、寝具をおいた神座をさして「真床覆衾」と呼んでいる例はまったくない。大嘗祭と

の関係がとくに認められていたのは、忌部正通『神代巻口訣』四の「斎庭之穂亦当二御於吾児一者、斎而奉二大神一、以二稲穀一授レ之、大嘗会有二斎場之儀式一」とある、いわゆる斎庭《ゆにわ》の稲穂の神勅と結びついての解釈があるくらいである。

宮主の職を継ぎ、大嘗の祭儀に重要な役割を果たした吉田卜部氏の兼倶の自筆本『日本書紀神代巻抄』(14)も「衾ハ、御殿ノ綺帳ナトソ、覆ト云ハ、蓋ナントヲサシカケテ、カシツイタル皃ソ」とあり、以下は『釈日本紀』をそのまま引用している。兼倶の十数種の聞書本も大異はない。天理図書館吉田文庫にも、その種の秘伝・秘書は伝存していない。

兼右本『日本書紀聞書』(15)にも「真ト云ハ、讃タル言ニシテ、結構ナル衣装也、以レ之瓊々杵尊ノ身ヲツヽム也、依レ之伊勢ノ神体ヲモツヽム也、又タ宝殿ニ戸張ヲ懸ル因縁、是ヨリ起ル也」と講じているのみで、『釈日本紀』いらい大きな違いは認められない。ということは、大嘗祭に深く携ってきた平野・吉田両流卜部氏にも、大嘗祭と〝真床覆衾〟論を結びつける解釈は伝承されていなかったと断定できる。指南役の卜部がそうであるなら、他の公家の間には〝御衾の秘儀〟などまったく意識されていなかったであろう。

兼倶は先の『代始和抄』に追記した宗祇への一文の中で、

> 八重たゝみ、さかまくらなとのおこりは、地神四代の神ほゝてみの尊、海神の宮へいらせ給ひしに海神あかめたてまつる、みちのかはといふ物を八重しきて入まいらせける事の由来にや、荒妙《アラタヘ》

和妙《ニキタヘ》の神服といふは天照太神天上にまし〳〵て神《神服》はた殿と云宮の中にておらせ給ひし御衣の
こゝろなり、

と記して、嘗殿に鋪設される八重畳・坂枕の起源を海神宮訪問神話に求めており、『釈日本紀』にも、八重畳が新嘗祭・神今食と共通の神座であったことは触れられている。

なるほど、そこには「八重席薦」「饌百机」「真床覆衾」がみえ、大嘗の祭儀にかかわる共通した事物が記されていることから、海神宮訪問神話との関連に由来を求め、川上順子(16)の「大嘗宮での中心となる儀式は、神座において天子が皇祖神・天照大神と新穀を共食することであり、この共食の後に「八重畳」の上に装置された衾に天子がくるまって、葦原中国を知らしめす王として再誕する」とみる代表的意見がある。しかし、これも推測の域を出ず、再生の装置とみる八重畳・坂枕・御衾の寝具は大嘗祭や新嘗祭・神今食の天皇祭祀に限られたものではなく、神社の古社に神宝として納められている。

伊勢の二十年ごとの式年遷宮には、楊筥に錦御枕を入れ、また綿入れ仕立ての御被、錦御裳など数々の神宝が奉られる。宇佐八幡の薦枕《こもまくら》、賀茂別雷神社の八重畳の神座はよく知られている。長門・住吉神社では毎年十二月八日から境内立入りを禁じ御斎《おいみ》祭が十五日までつづく。この間、神職は清浄・潔斎につとめ、御衣、御衾・御笏・御枕・御沓など神宝物を調進(17)して、御殿内を改め晦日の和布苅《めかり》神事（現在は旧暦）を迎える。(補1)

大嘗祭の神具として坂枕・八重畳の名称が所見するようになるのは貞観年間以降であるが、大嘗宮の嘗殿と建築様式が類似する摂津・住吉大社の神宝にみえる坂枕・八重畳はそれよりも古い。天平三年の年紀を記す『住吉大社神代記』には各種の神宝・装束とともに、

坂枕、四枚 端裏レ錦、 畳、四枚 端裏二雲繝一、 八重畳、四枚、長一丈四尺、八幅、端裏レ錦、

が記されている。同書の成立年代は、延暦八年、また元慶年間以降とみる諸説があるが、神宝の種類に変化があったとは考えられず、平安朝の成立としても、奈良時代の神座、神宝を反映している。住吉社は香取・鹿島社とともに、奈良時代後期から二十年ごとの遷宮制が施行されており、遷宮制開始期までは遡ることができよう(18)。坂枕・八重畳は、神社の古社においてすでに奈良時代には神座内に置かれて呼称されており、大嘗宮の用具も、大嘗祭成立期（天武・持統朝）まで遡らせることは可能であろう。さらに、それ以前の新嘗時代も、より簡素・素朴な同質の品々が祭具に用いられたと考えられる。

神社の神座の鋪設に共通して用いられる坂枕・八重畳そして御衾の上で、天皇みずからくるまり伏す所作が行われたことは、神社祭祀の本旨からも認めることはできない。後述するように平安期の古記録にも、そのことは皆無である。しかし黒崎輝人(19)は、「本来の用途は王がくるまり伏すためのものであった」とされたが、そのための実修の所作が見出せないことから、「問題は王が寝具にくるまり伏す所作がいつまで行われていたか」という時間的変遷によって「律令国家の親供儀礼においては、

マドコオブスマ儀礼は既に行なわれなくなっているとみなせる」とされた。少なくとも大嘗祭成立期には、そうした所作は伝承されなくなったということである。それ以前の新嘗の時代には存在したということであろうが、祭儀は本旨の部分において、とくに伝統的に踏襲することを本義とするものであり、祭儀の意味を大きく改変してしまうほどの祭式の変革があったのであろうか。その変化を想定するには相応の確証が必要であるが、黒崎氏の論には、それが積極的に示されていない。「記紀天孫降臨神話の異説成立過程の中で、マドコオブスマ儀礼はその意味と機能を曖昧化させ、さらに消滅へ向かったと考えられる」と断じられたが、天孫降臨神話の〝真床覆衾〟説に惑わされているかぎり、みずから曖昧な論に終始し、記録が残されるようになる時代にはなくなったが、昔はあった、という不明瞭な結論しか導きえないであろう。

時間的変遷説とは異なり、稲霊信仰と結びつけて、神座を天皇のすわる神座と認めながら、結果的には〝象徴的神具〟とみる三品彰英の説[20]がある。

三品は「新しく即位する天皇がこの大嘗祭の儀式過程において天孫的性能を獲得する、すなわち『稲魂と融即する』とすれば、稲実・ホノニニギノミコト・天皇、この三者は区別し難く、そう考えて来ると問題の御衾と坂枕とは天皇の神座であったのかもしれない」とされつつも、「果してそうしたことを天皇が実際に実修されたのであろうか。大嘗祭の御衾と坂枕はおそらく象徴的な神具として設備されたもので、それはかつての原始的な収穫儀礼に由来するものであり、神聖な稲実の神床であるという推定以上の解説を、私は差し控えておきたい。稲魂との合体は、それを聖食するという原始的な儀礼によって充分に果されているのである」と述べられた。数少ない〝寝座秘儀説〟否定論である。稲霊の神格を重視し、「稲実の神床」と断言するあたりは、素直に賛同できないが、後半の論には共鳴できる点が少くない。清浄の中で作られ聖別された稲穂が神聖視されたことは当然であろうが、この稲実を神そのものとみることは当らない。稲穂は飽くまでも、大神のために供ぜられる神膳の最高の品であり、祭儀の本旨は、招かれた大神に奉り、相嘗、共食することで、大神の新たな霊威を身に享けるものであろう。

三　神座の鋪設

従来の諸説を紹介し批判を試みてきたが、この私論を、より具体的に論証していくために、以下では祭儀実修の場である神座の鋪設について考察する。大嘗祭の悠紀殿・主基殿（嘗殿）の神座と神嘉殿に設営される年三回の新嘗祭・神今食の神座は極めて類似しているので、適宜、新嘗祭・神今食の事例をも参照しながら論を進めていく。

大嘗祭を記した既存の儀式書としては、もっとも古い『儀式』巻三、践祚大嘗祭の中巻には「掃部寮以㆓白端御畳㆒加㆓席上㆒、以㆓坂枕㆒施㆓畳上㆒」「率㆓縫殿・大蔵等官人㆒、奉㆑置㆓衾単於大嘗宮悠紀殿㆒」

とあり、『延喜式』践祚大嘗祭に、

悠紀院所レ造正殿一宇、（中略）其室簀上加レ席、席上敷二白端御帖一、帖上施二坂枕一、［帖枕並掃部寮所レ設、其製在二彼寮式一、］

とある。同、巻三八、掃部寮《かもんりょう》にも践祚大嘗祭において、

西厨官人已下掃部已上卜食十八人、持二御座等物一、自二大嘗宮北門一入、鋪二白端御帖十一枚、布端御坂枕一枚於悠紀正殿中央一、又設二打払布一条一［納二楊筥一］

とあるのみで、設営の詳しい内容は明らかではない。

このほか『北山抄』巻五にも「酉刻、掃部寮以二神座御座一、供二于嘗殿一」「次中臣忌部各一人、率二縫殿大蔵等官人一、奉レ置二衾単於悠紀殿一」とあり、源経信の日記『帥記《そち》』(21)には「神殿内中央重置二八重畳一、々東西有レ机、々上有二入籠物一、但西籠物頗小自東、是神服歟、同殿内四角有二灯楼一、居レ台、巽角有二半帖一」と後三条天皇大嘗祭における嘗殿内の様子が記述されているが、これでも不詳である。

ここで参考となるのが、神今食・新嘗祭に用意された『延喜式』掃部寮に所載する「年料鋪設」の項である。

六月神今食［十二月神今食、十一月新嘗祭亦同、］御料、(A)黄帛端短帖一枚、［方四尺、］(B)白布端帖二枚、［各長一丈二尺五寸、廣四尺、］(C)白布端帖二枚、［各長九尺、廣四尺五寸、一枚無二裏布一、］(D)白布端帖二枚、［各長九尺、廣四尺、］(E)白布端帖一枚、［長八尺、廣四尺、］(F)白布端帖四枚、［各長六尺、廣四尺二寸、一枚無二裏布一、］(G)折薦帖一枚、［長八尺、廣四尺、］(H)折薦帖八枚、(I)白布端坂枕一枚、［長三尺、廣四尺、］褥席二枚、葉薦八枚、折薦八枚、蒋食薦八枚、山城食薦八枚、簀八枚、床一脚［湯殿料、］打拂布二條、［各長一丈三尺、］柳筥二合、［納二拂布一料、］但中宮白布端帖

四枚、（各長八尺、廣四尺、）折薦帖一枚、白布端坂枕一枚、褥席二枚、

右預前儲備、事畢即充二神祇官一

右の御料は、祭儀終了後「充二神祇官一」とあることから、神嘉殿内の神事にかかわる用途であったと推定される。（A）は供膳のため神食薦《かみのすごも》に接して寝座（第一神座）の東方または巽に置かれた神座。（B）～（H）は、八重畳に衾・単がおかれる寝座（神座）と、その下敷にあたる長帖と推測される。

しかし右の記事だけでは、どのような神座が重ねられて作られたかわからないが、『江記《ごうき》』『兵範記《ひょうはんき》』を通して、平安後期の神座鋪設の内容を知ることは可能である。(22)

仁安三年（一一六八）高倉天皇大嘗祭の神座鋪設の次第は、かなり詳しく載せられており、嘗殿内の大凡を復元することができる。(23)

次供二神座一、下官并掃部寮相共奉仕之、

先六尺畳四枚、南北行並敷之、（有レ裏、）其上一丈二尺五寸畳二枚同並敷、（無レ裏、）其上中央九尺畳四枚重敷、（二枚有レ裏、件畳等弘皆四尺、但九尺畳四枚中、二枚弘四尺五寸、已上畳筵一枚、薦八枚、有二白布端一、）九尺畳一枚引出之、（半分東引出、）其上置二打掃布一、（件布置二柳筥一、官人申云、六尺五寸、）南北行引展置之、九尺畳上敷二八重畳一枚一、（長八尺、弘四尺、筵一枚、薦七枚、重差也、毎レ薦有レ端、七重、加レ筵、故、称二八重一也、）

神座巽角又供二神座半帖一枚一向レ巽也、其北敷二御座半帖一枚一、件二帖、各長三尺余、八重畳南端

安二坂枕一、（東西行挿二八重畳下一也、）

右の条と『延喜式』の御料を合せていくと、下敷の六尺畳四枚は（F）、その上に二行で載せる一丈

二尺五寸畳二枚は（B）、その中央、神座の下におかれる九尺畳四枚は（C）（D）、さらに八重畳を重ねるが、ここには（E）（F）（G）の一部が用いられたのであろう。

さて、『兵範記』の記事を基に百分の一の縮図を作成してみた（図6）。古代においては一間は八尺、一尺の長さは約二九・五チセンであり、悠紀殿・主基殿とも、南北五間、東西二間で、奥（北）の神座をおかれた所を室《しつ》といい、南北三間、その南に堂《どう》と呼ばれる二間四方の間があり白絹の幌《ほろ》で仕切られていた。

一見して明らかなように、中央の神座に二行の下敷が置かれると、その左右の間は各々わずか一・一五メトルしかとれない。したがって神座の東方におかれる天皇御座と短帖（第二の神座）は、三尺四方の、いくらか小形の帖が用いられている。高倉天皇大嘗祭の嘗殿と対比するため、順徳天皇大嘗祭（建暦二年〈一二一二〉）の図を収めた（図7）。これは先の『後鳥羽上皇宸記』（『大嘗会神饌秘記』）に載せられている最古の嘗殿の図である。原史料は南北が逆に載せられ点数も書かれていないが、高倉天皇嘗殿の図と見やすく比較してもらうために、あえて加筆した。この二つの嘗殿の図から、平安末期から鎌倉時代は、ほぼこの神座形式が定着していったとみられる。(24)

次に高倉天皇大嘗祭から六十年さかのぼる大江匡房《まさふさ》の『江記』天仁元年（一一〇八）十一月二十一日条の鳥羽天皇大嘗祭（『天仁大嘗会記』と題して流布する『江記』の逸文）について触れておきたい。内容は難解であるが、現在知ることのできる数少ない神座鋪設の方法三種が列記されており、その仕様に混乱があったことがうかがえる。

次掃部寮以二神座一供二于嘗殿中央一中戸以北、其神座躰八重帖三行也、延喜式并小一条大将抄・小野宮右大臣抄・清涼・新儀式等、与二近代所レ行大以相違、称二掃部寮古老説一二行敷レ之、是成光・時成等説云々、

神座の鋪設について、十・十一世紀前半までは下敷三行であったが、「近代」は二行の上に神座がおかれる。『江次第鈔』所引の『新儀式』(逸文)は神今食に関してであるが、「神座以二八重畳一三行南

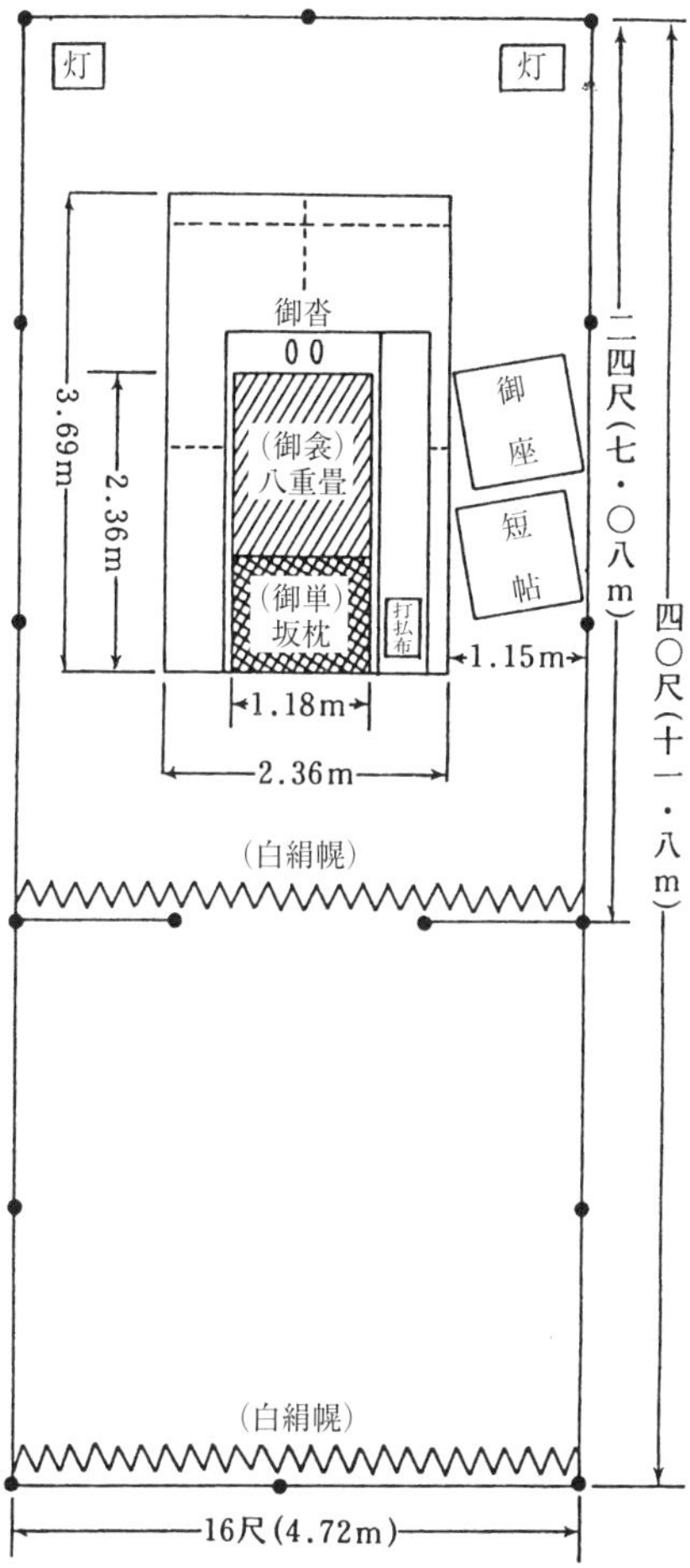

図6　『兵範記』の記事から作成した神座図

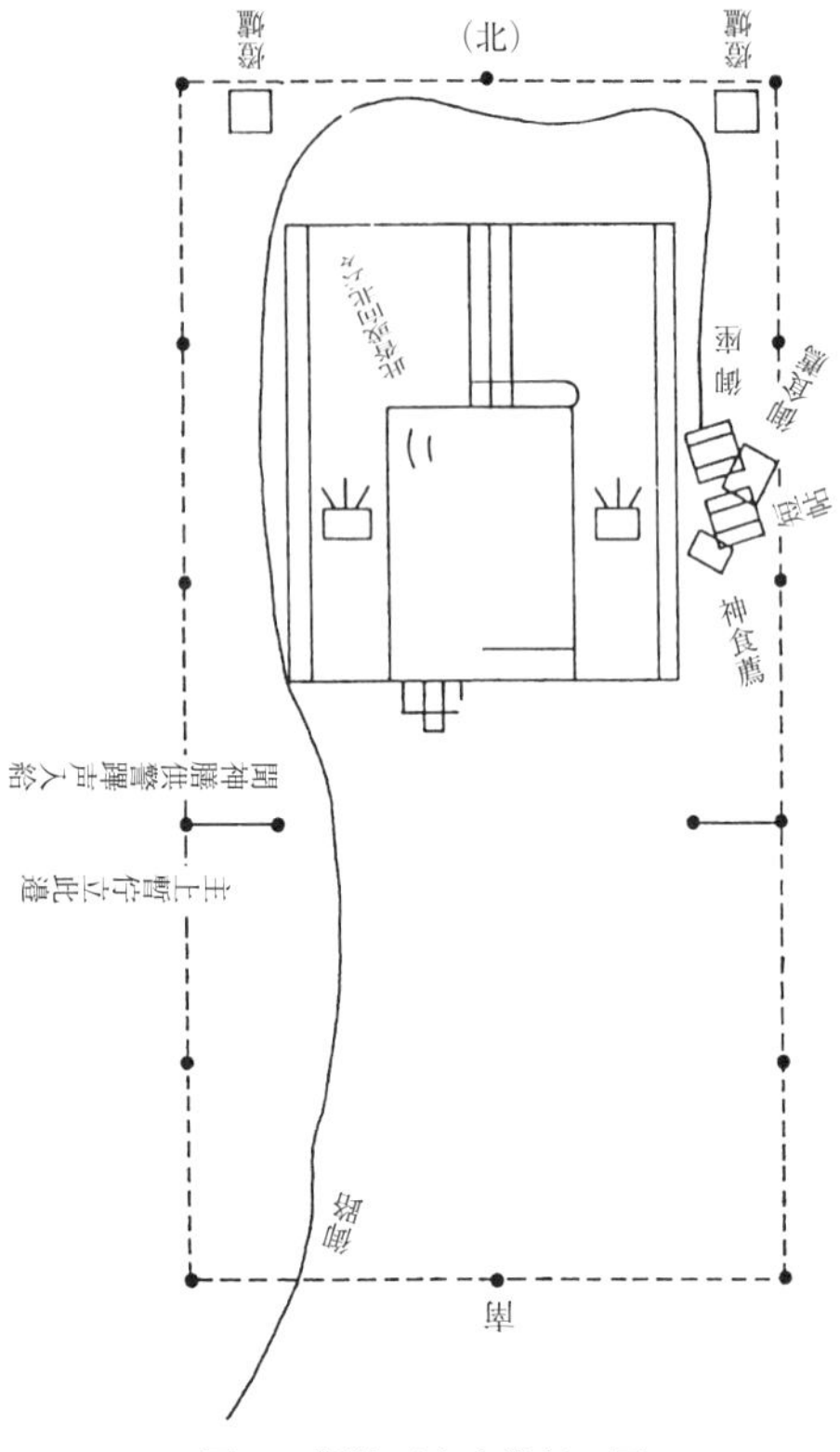

図７　順徳天皇大嘗祭の図

北妻、在二中央一、其東有二御座畳一、其東有二短畳一、但向レ東著御」と三行の設営になっており、『江記』の記載と合致している。

『江記』には、つづいて三形式を掲げる。第一は、『延喜式』には鋪設御料の大きさのみが記されているが、これを基に匡房が「依二延喜式心一作レ図」った仮定のもの。三行の筵の上に六尺帖を重ね、「以二八尺帖一枚一敷二神座与二御座一」という、八尺帖の東西を妻とする横長に神座と御座を「各半分相懸」る形を作る特異なもの。第三は「近代所レ行二行敷之」形式を紹介しており、二行の下敷中央を神座とし、「其東以二短帖一為二御座一、以二八尺帖一引二懸神座并短帖一」とあるが、近代の例は「已違二式文一又不レ似二八重帖一」と記して、この形式が「大嘗宮徑狭、後説可レ叶歟」と嘗殿の狭さを理由にあげている。八尺帖の用途は異なるが、この二行形式は、この後の高倉天皇大嘗祭（図6）に採用されており、掃部寮古老の説のとおり二行が平安後期の鋪設形式であった。

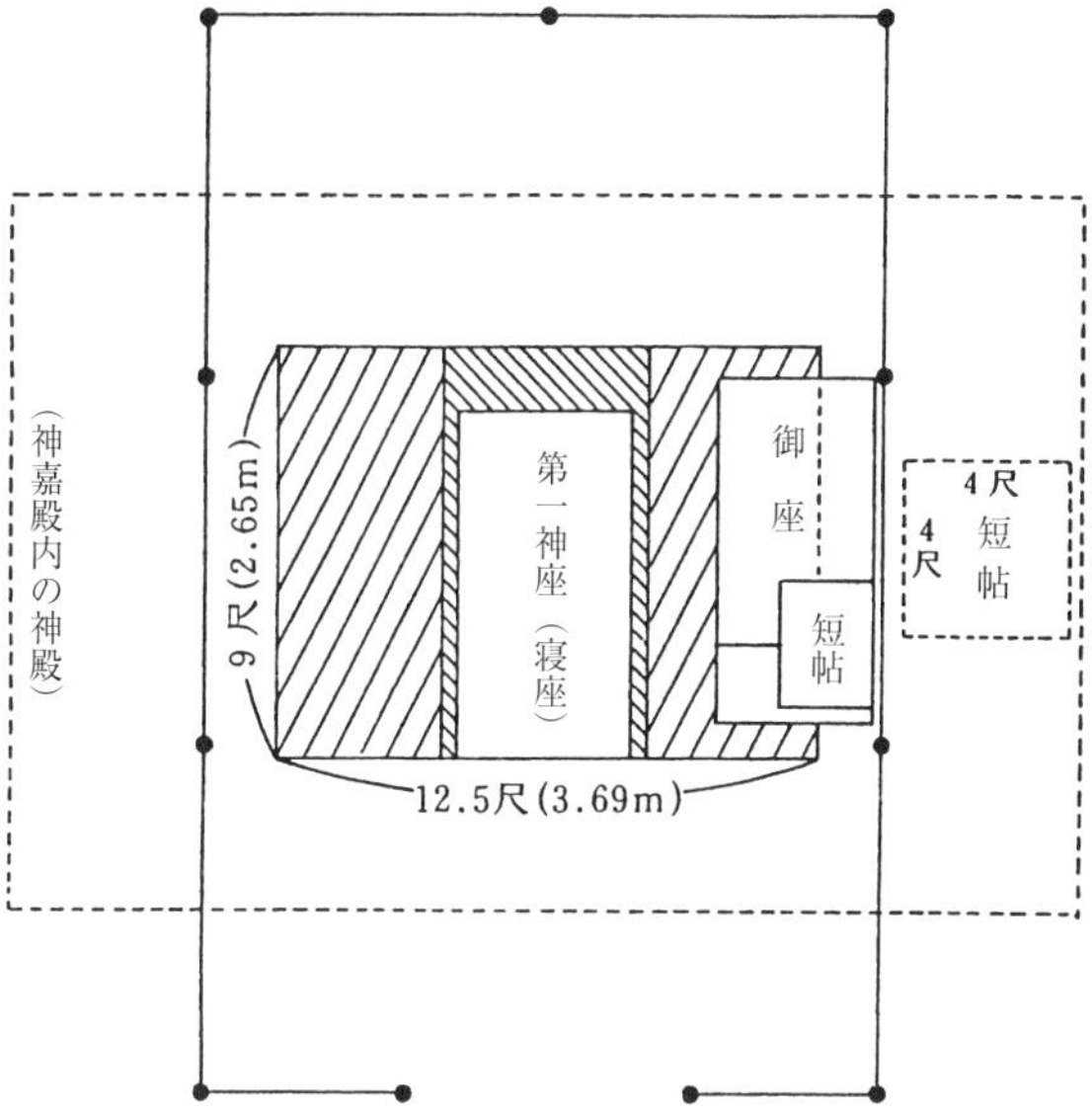

図8　鳥羽天皇大嘗祭の図

第二（図8）は九尺帖三行の下敷には一丈二尺五寸二枚が横長に南北におかれ、東戸前に八尺帖一枚、その上に六尺帖四枚が重ねられ御座となる。三行とすると左右の間は各々五〇センチのわずかしかなく、三行東の九尺帖に「各懸二半分一」ことになる。神座（第二の）の短帖は東戸前の六尺帖（御座）東に懸けて敷かれる。

鳥羽天皇大嘗祭には、図8の三行形式で

行われたようであるが、嘗殿の室内に横三行では、左右の狭さがよくわかる。嘗殿内の御座への入御の道も、これでは三行の西の筵の上を歩行せざるをえなかったであろう。点線は新嘗・神今食の斎行された神嘉殿中央の神殿をあてはめたものである。嘗殿の室を横（東西）にした、三間、二間の同じ広さであるが、横長のため、先の『新儀式』逸文にあるとおり三行であっても、左右は十分にゆとりがある。しかし、これでも『延喜式』にある「黄帛端短帖一枚、方四尺、」を東戸に接して置き、御座と短帖を真東に一線に並べる『新儀式』の方法をとるとすると、御座を三行の東外におくことは狭すぎる。とすると、『新儀式』の神嘉殿における神今食の儀も、中央の神座の東、三行の内に「其東有二御座畳一、其東有二短畳一」とある御座はおかれていたかもしれない。中央に八重畳の神座（寝座）がおかれるのは確かだが、その下敷は三行・二行まちまちであり、御座（天皇御座所）と短畳《みじかだたみ》（第二の神座、大神を迎え神膳供進が行われる場）は、時として配置に流動があったことが知られる。

下敷の鋪設法は幾例かあったとしても、中央の神座は八重畳、坂枕、そして御衾、御単の神具がおかれ、その東には打払布を入れた筥と桧扇・御櫛、北には御沓が並べられる。この第一の神座（寝座）に、天皇がみずから入られる儀礼があったのであろうか。あったとすれば、二時間以上を要した祭儀のどの時に行われたか。次節では第一の神座（寝座）の意味と第二神座（短帖）で天皇と交される供膳・共食儀礼をともにする祭神はどなたであったのか、考察を試みることにしたい。

四　祭神と共食儀礼

天皇は廻立殿に着御ののち、小忌御湯の儀を経て、嘗殿に入御される。図7にも注されているとおり、中戸入口にて「主上暫佇二立此辺一、聞二神膳供警蹕声一入給」と神饌行立の警蹕の音が聞こえてくると、室内に入られ、実線の道を経て、直接「御座」につかれる。

入御・還御のコースは『江家次第』巻十五（大嘗祭）に、「入レ自二中戸一経二神座西并北一、着二神座以東御座一、亥一刻供二御膳一（中略）天皇還二御廻立殿二」とあり、鳥羽天皇大嘗祭について記した『江記』には、「経二悠紀殿西布単上一、自二南面一褰二蘆簾一入御、経二神座西北一着御、如二東座少巽一、相伝云、摂政入二神殿内一、関白不レ入云々（中略）次還二御廻立殿一、其儀如レ初」とある。入御は『新儀式』（逸文）の神今食にも「経二神座北辺一、着二神座以東御座二」とあるように、御沓のおかれる北を回って東の御座に直行された。還御のコースは「如レ初」とあることから、同じ道を戻ったのであろう。崇徳天皇大嘗祭（保安四年〈一一二三〉）を詳細に記録した摂政藤原忠通の『大嘗会卯日御記』(25)にも、「次主上入ヨ御自二中戸一、逼レ西入御、予褰レ幌奉レ入、聞二神膳警蹕声一入御也、経二神座西北両方一、着二御東御座一、向レ巽」と、神座の西から北を経るコースに変わりはなく、還御についても、御座と御前の短帖を中心とする薦享儀が終わると、「次天皇右廻、如レ初経二神座北西一還御、其儀如レ初」と詳しく、右廻りに帰られる。少なくとも、天皇御座までの入御及び御座から還御の間には、神座（寝座）に対する特別の所作は所見できない。

そうした〝寝座秘儀〟が行われたとすれば、長時間にわたる御座《ぎよざ》を中心とした薦享儀《せんきようのぎ》の前後ということになるが、それも一切記述がみえない。しかし〝真床覆衾〟論また〝寝座秘儀説〟を唱える多くの研究者が、これまでほとんど唯一の拠《よりどころ》としてきたのが、『江次第鈔』巻七、六月神今食条に引かれている逸文である。岡田精司(26)・松前健(27)・洞富雄(28)・山尾幸久(29)をはじめ、この逸文（『内裏式』）を重視する立場の研究者は数多い。

現在、大嘗祭研究史に大きな影響力をもつ岡田精司の見解は、折口の〝真床覆衾〟論を否定され、大嘗宮に中宮の寝具も備えられた（後述）ことを想定し、聖婚儀礼説を主張された。折口説否定は先述のとおり首肯できるが、聖婚説については、岡田精司の論だけでは実証性に乏しい。岡田は、

> 大嘗宮に置かれた二つの寝具は何のためのものであろうか。この衾・褥が単なる休息の具でなかったことはいうまでもない。それは「神座」という表現からも知られるし、また神座のかたわらに(30)杖と沓が置かれることは、それが遠来の神を象徴することを示している。『江次第鈔』に引く『新儀式』逸文に「供二寝具於神座上一」とあり、この「寝具」に注して「天皇御レ之者」とあることから、天皇が実際にこの寝具に臥すものであったことが知られる。ここに二具並ぶ寝具は、
>
> 聖婚儀礼のためのものではあるまいか。

と述べられている。聖婚説については後述することにして、ここでは、天皇が神座に臥《ふ》すとされる唯

一の史料に関して検討を加えたい。

岡田精司はじめ各氏が指摘されているとおり、『江次第鈔』には「新儀式曰」と引いて「内侍率㆓縫司等㆒供㆓寝具㆒、（内裏式云、縫殿寮供㆓寝具㆒天皇御㆑之者、而今唯与㆓内侍蔵人㆒縫殿司供之、）」とあり、『内裏式』逸文を注して「供㆓寝具㆒天皇御㆑之者」と記す。この部分だけを読めば、寝具の置かれた神座に入られたと解釈することができよう。

しかし、同書には、その前段に右の注記を含めた『内裏式』の逸文が並記されている。『内裏式』『新儀式』逸文を対照すると、次のようになる。

『内裏式』近仗陣㆓階下㆒、　御畳　階下左右
『新儀式』近仗陣㆓階下㆒、小忌五位已上與㆓掃部寮官人㆒執㆓御畳㆒至㆑階、左

少将已上各一人、共升監鋪㆓御畳㆒、訖退出閉㆑門、　縫殿寮供㆓寝具㆒、
近衛少将已上、共升監鋪㆓御畳㆒、訖退出閉㆑門、内侍率㆓縫司等㆒供㆓寝具

天皇御之、亥一剋、主水　采女就㆓内侍㆒申㆓時至㆒也、
於㆓神座上㆒退出、　亥一剋、　采女就㆓内侍㆒申㆓時至㆒也、

寝内女官引出、縫殿供㆓御衣㆒、（女御已上伝供、若無者、内侍、蔵人亦得、）
縫司供㆓御衣覆等㆒、　内蔵寮供㆑幘著御畢、

右の『内裏式』逸文(31)には、「天皇御之」の前後にも、儀式の経過・次第が記載されている。その一

文は「天皇御之」までは前文につなげて読むと、式次第としては不整合な記述になってしまう。そこで「縫殿寮供二寝具一」までを一区切りとし、「天皇御之」は中和院神嘉殿に着御されたことを表現したものと解し、以下の文につなげることで、時間的推移に基づいた次第書として読むことが可能であろう。少なくとも、この記載をもって、寝具にくるまることを記述したものとみなすのは困難な解釈といわざるをえない。この点では、黒崎輝人の見解と一致する。折口説また折口亜流の諸説とも平安期における〝寝座秘儀説〟は有力な根拠を失ったことになろう。

さらに、洞富雄は、右の論に加えて、賀茂氏人保隆所伝『年中行事』[32]新嘗の条の「主上起座、右廻帰二於寝所一給」とある「寝所」を寝座と解し、「天皇が寝具の儀礼をとりおこなうことがわかる」と論じられたが、これも大きな誤りである。夕御膳神事が終り、神嘉殿中央にある神殿（寝座のある所）から西隔殿である「寝所」（「御在所」「御所」ともいう）に戻られたことが記されていて、寝所は暁御膳神事までの間、天皇が休息する御在所であり、その西には御湯殿がある。神嘉殿の建築構造[33]を理解されていないための誤解であり、この寝所（御在所）と湯殿が大嘗祭には廻立殿と称して別に悠紀殿・主基殿の嘗殿二殿の北方に建てられている。

洞富雄は、折口〝真床覆衾〟論を継受され、「祭儀の本質はむしろ寝具の儀にあったようである」と述べ、さらに進んで、「先帝のむくろと共寝するのが、儀礼の本来の姿」であったと憶測されたが、これも折口亜流以外の何物でもなく確証をもった論とはいえない。確かに殯宮《ひんきゅう》儀礼と大嘗祭には、共通点がいくつかみられるが、それは大化前代からの古い伝統の形式が伝習されているために認められる事項であって、祭儀としての本質まで及ぶ問題ではなかろう。先帝の遺骸を寝座に納めて共寝されたとみる〝同衾《どうきん》者先帝説〟は、「天皇霊を新帝に移すためにおこなわれる復活の儀式」と解釈されているが、「天皇霊」そのものの存在が、折口説のいうような見解では認められない以上、現在では説得性に欠けている。単に同氏もいうように、「まことに恐ろしいことである」との一言につき、興味本位の論に走っていく先駆となっているだけで、先帝遺骸との共寝説は、大嘗祭の祖型である新嘗儀礼の祭儀の本質とも完全に齟齬《そご》する解釈である。

　さて、この寝具が天皇の所作に用いる呪具ではなかったとすると、寝座は何のために用意されたものであろうか。寝座が神座である以上、迎えられた大神が休まれると見立てられた座であったことは動かないであろう。儀式の次第は、見立てられた寝座（第一の神座）の北辺を通り、「御座」のある東方または巽（東南）の方向に天皇は着御する。その前に短帖（第二の神座）が置かれるが、ここは供膳の儀において大神が天皇と対座される場であり、供膳に先立って神迎えの所ともなる。

　祭神については諸説出されているが、後鳥羽上皇の宸記（『大嘗会神饌秘記』）には、上皇が順徳天皇に、嘗殿において祈請すべきこととして教え申した「殊秘蔵為事」とされる申詞が書かれている。[補2]その詞には「坐二伊勢五十鈴河上一天照大神又天神地祇諸神明白」とあり、天照大神と天神地祇を対象とした。それは第一節に引用した中世公家の見解とも合致している。しかし、天神地祇は見立ての神座が一神の座である以上、天照大神に付随している観が強い。

大嘗祭成立期（天武・持統朝）は、律令祭祀制成立の最初期にあたり、国家祭祀たる官社制度としての天神地祇が重視されていく前段階である。この頃に加えられた可能性もあるが、宇多天皇大嘗祭（仁和四年〈八八八〉）を一月後に控えた十月十九日から、毎朝、天皇みずから天神地祇に対して神拝を始めており、祝詞文が比較的新しい形式であることを考え併せると、宇多天皇の大嘗祭か、あるいはその後に加えられたものとみるのが妥当であろう。

祭神を特定するためには、天皇着座の方向性が大きな鍵となってくる。『新儀式』（逸文）の神今食の条によると、御座における天皇の向きは「向レ東着御」とあり、第一神座（寝座）に背を向けた形になる。この東方の地に向かって神迎えが行われるのも、伊勢の地を意識していた奈良の古京時代の反映ともみられる。平安京からみて巽（東南）の方向が記録されてくるのは、平安後期からである。『江記』には「如二東座一、少巽」、『大嘗会卯日御記』（崇徳天皇大嘗祭）の「着二御東御座一、向レ巽」、『伏見院宸記』の「揖着二半帖一、南面頗巽」などが、それである。東または東南の方向を意識していることは、必ずや伊勢に坐す皇祖神天照大神を祭神と考えていたものといえる。

祭祀において方向性が重視されていたことは春日社の創祀に明白である。大和の春日の地に東国の鹿島・香取の神を藤原氏の氏神として迎え、東方に向かって遙宮形式の祭儀が行われた。これが神護景雲二年（七六八）の公祭化に伴い、河内・枚岡《ひらおか》社より中臣氏氏神を迎えるに及んで、東方から南面の社殿祭祀へと移行した(34)。天皇着御の方向性を重視するならば、天照大神祭神説は動かないであろうが、記録に「巽」の方向が示されるようになるのは平安後期からであり、この頃に天照大神を祭神と意識するようになったとも推測できる。

しかし、天皇祭祀と神宮祭祀の間に不離一体の関係が保たれていること（宮中神今食と神宮月次祭、宮中新嘗祭と神宮神嘗祭、大嘗祭と式年遷宮の対応関係は見過せない(35)）、天武天皇は即位前、壬申の乱において伊勢国朝明郡から天照大神を望拝し、大神の加護により勝利に導かれたとの意識が強く、翌年（六七三）即位儀および大嘗祭が行われたこと（以後、天武朝の新嘗祭は畿外の田を卜定する大嘗祭の形式で行われた）、伊勢の式年遷宮立制が天武天皇の意志で定められたこと（第一回内宮遷宮は持統朝に開始する。それは持統天皇大嘗祭の前年であり、即位の年にあたる）、以上の事項を顧慮するならば、大嘗祭成立期から、祭神は一貫して天照大神であったと断定してよいだろう。

さて、では皇祖神天照大神と天皇の関係はどのように位置づけられるのであろうか。先述のとおり天皇は天照大神と寝具のある神座において秘儀を行うことはなかったが、崇神朝まで同床共殿であったことは『日本書紀』の記すところである。大嘗祭をはじめとする天皇親祭は皇祖神天照大神を招いて対座する同床共殿の思想が貫かれている。とはいっても、大神と天皇の間には、侵すことのできない上下関係が存していた。天皇所作のうち最も注目されるのが称唯《いしょう》である。

「称唯」は「譲位」と訓みを区別するために「ゐしょう」と読ませたと伝えられる（『宣胤卿記』）。

称唯は宮中において上位者の命令を受けた下位の者が「おお」と称して応答することであり、今の目上の人に対する「はい」という返事に似ている。公的な儀式の場で、天皇（勅）、大臣などに応答することに用いられており、天皇は人臣を超越した存在である以上、自身が称唯することはない。律令祭祀制では、祈年祭班幣に全国神社の祝部《はふりべ》を集め、神祇官において中臣が祝詞を宣読するが、この祝詞の段ごとに会集した祝部は称唯した。大祓にも「読㆓祝詞㆒称㆓聞食㆒、刀禰皆称唯」とあるなど、諸儀式の進行の作法として称唯はしばしば散見する（『儀式』『延喜式』など）。

古代律令制の運用は、文書政治に基づくことを拠としたが、口頭政治も根強く残り、文書行政を補うための口頭伝達も重宝され、「官司内や伝統的な朝政といった場になると、口頭による伝達・政務が中心となった」[36]のであり、この形式は大化前代までさかのぼるであろう。そうした場における、下位の者の了解の所作として称唯が伝統的に継続してきたことは容易に想像できる。

天皇はこの称唯を、大嘗祭と天皇年中の祭祀である新嘗祭・神今食の供膳を終えた共食の儀の時のみ行われる。『内裏式』（逸文）神今食条には、

奉㆓御箸㆒、拍手称唯、執㆑之、羞㆑食、御酒四杯、（但十一月新嘗会八杯、）杯別拍手称唯、

とあり、『新儀式』神今食も内容的には変わりがなく、御飯・御酒を食し飲まれるごとに拍手・称唯がある。

『江家次第《ごうしだい》』大嘗祭には「加㆓御箸於御飯上㆒、天皇傾低頭、拍手称唯、執㆑之、羞㆑飯如㆑常、最姫目㆓

次姫一供御、御酒八度、以レ杯居二高杯一、度別拍手称唯、」とある。また『江記』（『天仁大嘗会記』）にも「次天皇称唯、此両宮先皇御記所レ註云々、嘗二御飯一三箸、余味不レ嘗、次後取盛二御酒於陶器一、於二戸外一盛之、持参授二陪膳一、陪膳取レ之奉二天皇一、天皇拍手小低頭、粛敬又可レ有二称唯一歟、了御飯（飲）如レ此八度」とあり、忠通の『大嘗祭卯日御記』には「天皇拍手、称唯、以二件箸一嘗給之、臨二此期一奉レ居二御座一予奉レ含レ之、次供二天皇御酒一、其儀、後取持二参御盃一、次又持二参御酒瓶一、陪膳取レ盃令レ入レ酒、献二天皇一、天皇拍手、三度、称唯、頭ヲ右尓低天食之、予取二御手一奉レ令レ拍、幼主自不レ従事之故也、如レ此八度召之了、白四杯、黒四杯、」と、摂政として直接携っているだけにもっともくわしい。

さて、その所作は神聖な稲から作られた御飯と御酒だけを食され、拍手・称唯とともに、いただく作法として「頗低頭」「小低頭」「頭ヲ右尓低天」と書かれているように頭を下げる。それは大神に対して「粛敬」の態度を表わしたことにほかならず、天皇が称唯をすることは、大神へ随順の心を示したものといえよう。ここに明確な所作として大神と天皇との間には、上下関係が存在した。もし神格を天皇に賦与する儀礼が大嘗祭であるとするならば、資格完成ののちの祭儀の最後に、このような作法が行われることはありえないと考える。

五　聖婚儀礼説と中宮

これまで紹介してきたように折口〝真床覆衾〟論を肯定・否定している両者とも、聖婚儀礼説を主張し、〝寝座秘儀説〟を唱えている論者は多い。先の真床覆衾説を否定する岡田精司は、国津神の女や地方豪族から貢上された采女《うねめ》との聖婚の可能性を推定している。さらに出雲路通次郎が『延喜式』掃部寮に所載されている、年料鋪設の「六月神今食十二月神今食、十一月新嘗祭亦同、」に「但中宮白布端帖四枚、（以下略、先掲）」とある条を「注意すべきこと」と特記したことに注目され、本来はもう一具、中宮の寝具があったと述べられた。「神今食は新嘗祭・月次祭の深夜に宮中の神嘉殿でおこなわれる神事で、大嘗宮におけるものと基本的には全く同じであるから、出雲路氏の指摘したように大嘗宮にも天皇の寝具（神座）と並べて中宮（皇后を指す律令用語）の寝具が設けられていたことになろう[37]」と指摘して、二具並ぶ寝具は聖婚儀礼のためのものであると推論された。〝真床覆衾〟論を肯定している山尾幸久も、詳しく「大嘗神事における皇后[38]」について論じ、皇后の地位・役割の重要性を認めて、聖婚儀礼の行われたことを推定する。山尾幸久が詳細に論じているように、確かに神今食・新嘗祭に中宮がかかわっていたことは『延喜式』の諸式によって確認できる。先の神今食・新嘗祭に掃部寮によって鋪設された中宮のための寝座（神座）は「御」（天皇）とは別に設けられていた。『延喜式』中宮職には、

六月神今食（「十二月准レ此」）に中宮職十五人が宮内省にて卜食ののち、

昏時入候二内裏一、戌刻主殿引二御輿一入レ従二右腋庭門一、候二常寧殿西一、

とあり、このあと兵衛・近衛・女孺らが陣列をつくり出発、

御輿御二神嘉殿一、職司率二小斎舎人等一候二幕下一、預二備鋪設一、召継舎人二人候二左近衛陣側一、召継舎人二人
候二左近衛陣側一、神事畢御輿廻レ宮、

とある。六月・十二月神今食に、中宮の行列が神嘉殿に向かい、神事に参加していたことは明らかである。

では新嘗祭にはどのように関わったのであろうか。新嘗祭前日（寅日）には「御」（天皇）の鎮魂祭と同様、中宮鎮魂祭が行われる（東宮鎮魂祭は辰日の豊明節会《とよあかりのせちえ》の翌日〈巳日〉に斎行され、天皇・中宮の鎮魂祭と区別されている点は注目しておくべきであろう）。『延喜式』中宮職には、

凡新嘗祭日、小斎官人、率二史生・舎人等一、向二宮内省一卜食、如二神今食儀一、訖著二青摺衣一、昏時、
入候二閤内一、大斎人等、自二内裏一退出、小斎官人倶入、辰日暮、向二宮内省一、解斎和舞、
人数次第並同二鎮魂一、

とあり、先の神今食の次第と比較すると、天皇が神嘉殿において神事を斎行している同時刻、内裏内は中宮職の小斎《おみの》官人が参入、大斎官人は退出させられ、内裏内も聖空間になる。中宮は常寧殿より出られた様子はなく、新嘗の神事は神嘉殿における天皇祭祀と、内裏内の中宮祭祀が同時併行して斎行

されたと推定できよう。さらにいえば、伊勢に赴いている斎宮も斎宮寮内で、在京に準じた祭祀が執り行われることになっており、神宮三節祭への参向とは別に、寮内において神今食・新嘗祭祀が行われたであろう。『延喜式』内蔵寮には「供㆓奉新嘗祭㆒人等禄、六月、十二月神今食亦同之、」の頃に「宮主一人絹一疋、中宮亦同、」「中宮御巫一人二疋」とあり、「同宮（皇后宮）神態直相給食卌七人」（『延喜式』大膳）、「同中宮豊楽料」（『延喜式』内膳司）など、中宮新嘗参加者への禄料や直会、豊明の料が詳しく記載されている。また、三祭には「凡六月十二月神今食・十一月新嘗祭、神態畢、後日平旦、神祇官祭㆓御殿㆒、亮若進一人相副、伝㆓内侍㆒令㆑啓、然後祭之」（『延喜式』中宮職）とあるように、中宮の御殿の大殿祭も行われた。『延喜式』には、中宮の神今食・新嘗祭祀にかかわる条項が、太政官・中務省・中宮職・縫殿《ぬいどの》寮・内蔵寮・宮内省・大膳職・大炊寮・主殿寮・掃部寮・内膳司・左右近衛府などの諸式に記載されているが、践祚大嘗祭に関する条項に中宮の関係する規定は一つもみられない。『延喜式』宮内省には「供㆓奉践祚大嘗㆒小斎」と「大斎」の諸司の人数が列記されているが、ここにも中宮職の名はみられない。

以上の『延喜式』文の分析を通して考察すると、（践祚の）大嘗祭には中宮（皇后）は関与しなかったと推測される。年中の新嘗・神今食にも中宮の関わり方には違いがみられる。大嘗と新嘗は同一祭祀（規模の大小、畿外の国郡の稲、畿内の官田の稲を用いること、新宮が常設殿かの違いや「場」の問題は別にして）とみられてきたが、中宮の関与のあり方を通して大嘗・新嘗・神今食の基本的性格の違いが明らかになるのではないか。

岡田精司は、中宮の寝具が年中の祭祀である神今食・新嘗祭に鋪設されることから、大嘗祭にこれをあてはめ、嘗殿寝座における聖婚儀礼の根拠とされたが、『延喜式』にも、他の儀式書にも中宮の祭儀関与が記述されていない以上、岡田精司の推論は成り立たないであろう。

中宮は中宮職という職制をもち「御」（天皇）に準じた取扱いをうけた。『延喜式』神祇四時祭には年中の神祇官祭祀において、御贖祭・忌火庭火祭など「中宮准レ此」と書かれている祭儀が多く散見される。

日常の食事用である供御についても『延喜式』大炊寮に、「凡供御稲米粟米舂備、日別送二内膳司一、（中宮亦同、但東宮送二主膳監一、）」「凡供御料稲粟、並用二官田一（中宮、東宮、斎宮亦同、但斎宮者在京之間供之、）」(39)と規定され、天皇のほか中宮・東宮・在京中の斎宮にも官田（省営田）の収穫が充てられた。宮内省営田（山城・大和・河内・摂津の四十町）からは右の供御料のほかに、毎年九月二日、新嘗黒白二酒をかもすための稲を作る田が卜定され、十月二日には「新嘗祭所レ供官田稲及粟」（『延喜式』宮内省）の田が卜されており、省営田からの収穫は、特別の扱いを受けた者と祭祀用に使われた。

新嘗の祭儀の前日（寅日）は鎮魂祭・中宮鎮魂祭が斎行されたが、その前日（丑日）には、「宮内省奏二御宅田稲数一事」（『年中行事御障子文《おしょうじぶみ》』）が行われる。『儀式』巻十によると、宮内省官人が奏文を持ち「四畿内国乃今年供奉礼留御宅田合若干町稲若干束、去年已往古稲若干束、総若干束供奉礼留事乎申賜波久止申」と奏する。当年の省営田の収穫と、去年の残り分を天皇に報告するのである（「無二勅答一」とある）。天皇・中宮・東宮・（斎宮）の年間の食事用に充てられる収穫高を奏する政事向きの儀を経たのち、翌日から一連の祭儀（鎮魂・新嘗・豊明節会）が進行する。したがって新嘗の祭儀には、天皇祭祀のほか、供御用収穫の感謝という意から中宮・斎宮と独自にかかわることになる。東宮は皇位継承予定者であったが、その立場は微妙であり、儀礼において臣下の代表としての立場を果たすこともあった。中宮と同列には扱えない。

一方の六月・十二月神今食は、伊勢神宮の月次祭に対応する神事であり、天皇・中宮とともに一日から八日まで御贖《みあがもの》祭があり忌火《いみび》御飯を食され、十日間に御体御卜《ごたいのみうら》がある。それは宮中における庶人宅神祭であり、天皇に準じた中宮も御料の寝具を供えて祭儀に参加した。

新嘗祭に中宮は深く関与していたが、大嘗祭は天皇「御」一人の祭祀であり、中宮といえどもかかわることはなかった。原則的にできなかったと考えている。したがって、新嘗祭・大嘗祭の祭祀形態が同一であるからといって、中宮の関与のあり方も同様に見なすことはできない。

『儀式』『延喜式』の儀式書に、皇后（中宮）が大嘗祭に参加・実修する記載はないが、山尾幸久が紹介した『江記』『北山抄』に三例ほど所見する（ほかに数例ある）。

その一は『江記』に引かれた「仁和四年記云、入レ自二南戸先一御二西方御床一、皇后御座在二同殿内西方一、以二壁代一隔之」と廻立殿内に皇后御座が設けられていること。

その二は『北山抄』巻五「承平二年、入レ自二宣政門一、不レ御二腰輿一、依二皇后同輿一也」（『貞信公記抄』十一月十三日条にも「戌時幸二廻立殿一、丑刻幸二悠紀殿一、寅刻幸二主基殿一、是行事所緩怠之甚也、同剋幸二清暑堂一、中宮同輿」とある）の記事。

その三は『江記』の鳥羽天皇大嘗祭に「次皇后乗御」して廻立殿に着かれていること。

右の三例をもって山尾幸久は「大嘗の行事における皇后の役割を伝える点すこぶる貴重であって、これがいかなる呪儀の遺制であるかは考慮する価値がある」「大嘗神事が終るまでその場に皇后が列席していることは、過去において、〝神の妻〟としての女性最高司祭者が王位継承に果していた役割を暗示しているのではなかろうか」と論断され、聖婚儀礼説へと導いていく。妻后である皇后が関わったとすれば、聖婚説には格好の材料であろう。

令制では、天皇の嫡妻を皇后といい、中宮は皇后の別称とされ、皇太后・太皇太后にも適用できる制であったが、実際の中宮職の設置・運用となると外戚側の政治的思惑も加わって複雑である。橋本義彦の研究によると桓武天皇の生母高野新笠はじめ、藤原順子（文徳天皇生母）から醍醐天皇養母藤原温子まで、所生の天皇践祚後、皇太夫人の称が与えられ中宮職が附置された[40]。したがって九世紀後半の新嘗祭には「中宮」新嘗は天皇母后の祭祀であるとみてよい。

山尾がとりあげた三例は、すべて母后にあたる。第一は、仁和四年（八八八）宇多天皇大嘗祭、前年の仁和三年十一月、中宮職を附置された実母班子女王。第二は、承和二年（九三〇）朱雀天皇大嘗祭、天皇御年十歳にあたり、実母藤原穏子は延喜二十三年中宮、承平元年皇太后となる。『北山抄』『貞信公記抄』にみえる「皇后同輿」「中宮同輿」とあるのは、母后の穏子以外には該当者はいない。次の第三は、天仁元年（一一〇八）鳥羽天皇大嘗祭、天皇御年五歳、准母令子内親王が前年（嘉承二年）十二月皇后宮になっており、この方であろう。以上の三例とも、母后（准母を含めて）であり、後の二例は童帝・幼帝のため、とくに廻立殿まで出御または同輿したものと考えられる。十世紀以降、妻后（中宮）が大嘗祭前におかれていたのは、冷泉天皇（昌子内親王）、三条天皇（藤原研子）、後冷泉天皇（章子内親王）、白河天皇（藤原賢子）の例があるが、大嘗祭の時の動静は不明であり、廻立殿へ出かけられることはなかったと思われる。

忠通の『大嘗会卯日御記』は崇徳天皇大嘗祭を記したものだが、ここに「依二寛治・天仁例一、皇后同輿事、不レ可レ有レ之、可レ入三レ御自二昭訓門一之由仰二外記一」とある。一条天皇（母后藤原詮子）、後一条天皇（母后藤原彰子）の時は、母后同輿が認められているが（『中右記』）、寛治の堀川天皇大嘗祭（皇后は馨子内親王か媞子内親王）と天仁の鳥羽天皇大嘗祭には、母后の廻立殿への出御は認められても同輿は禁じられている。それは天皇が大極殿北の昭訓門から入るのに対して、母后同輿のときは宣政門から入ることになっており、異例となるためであった。

先の三例および十、十一世紀にみられる皇后・中宮の出御・同輿の多くは幼帝のために廻立殿まで介添役として参加するのであり、中宮職官人の参加規定はまったくない。

もし、母后参加をもって聖婚儀礼説を押し通すとすれば、大嘗祭という神聖な祭儀の場において、大祓詞の中に唱えられる国津罪の己母犯罪を犯されたということになろう。

大嘗祭の祭儀実修は天皇以外の介在を許さない、一世一度だけの祭祀である。鳥羽天皇大嘗祭において摂政忠実は、「主上取二御笏一給、余入二神殿一供二神物一間、御手ニ余ノ手を副天刻給也、無レ極恐思也」(41)と記し、その子摂政忠通は崇徳天皇大嘗祭に奉仕し、「六借」られる幼帝の介添・代行をしたため、「下官手自勤二仕神事一、此事偏帝者所為、非二人臣之勤一怖畏之至、不レ知レ所レ謝」と天皇祭祀権の侵犯をみずから制している。ここに大嘗祭の本質がある。

おわりに

折口〝真床覆衾〟論と聖婚儀礼説は、これまで論じられてきた文献からだけでは成り立ちえない。いわゆる〝寝座秘儀説〟は『内裏式』逸文の解釈、中宮寝座の存在と大嘗祭への関与が崩れ去った以上、これまでの折口説またその亜流の諸説は全面的見直しが必要とされるであろう。

中宮関与のあり方から、大嘗・新嘗祭の本質的違いも、いささか明らかにできたと思う。大嘗祭は天皇「御」一人のみが執り行う一度の国家的祭祀、新嘗は供御の官田の収穫を大神に報賽《ほうさい》することであり、代行も叶い、中宮・斎宮の新嘗祭も行われた。

大嘗祭は東または東南の伊勢の方角に向かって天照大神をお迎えし、神膳供進と共食儀礼を中心とする。そして第一の神座（寝座）にお移りいただき一夜休まれる。ここは天皇といえども不可侵の「神の座」である。悠紀（斎忌）殿・主基（次）殿とも、二殿合一であり、嘗殿二殿を別個に考える必要はない。要は丁重に大神を迎え清浄を重んじる主旨から、暁神膳も新殿を用いるにすぎない。主基殿における神膳供進、共食（薦享儀）が終ると夜空は次第に明るくなり、大神は帰られてゆく。

まことに厳粛・素朴な天皇一代一度の〝祭りごと〟というべきであろう。

〔付　記〕

最近のマスコミに目をむけてみても、「寝具にくるまることで皇祖神と一体化する」（『朝日新聞』一九八九年九月二十九日）、「新穀を供え神々とともに食することで『神格』を得、完全な天皇になるとされる儀式」（『読売新聞』一九八九年十一月四日）といった解釈が横行している。寝具にくるまり、神との共食により「神格」すなわち、神としての資格を与えられるという理解は、折口説の派生にすぎず、古来より伝統的に祭儀を支えてきた人々には、そのような考えはなかった。折口「仮説」に引きづられた俗説であり、六十年間（昭和三年〈一九二八〉から平成元年〈一九八九〉まで）にわたる幻想である。

注

（1）『神道大系』朝儀祭祀編・践祚大嘗祭。五百年来の学者と称された一条兼良は、天皇代始の諸儀について、譲位・即位・御禊行幸・大嘗会の四儀について要領よく解説している。本書著述以降（後柏原天皇から）御禊行幸・大嘗会は財政不如意により斎行不能となり中断するに至ったが、それ以前の成立であり、長い間伝統的に継承されてきた代始諸儀の概要を知る上で最重要の記録である。

（2）拙稿「真床覆衾と〝國學院流神道〟」（『國學院雑誌』九〇巻七号、平成元年）、本書第一部序章所収。

（3）拙稿「大嘗祭の本義をめぐる研究史」（『明治聖徳記念学会紀要』復刊二号、平成元年）、本書第一部第一章所収。

（4）『折口信夫全集』第三巻、中央公論社、昭和三十年。

（5）真弓常忠『日本古代祭祀の研究』「大嘗祭の祭神」、学生社、昭和五十三年。

（6）熊谷公男「古代王権とタマ（霊）―『天皇霊』を中心にして―」（『日本史研究』三〇八号、昭和六十三年）。岡田精司も大嘗祭が「天皇霊」を依りつける呪儀とした説は、全く実証的裏づけを欠いていると批判する（「大王就任儀礼の原形とその展開―即位と大嘗祭」『天皇代替り儀式の歴史的展開』、柏書房、平成元年。初出は『日本史研究』二四五号、昭和五十八年）。

（7）日本思想大系『律令』、岩波書店、昭和五十一年。また、早川庄八は同年の『史学雑誌』八五巻三号「律令制と天皇」において、神今食に関して「神との共食のほかに、傍らに敷かれた八重畳の上でいわゆるマトコオブスマの秘儀が行われた筈であるが、その詳細は知りえない」（新嘗祭とほぼ同意の文）（『日本古代官僚制の研究』、岩波書店、昭和六十一年）と同様の指摘をされている。新日本古典文学大系『続日本紀』第一巻（岩波書店、平成元年）の補注も、ほとんど同文。

（8）山尾幸久『日本古代王権形成史論』三章「ヤマト政権の男王位の継承」、岩波書店、昭和五十八年。

(9) 西宮秀紀「律令制国家の〈祭祀〉構造とその歴史的特質—宗教的イデオロギー装置の分析—」(『日本史研究』二八三号、昭和六十一年)。

(10) 『神道大系』朝儀祭祀編・践祚大嘗祭。以下、『代始和抄』をはじめ『天仁大嘗会記』(『江記』については木本好信編『江記逸文集成』を参看した)、『大嘗会神饌秘記』(建暦御記・後鳥羽院宸記)、『建保大祀神饌記』、『伏見院宸記』は同書所収本に拠る。

(11) 安江和宣『神道祭祀論考』所収本(神道史学会、昭和五十四年)。

(12) 『続群書類従』第三十五輯、拾遺部。

(13) 『勘仲記』文永十一年六月二十一日条。拙編著『兼倶本・宣賢本日本書紀神代巻抄』、続群書類従完成会、昭和五十九年〈『吉田叢書』第五編〉。

(14) 前掲注13、編著書。

(15) 『神道大系』古典註釈編、日本書紀註釈・下。

(16) 川上順子「豊玉毘売神話の一考察」(『日本文学』二二巻八号、昭和四十八年、『日本神話Ⅱ』有精堂、昭和五十二年、再録)、次田真幸「海幸山幸神話の形成と安曇連」(『日本神話の構成と成立』明治書院、昭和六十年)。

(17) 享禄三年「一宮斎籠神宝物調進送文案写」(『長門国一ノ宮住吉神社史料』上巻)。二宮忌宮神社でも同様の神事が斎行される。

(18) 『日本後紀』弘仁三年六月辛卯条に、「神祇官言、住吉・香取・鹿島三神社、隔二廿箇年一、一皆改作、積習為レ常」とある。畳の最古の遺品としては、ことしの正倉院展に出品された「御床畳」がある。図録(平成元年)には、「丈の長いマコモ製の筵三枚を重ねて、これを二つに折って六重にし、その表面には藺筵を一枚、裏面には白麻布を貼り、その両長側は白絁地に錦を重ねて覆っている」と解説され、七重畳であった。八重畳は神座など神事用に供されたものであろうか。この畳を載せた御床(寝台)の大きさは、「長二三七・五、幅一一八・五」

とあり八重畳（八尺、四尺）と一致する。神座の八重畳の広さは、実用の一人用の寝台・畳と同じであることは、まさに大神の来臨を客人に見立てたものであろう。

（19）黒崎輝人「大嘗祭試論—『親供儀礼』における神と王—」（東北大学『日本思想史研究』十一号、昭和五十四年）。黒崎輝人は天孫降臨神話の真床覆衾伝承が、すべて高皇産霊尊と結びついている点を重視され、異説伝承の展開に伴って、皇祖神の変更が行われ、「マドコオブスマ儀礼は新しい皇祖神アマテラスと結びつくことなく、古い『皇祖神』タカミムスヒとともに消滅していった」と指摘された。皇祖神「タカミムスヒ」→「アマテラス」への変更を前提にした論が展開されているが、皇祖神の変更と〝真床覆衾〟儀礼の消滅について、その変化の時期を設定することができる根拠が存するのであろうか。疑念を呈しておきたい。

（20）『三品彰英論文集』第五巻、古代祭政と穀霊信仰（平凡社、昭和四十八年）。

（21）『師記』治暦四年十一月二十二日条。経信は「次見二主基方一、大略同前、但八重畳無二供神物一、若臨時欲二供進一歟、可レ尋」と主基殿見分についても記している。

（22）出雲路通次郎『大礼と朝儀』（桜橘書院、昭和十七年、臨川書店、昭和六十三年、復刊）、川出清彦『祭祀概説』（学生社、昭和五十三年）、田中初夫『践祚大嘗祭・研究篇』（木耳社、昭和五十年）などに神座設営の様子が考察されている。

（23）『兵範記』仁安三年十一月二十二日条。

（24）『建武年中行事』六月神今食の条には、「御服のゝち、采女時を申す、亥一、内侍髪あげて、神殿に参りて寝具を供す、これよりさき、左右近のつかさ、殿の東西に陣をひく、開門闈司などはてゝ、上卿以下、神殿のまへにつらなりたつ、左右近中将各一人、すゝみて靴をぬぎ弓箭ときて、南戸の左右のとばりをかゝぐ、うちはらひの筥、さか枕、やへ畳など、上卿・参議・弁・少納言・外記・史、しだいに是を供す、内へとり入りぬれば、掃部のかみ参りて、神座をしく、南枕にしく、先一丈二尺たゝみ、その上に六尺の畳四帖、枕のかた二帖はうら有り、其上に九尺の畳七帖、其上に八重畳しく、九尺の中、一帖をいさゝか東に引きいでて、打払の筥をおく、さか枕は八重畳の下に枕をしく、内侍参りて、御衾をやへだゝみの上に奉る、御櫛・御扇、そばにおく、御沓、御あとにおくなり、内侍しぞきて、神殿入御あり、神座の東に、巽むきに半帖をしきて御座とす、笏正しくしてつかせ給ふ、揖あり」とあり六尺畳四枚が、ここでは二重目に敷かれており、若干の相違・変化がみられる。

(25)『図書寮叢刊』九条家歴世記録一、明治書院、平成元年。

(26)岡田精司、前掲注(6)論文。及び同「大化前代の服属儀礼と新嘗」(『古代王権の祭祀と神話』塙書房、昭和四十五年)。

(27)松前健「古代王権と記紀神話」(『神道及び神道史』一三号、昭和四十四年、『日本神話と古代生活』有精堂、昭和四十五年、再録)。

(29)山尾幸久、前掲注(8)著書。

(30)岡田精司は、大嘗宮の神座近くに「杖」がおかれたと書かれているが、宮主が七節の竹杖を持つことはあっても、神座でのそうした事実は知見できなかった。柳田国男も「稲の産屋」(『定本柳田国男集』第一巻、筑摩書房)の中で、「大嘗の日の神殿の奥に、迎へたまふ大神はただ一座、それも御褥御枕を備へ、御沓杖等を用意して祭儀の中心を為すものは神と君と、同時の御食事をなされる、寧ろ単純素朴に過ぎたとも思はれる行事であった」と杖のあったことを述べられている。杖の存在は別として、右の柳田説には賛同すべき点が多い。

(31)『江家次第』は「采女中二時至一、供二御膳一、儀見二内裏式一」とあるが、現存『内裏式』に神今食は所見しない。このほか、『九条年中行事』新嘗には「次第行事、具見二於内裏儀式一」、『西宮記』新嘗は「具見二内裏式一」、『北山抄』神今食は「供二御膳一儀、見二内裏儀式并清涼抄一」とあり、内裏式・内裏儀式は一定していない。写本の伝写によって「儀」を脱したか、という考えも成り立つ。『法家文書目録』所載の「内裏儀式」篇目によると、「六月神今食祭式」のあったことがわかるが、現段階では不詳とするほかない。

(32)『続群書類従』第十輯上、公事部。
(33)神嘉殿の建築については、丸山茂「平安時代の神嘉殿について―神事伝統の継承からみる常設神殿の一成立過程―」（『日本建築学会論文報告集』三二六号、昭和五十八年）。
(34)拙稿「平安前期　神社祭祀の『公祭』化」（二十二社研究会編『平安時代の神社と祭祀』、国書刊行会、昭和六十一年）。
(35)拙稿「古代の遷宮」（『神宮式年遷宮の研究』第一輯、昭和六十三年）、本書第一部第六章所収。
(36)橋本義則「朝政・朝儀の展開」（岸俊男編『日本の古代7　まつりごとの展開』、中央公論社、昭和六十一年）。
(37)岡田精司、前掲注（6）論文。
(38)山尾幸久、前掲注（8）著書。
(39)『延喜式』民部省にも「凡供御及中宮、東宮季料稲粟糯等、並用二省営田所レ獲」とあり、官田の宮内省営田が用いられた。
(40)橋本義彦「中宮の意義と沿革」（『平安貴族社会の研究』、吉川弘文館、昭和五十一年）。
(41)『殿暦』天仁元年十一月二十一日条。
(補1)八重畳、坂枕、御衾を設けた神座は大嘗宮ばかりではなく、神社のとくに古社にも伝えられていることは、個々の神社研究において報告されている。なお、桜井勝之進「神座と御枕と」（生田神社編『即位の礼と大嘗祭』、平成二年）参照。

(補2)「登極令」附式、悠紀殿供饌ノ儀には、「次ニ神饌御親供、次ニ御拝礼、御告文ヲ奏ス、次ニ御直会」とつづく。神膳供饌を共食儀礼の間に、「御告文」を奏すことが明記されているが、その文については公けにされていない。古い時代に定められた祝詞文が伝えられていたかどうか不明であるが、何らかの祈念の言葉は伝えられていたかもしれない。文献上その記録が残されているのは、鎌倉初期（建暦二年）に後鳥羽上皇から順徳天皇に伝えられた「秘蔵」の詞である（『後鳥羽院宸記』）。

坐二伊勢五十鈴河上一、天照大神又天神地祇諸神明白、朕因二皇神之広護一、国中平安、年穀豊稔、覆二寿上下一、救二済諸氏(民)一、仍奉レ供二今年新所レ得新飯一如レ此、又於二朕躬一、攘二除可レ犯諸災難於未萌一、不祥悪事遂莫二犯来一、又於二高山深谷所々社々大海小門(川)一而記レ名厭祭者皆盡銷滅而已、

文中の「朕」の字は祈請のときには実名で奏すことになっている。次に白川家（雅富王）は元文三年桜町天皇大嘗祭に際して、右の建暦二年の「大嘗会御供神御祝詞」が首尾を欠くため作進を命じられ献じた（『伯家部類』）。

伊勢五十鈴乃河上に湯津磐村のことく鎮りまします、天照太神を初め奉り、天つ神、くにつ神・八十万の神のあら御玉・和御玉、三はしらことに申て白さく、朕すめ神たちの擁護給ふかゆへに、宝祚つゝきて動ことなく、天か下平らかに、年穀ゆたかにみのりて、うつしき蒼生をも救ひ、上下ゆたかにたのしません、かるかゆへに、今年の新のたなつもの八握穂にしないたるを、御食に奉りて、弥増の守護をのミ祈申ス由を聞こしめし受け幸ひて、諸の災をさけ、千早振悪神をはらひ、朝家おこりさかんに、神の威をかゝやかし、守り幸ひたまへと申、

という内容である。今伝わっている「御告文」は秘事とされているが、「国中平安、年穀豊稔」「天か下平らかに、年穀ゆたかに」稔ることを神に祈り感謝する内容と大異はないであろう。

〔補　論〕

『内裏式』逸文「神今食」条について

一条兼良の『江次第鈔』第七、六月神今食の条には、現在は散逸してしまった『内裏式』が引かれ「縫殿寮供二寝具一、天皇御之」と記されている。

このわずか十字の逸文から、神嘉殿の中央の神座（寝座）におかれた寝具（御単・御衾）にくるまる所作が天皇によって行われるという解釈が広く流布している。そして、神今食と祭祀形態が類似する大嘗祭にこれをあてはめ、折口信夫の〝真床覆衾〟論や聖婚儀礼説など、〝寝座秘儀説〟の有力な支えとなってきた。

右の十字に限って解釈するならば、縫殿《ぬいどの》寮によって神座の上に寝具が供えられ、ここに天皇が入御されること、すなわち、寝具に入られ、くるまる所作があったと読むことも可能であろう。しかし、その所作は、神事の始まる亥一刻（午後九時）以前のこととして書かれており、同書（『江次第鈔』）に引かれた『内裏式』『新儀式』逸文の全体から読みとっていくと、右の解釈が唯一のものではない。

しかも、現在の流布本は『続々群書類従』第六、法制部所収本（東京帝国大学図書館本と和田英松蔵本による校合本）に基づいており、『江次第鈔』本文、あるいは引用文献の『内裏式』『新儀式』の信憑性にも疑問がないわけではない。

五百年来の学者と称えられた一条兼良は、数多くの著名な註釈書や著述書を残している。大江匡房の『江家次第』の註釈・講義が始められたのは、「前摂政兼良公、被レ読二江次第一、多年発機」（『建内記』）とあるように、永享十一年（一四三九）二月二日のこと。

陽明文庫本「江次第鈔　巻一」（名和修の御教示によると、題簽は近衛信尹《のぶただ》の筆にかかり、慶長年間頃の

写本）の奥書には、

永享十一年正月上旬、為レ談二此次第一所二自抄一也、追可レ加二清書一者也、

とあり、『江次第鈔』の下書本が二月の講義を前にして作成されており、講談用の手控えノートであったことがわかる。

ところで兼良が引用した『内裏式』や『新儀式』は今では逸文になっており、その完本が室町中期に伝存していたのか、兼良がそれを披見できたかは不詳であり、当時すでに散逸していたとも考えられる。

この点に関して、所功は「一条兼良の『桃《とう》花《か》蘂《ずい》葉《よう》』（『群書類従』雑部）には、「吾朝法令儀式（中略）書籍最可二披見一者」の中に『内裏式』を挙げておらず、「当写相伝十二合文書」の中に「大嘗会神膳」「大嘗会次第六帖、卯日神膳次第一巻等」を列挙しているから、或いはそれから孫引きをしたのかもしれない」（『平安朝儀式書成立史の研究』）と述べられている。もし孫引きであったとすると、『江次第鈔』引用の二書は慎重、厳密に検討する必要があろう。

『江次第鈔』の写本は、前田尊経閣本（第一冊の奥に「永正十四、十月四日了」と書かれた古写本、兼良没後三十六年を経過）をはじめ、各文庫に所蔵されており、古写本数点を拝見したが、六月神今食の該当部分、とくに「天皇御之」とある前後については、刊本の『続々群書類従』と内容を改変してしまうような大異は認められなかった。

そこで、『江次第鈔』に引文された『内裏式』『新儀式』にみえる神今食の式次第を対照していくと、若干の相違が存している。

たとえば、『内裏式』は「近仗陣二階下一、御畳、階下左右少将已上各一人、共升監鋪二御畳一」とあるのに対して、『新儀式』は「近仗陣二階下一、小忌五位已上与二掃部寮官人一執二御畳一、至レ階左右近衛少将已上、共升監鋪二御畳一」とあり、傍点部が増補されている。神今食（および新嘗祭）関係では『内裏式』逸文の次第書が最も古く、つづいて、『儀式』『九条年中行事』『西宮記《さいきゆうき》』『北山抄』などの儀式書に神座鋪設の次第が詳しく載せられている。『新儀式』逸文も、『九条年中行事』『西宮記』の成立前後の儀式書である。

①『儀式』（神今食）―中務率二内舎人及大舎人一供二奉御畳事一、親王以下、次侍従以上、相扶供奉、左右近衛少将已上各一人相副、掃部寮允以上・女孺等神殿鋪二御畳一、訖退出閉レ門、主殿寮供二御寝具一、

②『九条年中行事』（新嘗会）―親王執二払筥一（中略）掃部官人伝取、次納言・参議等共舁二坂枕一参入、侍従以下大舎人以上、舁二御畳一参入、先是左右次将各一人、於二壇下一各解二兵具一（中略）而監鋪二御畳一、

③『西宮記』（神今食・割注）―掃部寮積二神座具一、親王執レ筥、納言・参議舁二枕已下一供レ畳、近衛将脱二調度一褰二殿幌一、掃部官人伝取供之、（中略）奉二神御衣一、内侍供之、

④『北山抄』（神今食）―親王取二打掃筥一、納言・参議舁二坂枕一（中略）弁少納言以下、侍従、内舎

人、内豎・大舎人等舁二御畳一参入、掃部官人四人相副参入（中略）縫司供二御寝具一、亥一刻、采女申二時至一、

右の①〜④の儀式書には神事に先立って、神殿内の神座と寝具の奉安・鋪設が詳しく記されている。とくに傍線に示したように神座の御畳については宮内省被管の掃部《かもん》寮官人が中心的役割を果している。したがって、先の『内裏式』の「御畳」とある前には、恐らく掃部寮官人が関わる記述が入っていたと思われるが、伝写の過程で失われ、脱文となったのであろう。

こうした点を重視するならば、「天皇御之」を含めて、錯簡があったとみる推定は成り立つが、一部の誤写・脱落は認められても、『内裏式』『新儀式』の逸文には信憑すべきところも多く、不都合があるからといって、誤写・錯簡と断定することには慎重でなければならない。もちろん、錯簡、誤脱の可能性は残されているが、とりあえず、新出の写本や完本が出現しないかぎりは、現存の流布本の範囲内で「天皇御之」を解釈していくべきであろう。

本章において私は、御畳の鋪設につづいて「縫殿寮供二寝具一、天皇御之、亥一剋、采女就二内侍一申二時至一也」とある文を、儀式の次第書であることから、「縫殿寮供二寝具一」という神座へ寝具を納める所作と切り離し、「天皇御之」を神嘉殿へ天皇が着御され、下の文とつづける解釈を試み、時間的推移の中で、その整合性を求めようとしたのである。

それは従来の解釈であった寝具に天皇がくるまり、そののち内侍が天皇に神事の時刻に至ったことを奏して、神事が始まるのでは、式次第としては矛盾した内容であるとの理由からであった。

しかし『儀式』には「戌一刻、〈十二月用㆓酉一刻㆒〉乗輿御㆓神今食院㆒、〈駕輿丁八人、用㆓卜食者㆒也〉、主殿寮預設㆓浴湯㆒供之」とあるように、午後七時には神嘉殿に入られ、主殿寮によって小忌の御湯が用意され、神座の鋪設が進められていく。つまり、神事の始まる二時間前に天皇は神嘉殿の西隔に入られており、そののち「縫殿寮供㆓寝具㆒」などの神事の準備にあたる前段諸儀が行われている。それがふたたび神嘉殿への「天皇御之」入御の意では、これも矛盾することになる。したがって、私見の二つに分ける解釈は撤回せざるをえない。

『内裏式』の神今食条が完本として残されていれば、当然『儀式』に記されているような神嘉殿への入御の記述も、逸文の前段にはあったと推測できる。もし、そのような入御の記述がなく、現存するような逸文内容から始まっていたとしたら、撤回した私見にも聊かの可能性は残されているかもしれない。

さて、平安前期の諸儀式書から、亥刻に始まる神事以前の諸儀について確認しておきたい。天皇が中和院神嘉殿の西隔（御休所）に入られてから、東隣の神殿において神事が斎行されるまでに、約二時間を要しており、大別すると重要な三つの諸儀がつづく。

先の『儀式』にも「主殿寮預設㆓浴湯㆒供之」とあるように小忌御湯の設営・奉仕に主殿寮（宮内省

被管官司）が携わる。②『九条年中行事』に「主殿寮先設㆓御湯殿於寝側㆒、天皇就㆑之」、④『北山抄』「主殿寮儲㆓御浴於寝側㆒、縫司献㆓天羽衣㆒供神物弁備畢」とあり、御休所（御所・寝内）の西に設けられる御湯殿は一貫して主殿《とのも》寮が管掌する。

ついで神嘉殿内の神殿中央に設けられる神座。御畳を中心に打払筥・坂枕なども神座の料として運び込まれる。その役は令制下では掃部寮（宮内省被管官司）が担当したが、古くは負名氏《なおいのうじ》の掃守《かにもり》氏の系譜をひく職掌であった。神今食の神事前儀としては中心的存在であり、掃部寮官人のほか、『新儀式』にも掲げられているとおり、小忌五位以上が加わり、近衛少将以上の監察もあった。

先の②～④の儀式書にも記されているように、伝統的な掃部寮の関与が中心となりながらも、親王は打払筥、納言・参議は坂枕、中務《なかつかさ》省関係の侍従・内舎人・大舎人などが神座の御畳を運ぶ役に従っている。太政官・中務省関係者の関与が加わった後次的形式と推量される。

そして最後に、神座（御畳）の上に寝具が供えられる。この所管は縫殿寮であるが、ここでも相当に推移が認められる。

そこで、もう一度、『内裏式』と『新儀式』の当該条を比較してみると、「縫殿寮供㆓寝具㆒、天皇御之」とあるのは、百数十年後に撰せられた『新儀式』には、「内侍率㆓縫司等㆒供㆓寝具㆒内裏式云、縫殿寮供㆓寝具㆒天皇御之者、而今唯与㆓内侍・蔵人㆒縫殿司供之、於神座上㆒退出」とある。

九世紀前半から十世紀中頃までの間に、寝具を供える役が、中務省被管の縫殿寮から内侍《ないし》（蔵人）・

縫司に移っている。男性官人から天皇近侍の女官（内侍・縫司）および近臣の蔵人へと、天皇内廷近臣組織の充実を背景に、その職掌分担が十世紀以降顕著にみられてくることは、王朝国家体制への推移と相応した事象といえる。

『新儀式』には、「寝具」に注して「内裏式云、縫殿寮供二寝具一、天皇御之者、而今唯与二内侍・蔵人一縫殿司供之」とあり、問題の『内裏式』逸文をそのまま引いていることから、この傍線部の信憑性は高いとみなければならない。この註記の書式は、現存する『新儀式』にもある形態であり、『新儀式』撰上時の原註とみられ、二つの儀式書を比較した註記の内容も、先述のとおり、中央国制機構の変化とも軌を一にしていて疑問とすべき点はない。

とすれば「天皇御之」を含めて、再度検討を加える必要があろう。この点で注目したいのは、先般（国書逸文研究会五月例会）森田悌が、『内裏式』逸文「天皇御之」について新たな解釈を発表したことである。くわしい内容は論稿を発表される由なので（山中裕・森田悌編『論争古代日本史』所収）、ここでは、発表の簡単な要旨を掲げさせていただく。

『新儀式』の「縫司等供寝具」の割注文であることを考慮すれば、神のための寝具を供すことに関わるとみるべきである。「天皇（寝具ヲ）御ム（おさむ）」とよみ、天皇が神供の寝具を調えるの意という卓見の解釈を示された。この見解は従来誰も考えつかなかったものであり、『内裏式』と『新儀式』の内容および割註を重視して、その前後関係を考慮するならば、神座のおかれる神殿内の寝具について、かつて（『内裏式』撰上時）「天皇御之」ことがあったと読むことができよう。

この卓見に私は賛同を示しつつも、天皇が「御之」を〝おさめる〟〝すすめる〟所作と解釈する点には疑問がある。「御」には幅広い解釈法があり、事実『大漢和辞典』にもその内容が数多く載せられている。

しかし、その読み方、解釈法の範囲内にあるとしても、当時使われていた儀式書の「天皇御之」の「御」がそれほど幅広い解釈に用いられていたのであろうか。

『儀式』には「乗輿御二神今食院一」をはじめ、「鸞輿御二廻立殿一」（巻三）、「乗輿御二小安殿一」（巻六）、「乗輿御二豊楽殿一」（巻七）や『政事要略』（新嘗）の「天皇御二神嘉殿一」など、普通には出御の意味に使われる例が多い。

とするならば、天皇みずから寝具をすすめる所作を「御之」というよりも、神嘉殿西隔の御休所に着かれている天皇が、縫殿寮による寝具を供える所作のとき、隣の西隔より神殿までわずか数メートルの距離ではあるが、もっとも大切な神料の寝具供進に「御」され、その場に臨まれ立ち合われたものとみるのが穏当な理解ではなかろうか。

これは、神事以前の段階であり、従前の「御之」を寝具にくるまることと解釈するのも無理である。

現存する逸文を素直に読むならば、天皇が寝具供進の場に〝臨御する〟ことが、九世紀前半には行われていたとみられる。当然、臨御は神座の寝具への立ち入りを意味するものではない。

では、この臨御のことが中断していったのはなぜか。弘仁の『内裏式』逸文にのみ「天皇御之」ことがみえ、貞観の『儀式』になると、①の「主殿寮供_二御寝具_一」としかみられず、天皇出御の有無は確認できない。しかも、この文で不審なことは、従前の縫殿寮（中務省被管）から、職掌がまったく異なる浴湯を用意する主殿寮（宮内省被管）が関与していることである。

この点については、たんに「縫殿寮」の「縫」を「主」に誤写したためのミスが現在まで伝わっているとも考えられる。

しかし、活字本（神道大系本・故実叢書本）をはじめ、尊経閣文庫本・陽明文庫本・天理吉田文庫本・蓬左《ほうさ》文庫本・九州大学本・勧修寺家本・関西大学岩崎文庫本・神宮文庫本・宮内庁書陵部鷹司本・同壬生《みぶ》本など、諸本とも「主殿寮」と記されていて、「縫殿寮」とある写本は管見にふれた限りでは一つも残っていない。

この一時期に祭祀を宮内省被管官司へ集中、統合しようとする意図があったとも推定できるが、確証すべき点は何一つない。単純なミスの継承か、職掌変更にかかわる大きな変化であるのか、難題でありり後考をまつことにしたい。

このの ち十世紀以降になると、寝具を供す役は、『新儀式』や他の儀式書に共通しているとおり、内侍・縫司の女官が担当（蔵人がこれに加わる）しており、縫殿寮から縫司への変化は理解できるが、その間に「主殿寮」が供することは理解の範囲外である。

④の『西宮記』には、「奉㆓神御衣㆒、内侍供之」とあるとおり、寝具は、あくまでも「神の御衣」であり、もっとも大切な神料である。だからこそ「天皇御之」ことが行われ、のちには天皇近侍の女官「内侍供之」ことで天皇臨御の代行の意味をもつことになったのであろう。

この「神御衣」である寝具は、夕御膳神事に先立って供されるとともに、夕膳が終わると「内侍率㆓縫司等㆒撤㆓寝具㆒、暁又供」（『西宮記』神今食条）とあり、神座の上の「神御衣」をとり替え、暁御膳神事までに新しい寝具を用意する。

神今食の夕膳・暁膳の二度の神事は来臨された大神（皇祖神）を最高の賓客としてもてなすことにあり、「神御衣」である寝具の供進の儀に、天皇みずから臨御されたのは、もてなす側の家の主人としての立場が「天皇御之」に表現されているのではなかろうか。

第四章　神今食と新嘗祭・大嘗祭

――天皇祭祀と国制機構――

一　律令祭祀と天皇祭祀

古代律令国家における祭祀制度の運用は、国政・政事の運営とは独立した神祇官を特設して、神祇官・太政官の二官制を採用し、律令祭祀を管掌する制度を確立した。神祇官が年中恒例の祈年祭班幣行事を主軸に、五畿内から全国的規模へと、全官社を対象に、組織体系化して整備拡大が進められたのは、大宝令の制定を契機としている。(1)『養老神祇令』に規定された律令祭祀は、年中十九度、十三種の祭が月ごとに列記されている。

国家的祭祀として重視されたのは、全官社を対象とする祈年祭をはじめ、「二月祈年、六月十二月々次、十一月新嘗祭等者、国家之大事也、欲レ令下歳災不レ起、時令順上レ度」(2)とあるように、月次祭・新嘗祭を加えた「四箇祭」である。

この年中四度の祭に共通していることは、官社祝部への班幣儀礼を中心とする祭儀であり、班幣行事を滞ることなく実施していくことが、律令国家祭祀の意図する最大の目的であった。

表2　律令祭祀と天皇祭祀

	律令班幣祭祀	天皇親祭祭祀
春二月	祈年祭	
夏六月	月次祭	神今食
秋九月		（例幣発遣の儀）
冬十一月	新嘗祭	新嘗祭
冬十二月	月次祭	神今食

右の太政官符は、宇多天皇の寛平五年（八九三）に出されたが、それから四年後の同九年には、宇多天皇が皇太子敦仁親王（醍醐天皇）に与えた『寛平御遺誡』がある。ここには、

新嘗会、神今食、并九月伊勢御幣使日、必可下幸二八省・中院一、以行中其儀上、

とあり、六月・十二月の月次祭班幣（十一日）の夜半に斎行される神今食と十一月新嘗祭、これはともに中和院内の神嘉殿を祭場とする。加えて九月十一日伊勢例幣発遣の儀（伊勢神嘗祭に参向するため）が八省院まで天皇出御のもと行われる。

右の官符に記された律令国家祭祀「四箇祭」と宇多天皇が重視した天皇親祭祭祀は、必ずしも直結・一致してはいない。むしろ齟齬する点が認められる。

祈年祭は律令国家年中の最大の祭祀儀礼であるのにかかわらず、直接祭祀に天皇がかかわっていないことは早川庄八の明快な論がある。[4] しかも、月次祭（と神今食）、新嘗祭も律令班幣祭祀は昼の行

事であり、天皇親祭は当日夜半から斎行される夜の祭儀である。

天皇親祭祭祀で共通していることは、皇祖神天照大神を祭神としている点(5)であり、だからこそ天照大神の皇御孫命である天皇が親祭することを原則とし、このことを宇多天皇は遺誡《いかい》とされた。

このような律令班幣儀礼と天皇親祭祭祀の対照関係は宇多朝に開始されたわけではなく、古く令制成立期までさかのぼるものと考えている。内廷的性格を具有する天皇親祭祭祀は、律令国家祭祀の整備過程の中で、包括されつつも独立した特別の位置づけを保持しつづけた。

こうした観点を視座にすえながら、律令祭祀形成期前後の展開を、先学の研究(6)に導かれながら論じてゆくことにしたい。

二　律令祭祀の形成

大宝令に規定された「神祇官」の長官は「伯」といい、その職制はこの時点において確定していたと推測されるが、これ以前の国家的祭祀の編成は、どのように運用されていたのであろうか。

大宝令以前は飛鳥浄御原令に基づいた運用であったことは異論のないところであろう。持統天皇三年（六八九）六月に令二十二巻が班賜され、これをうけて、八月壬午に「百官会㆓集於神祇官㆒而奉㆓宣天神地祇之事㆒」（『日本書紀』）とあり、神事優先により新令施行を神々に告げ、運用に至ったことが想定できよう。

「天神地祇」四字のなかの二字を引き「神祇官」と公称することになったのは、この時からであり、翌年（六九〇）正月の持統天皇即位条に「神祇伯中臣大嶋朝臣読二天神寿詞一」（『日本書紀』）とあるのが、神祇伯の初見記事であり、神祇官の初代長官は中臣氏二門の大嶋であったことは確実であろう。

浄御原令以後は、令制度に基づいていたと考えられるが、これ以前の天武朝の時代については意見の分かれるところである。律令官制機構としての神祇官以前（律令祭祀の形成期）は、どのような展開をみたのか。

浄御原令における「神祇官」の前身官司は『天武紀』の記載から、「神官」が存在していたことは、先学の大方の一致するところである。この「神官」が天智朝の近江令制定（六六八年）によって設けられたとする説（西田長男、井上光貞ら）と、天武天皇二年（六七三）に「神官」が初見することから、天武朝成立説（西宮秀紀）をとる見解に大別できる。

天武朝における主な神祇関係記事を『日本書紀』から拾っていくと、天武天皇四年（六七五）四月に使を遣わし「祠二風神于竜田立野一（中略）祭二大忌神於広瀬河曲一」とある律令祭祀の四月七月広瀬大忌祭・竜田風神祭の初見記事、以後しばしば記載がみえる。同五年八月には臨時大祓、同十月には「祭二幣帛於相新嘗諸神祇一」（律令祭祀の十一月上卯、相嘗祭か）、同六年五月には神主への神税分給規定、同十年には一月に「修二理天社、地社、神宮一」があり、五月条に「祭二皇祖御魂一」という注目すべき記事がみられる（ただし、この祭が何をさすかは不詳）。さらに同十四年十一月には「是日、為㆓天皇㆒招魂之」とある。新嘗の前日にあたる寅日の記事であり、鎮魂祭の初見とみられる。

以上は天武朝において特筆すべき神祇関係記事を列記したものだが、これだけ律令祭祀にかかわる初出事項が次から次へと天武朝に集中して出てくることは、この時期に律令祭祀の基本的性格、機構体系が作られていったとみるべきであろう。

とするならば、浄御原令制下の神祇官によって管掌され、大宝・養老神祇令へと引き継がれていった律令祭祀の起源・編成期は天武朝に求めることができる。つまり天武朝は律令祭祀制の完成期ではなく、成立途上期ということになろう。したがって、天武朝の「神官」は、のちの「神祇官」に受け継がれていったことは確かだが、その実態は西宮秀紀も指摘されているように官制の組織としては未整備・未完成の状況にあり、天武朝は、まさに律令祭祀制の形成期にほかならない。

たとえ近江令によって天智朝に想定されていたとしても、その運用が具体化してくるのは、天武朝に入ってからである。

もう一つ、注目されることは天武朝に所見する「神官」の使用例である。

（一）侍㆓奉大嘗㆒中臣・忌部及神官人等、并播磨・丹波、二国郡司、亦以下人夫等悉賜㆑禄、因以郡司等各賜㆓爵一級㆒。（天武紀二年十二月丙戌条）

（二）神官奏曰、為㆓新嘗㆒卜㆓国郡㆒也、斎忌斎忌、此云㆓踰既㆒則尾張国山田郡、次次、此云㆓須伎㆒也、丹波

国訶沙郡、並食ㇾト、（天武紀五年九月丙戌条）

（三）侍二奉新嘗一神官及国司等賜ㇾ禄（天武紀六年十一月乙酉条）

右のとおり「神官」は三ヶ所。しかも、新嘗に関係して記載されている。（一）は天武天皇初度の大嘗祭に際しての賜禄記事、（二）は例年の新嘗にも畿外の国郡卜定が行われていたことを示しており、「神官」がその卜食の結果を奏している。（三）は国司とともに賜禄に預ったことを記す。西宮秀紀氏は、この三例の「神官」記事を重視して、「悠基（ママ）、主基二国を供奉せしめた新嘗神事の開始と、「神官」の設置が軌を一にしている」ことから、「その運営機関として天武初（おそらく元〜二）年の間に「神官」が設置された[7]」と述べられた。

一代一度と年ごとに区別のなかった天武朝の新嘗（大嘗）は、畿外の近国二ヶ国を対象とした大規模の祭儀であり、中央の祭祀執行の実務的役割を担うため、特に「神官」が設置された可能性は強い。それは（一）の「中臣・忌部及神官人等」とある記載順からも読みとることができる。この時期は、未だ大化前代いらいの伝統的祭祀氏族である中臣・忌部両氏が、新嘗神事を分掌する「神官」の人々より上位に位置づけられていたのである。

近江令により「神官」制が設けられたとしても、中臣・忌部両氏の存在は大きく、国家的規模で行われた律令新嘗祭祀への拡大に伴って「神官」も新たな位置づけを付与されてゆく。しかし、近江令官制を基点に、天武朝初期頃には成立したとみられる法官（のちの式部省）・理官（治部省）・民官（民部省）・兵政官（兵部省）・刑官（刑部省）・大蔵（大蔵省）などの六官と「神官」を同質に論じることはできないであろう。

天武朝が神祇制度の形成期であったことは、ほぼ定説化したといってもよい。その中心は祈年祭班幣制の成立である。

祈年祭の成立期を明確に示すのは、『延喜式』祝詞、所載の祈年祭祝詞であろう。

（一）天社国社と称辞竟《たたへごとを》へ奉る皇神《すめかみ》等の前に白さく（後略）

（二）御年皇神等の前に白さく（後略）

（三）大御巫の辞竟へ奉る皇神等の前に白さく（後略）

（四）座摩の御巫の辞竟へ奉る皇神等の前に白さく（後略）

（五）御門の御巫の辞竟へ奉る皇神等の前に白さく（後略）

（六）生島の御巫の辞竟へ奉る皇神等の前に白さく（後略）

（七）伊勢に坐す天照大御神の大前に白さく（後略）

（八）御県に坐す皇神等の前に白さく（後略）

（九）山口に坐す皇神等の前に白さく（後略）

（十）水分に坐す皇神等の前に白さく（後略）

右の十段にわたる祝詞文から、（二）を除いた祝詞が月次祭祝詞と同文である。

この点に関して、早川庄八は「天皇の守護神からはじまり、殿舎の守護神―宮門の守護神―クニの守護神―御県の神―山口の神―水分の神と拡がり、その中間に皇祖神が挿入されている。そしてこの地理的な拡大についていま一つ気づくことは、拡大しながらも後半三段の諸神は、いずれもヤマト盆地を出ていないということである」(8)と述べられている。この指摘は当然ながら祈年祭祝詞にも適合できることである。

祈年・月次祭の祝詞文の編成は、令制以前から執り行われてきた宮廷周辺の祭祀を律令祭祀制の中に包括し、国家的祭祀として位置づけたことを如実に示している。この祝詞文の前後関係について、早川庄八は、天皇親祭を伴わない祈年祭祝詞が新しく、月次祭祝詞の方が古いことを推定されている。しかし、この点は森田悌(9)が批判されたように、班幣行事に限ってみれば天皇の関与はともにないのである。現存する宣下体の祝詞は班幣儀礼のために作り出されたものであり、律令祭祀の祈年班幣行事のために集成されたとみられる。国家的儀礼である祈年祭班幣以前に月次祭班幣が成立していたという確証は何一つ存しない。

したがって、祈年祭祝詞を先とし、これを準用して(二)を除いたのが、月次祭祝詞であったと考えるのが妥当な線であろう。

では、祈年祭祝詞の成立はいつか。それは祈年祭班幣行事の成立、律令祭祀形成の第一期ということになろう。

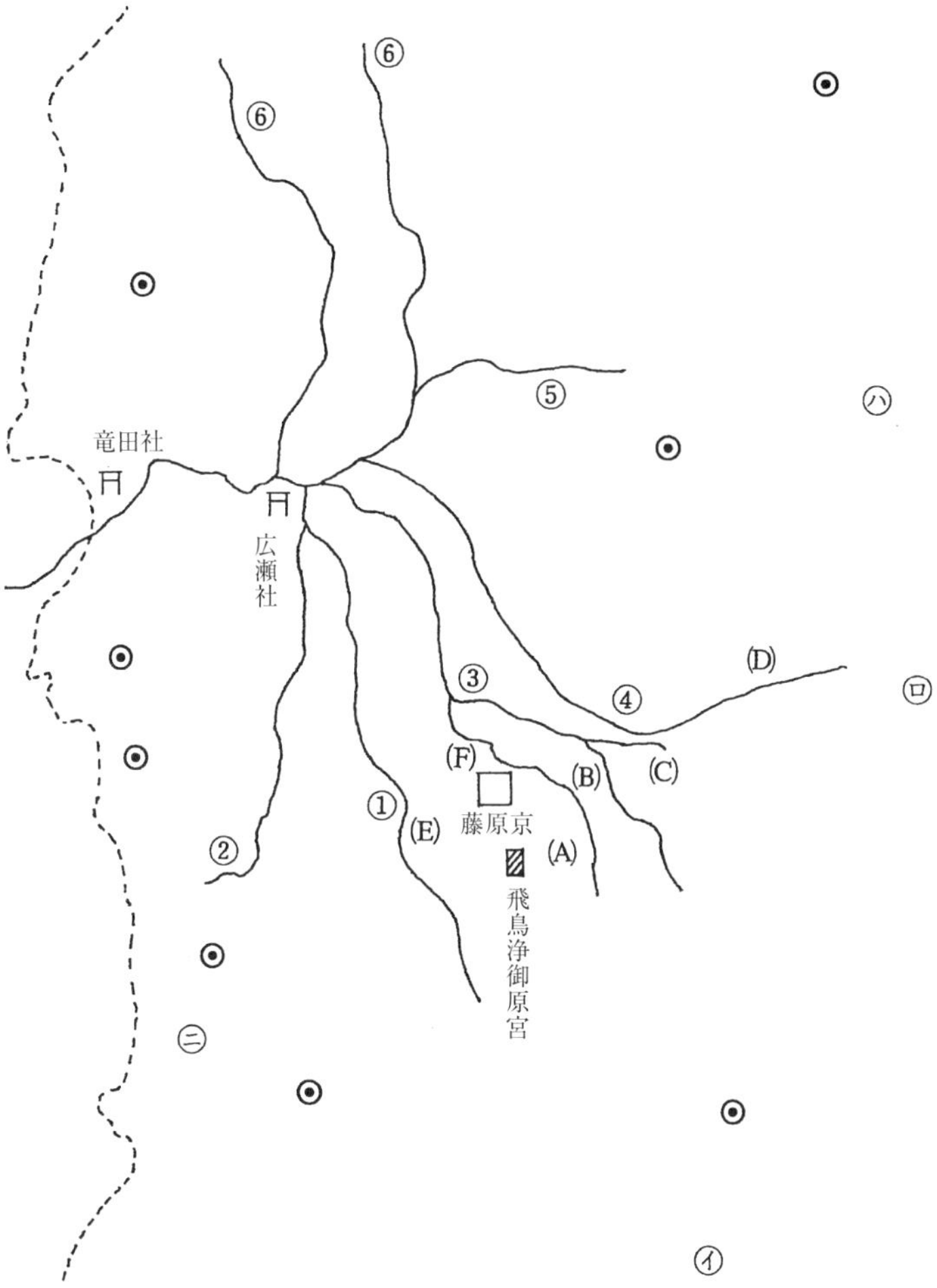

図９　祝詞にみえる御県神・山口神・水分神
御県に坐す皇神……①高市，②葛木，③十市，④志貴，⑤山辺，⑥曽布（添）
山口に坐す皇神……（A）飛鳥，（B）石寸（いわれ），（C）忍坂，（D）長谷，
（E）畝火，（F）耳無
水分に坐す皇神……㋑吉野，㋺宇陀，㋩都祁，㊁葛木
⊙黒点は祝詞に記載されていない山口の神八座の所在地

そこで、祝詞文から注目したいのは、先の大和盆地を中心としていること。さらに（八）（九）（十）の御県《みあがた》・山口・水分《みくまり》の神々の神名列記の順が、班幣行事の行われる宮都を中心にして、次第に遠い地域へと拡大しているのではないかという推測である（宮都から遠い山口の神八座は（九）に記載されていない）。大和を中心としていることは、まず天智朝の近江朝廷は除外しなければならない。律令祭祀の形成は天武朝以降であり、これに該当するのは飛鳥浄御原宮（六七二〜）と持統朝の藤原宮である。

祝詞にみえる御県神六所、山口神六所、水分神四所を地図に記入してみると、（八）では藤原宮の可能性も残されるが、（九）（十）では飛鳥地方を中心に配置順が記されていることが理解できよう。とするならば、この祈年祭祝詞は飛鳥浄御原宮における祈年祭班幣に用いられ、これが、のちには月次祭班幣にも準用されるところとなったとみられる。

文献の上からも、『日本書紀』天武天皇四年（六七五）正月戊辰の「祭二幣諸社一」とあるのや、『年中行事秘抄』に所載する「官史記云、天武天皇四年二月甲申、祈年祭」とある天武天皇四年成立説が、祈年祭祝詞の成立（飛鳥浄御原宮との関連から）とも相俟って、最も確実視されると思われる。同年には天武朝律令祭祀の上から重視される広瀬大忌祭、竜田風神祭も開始されており、律令神祇史上の画期であった。

三　月次祭班幣と神今食

月次祭班幣の初見は、大宝二年（七〇二）七月の「在二山背国乙訓郡一火雷神、毎レ旱祈レ雨、頻有二徴験一、宜レ入二大幣及月次幣例一」[10]とある記事である。大宝令施行の年にあたり、その規定に基づいて始められたものであろうか。ちなみに「大幣」とは、祈年の幣帛をさす。当時の宮都は藤原京であり、祈年祭祝詞に載せられている地理的環境と大きな違いはなく、したがってそのまま月次祭祝詞にも用いることになったと考えられる。

月次祭（月次祭といえば、神祇官において斎行される班幣行事をいい、その夜半から行われる天皇親祭の神今食とは一応区別されている）が祈年祭班幣より遅れて成立したことを示す傍証史料を一つ掲げておこう。

唯一《ゆいいつ》神道の吉田家には戦前まで、厨子に入れられた七通の太政官符が巻子に仕立てられて納められていた。そのうちの三通は外に出て天理図書館などに収められるところとなった。三通とも宝亀三年（七七二）の神祇官関係文書であり、うち二通には大伴「家持」の自署があることで知られている。

その一通は、大和国広瀬神社が「自今以後、宜レ預二月次幣帛例一」ことを太政官から神祇官に伝えたもの。その二は、後述する御体御卜《ごたいのみうら》が、文書の作られた前年の宝亀二年十二月に行われていたことを示す貴重な史料である。

前者の宝亀三年五月二十日の太政官符は、律令祭祀の広瀬大忌祭が斎行される大和有数の大社が、奈良後期に至って、ようやく月次祭班幣の対象社に列したことが知られる。神祇行政上、漏れていたともいえるが、律令国家祭祀の上からも重要な神社であるだけに不審である。とにかく、この一例からも祈年祭班幣に比べて、月次祭班幣が後次的なものであったことが理解できよう。

では、祈年祭につづいて月次祭班幣が成立する理由は何に基づくのであろうか。

祈年祭は全官社を対象とする律令国家祭祀を代表した班幣行事であり、神社数が限られているとはいえ、同種の班幣行事が新たに加わるのはなぜか。班幣行事だけが先行して成立したとは考えられず、本義である宮廷祭祀の存在があってはじめて成り立つ行事であったといえよう。結論からいえば、令制以前からの系譜をもつ天皇親祭の神今食があればこそ、これに加えた形で班幣行事が祈年祭にならって成立したものと考えられよう。

神今食が文献に確認できるのは、『本朝月令』に収録する「高橋氏文」の中に、霊亀二年（七一六）十二月の神今食に奉膳《ぶぜん》安曇宿禰刀が「官長年老」であることを理由に、神饌行立の最前に立つことを求めたが、「累世神事不レ可二更改一、宜三依レ例行二レ之」との勅判により従来どおり高橋氏が先行することになった。ここに神今食をさして「累世神事」と称していることからみても、霊亀二年以前の古くから成立していたとみられる。

神今食についての記述は、「高橋氏文」に収める延暦十一年の太政官符に基づいて作成されている。これについて黒崎輝人は厳密な史料批判を展開され、書式・内容の検討を通して、延暦の原官符とは認め難く、高橋氏の手が加えられ、霊亀二年の記事も信憑できないと論断され、神今食の成立を延暦年間まで引き下げられている(11)。

「氏文《うじぶみ》」とは、氏族の由来・地位をたかめることを一つの目的に書かれているものであるから、引用官符に多少の手が加わることは認められ、原官符をある程度都合のよい方向に操作して文体を改めることは当然考えられる。しかし、だからといって記述のすべてにわたって信憑性を否定することには賛同できない。霊亀二年に神今食が斎行されたことをも、全面的に認められないという根拠は存しない。

しかも、六月（十二月）十一日に斎行される神今食は、六月（十二月）一日から九日まで御体御卜があり、その結果を十日に奏上することをうけて行われる祭儀である。御体御卜と神今食は切り離すことのできない関係をもっており、先述のとおり吉田家の神祇官関係文書にも、宝亀年間に御体御卜が行われていたことは確実であり、神今食もこの時期にはあったとみてよい。とするならば、延暦年間に神今食の成立を求めようとする黒崎説は成り立ちえない。

神今食は霊亀二年以前にさかのぼることのできる「累世神事」であり、少なくとも月次祭班幣が加えられ、初見する大宝二年以前までは確実にさかのぼることが可能である。しかも「累世」の語をそのまま信じることができるとすれば、さらに令制以前までさかのぼる古い天皇祭祀であるといえよう。

「神今食」とは字をそのまま解釈すれば、神とともに今、共食祭儀を行うことを意味していよう。〝ジンコンジキ〟、和訓は〝かみいまけ〟〝かみあげ〟（観智院本名義抄）などと読ませているが、本来の読法は明らかではない。ただし、平安時代に入ると「神今食祭」と、わざわざ「祭」の字が付ける例がみられるが、もともとは「祭」をつけない。新嘗祭もその原型は「新嘗」であり、大殿祭は〝おほとのまつり〟とは読まずに〝おほとのほかひ〟と通称している。これは〝新室寿ひ〟と同じ寿詞を起源としているからである。

さて、「祭」を付す祭名の成立は律令祭祀によって成立するのであり、令制以前の祭儀は何々「祭」といった名称は成立していなかったと考えられる。こうしてみると、神今食という祭祀名称は古型のものではないかと想像される。

神今食の前段儀式である御体御卜の起源は『古語拾遺』の孝徳朝の項に記載されている。東野治之は尊経閣文庫本『本朝月令』所収の文を紹介されている。[12]（　）は私に『年中行事秘抄』との校合を付した。

古語拾遺云、至二于難波長柄豊前朝日白鳳四季（年）一、以二小花下諱（斎）部首作斯（賀斯）拝二祠官頭一、令レ掌二叙王族・宮内礼儀・婚姻・卜巫（筮事）一・夏冬二季御卜之式、始起二此時一、仰（作賀）斯之胤、不（能脱）レ継二其職一、凌遅衰微、以至二于今一云々、

とあり、流布本（卜部兼直本）の「拝二神官頭一今神祇伯也、」と大きく異なる。従来は、右の割注から神祇官の前身官司「神官」が孝徳朝には成立し、忌部氏がその長官（頭）に任じられていたとみられていたが、写本には割注はなく、「祠官」となっている。しかも、その職掌は神祇官のそれに比べて、かなり強い権限、職掌を有していたことが理解できる。大同二年斎部広成によって書かれた『古語拾遺』は、神官・神祇官の職を逸脱するところから信憑性に疑問がもたれてきた。

しかし、詳細にその内容について考究を重ねられた東野の見解は、「孝徳朝には中央でも中国南北朝の影響をうけた新しい官制が施行されたこと、またその官制は理念としては官僚制的な要素の強いかなり進んだもの」であることを論じて、その信憑性の高いことを明らかにされた。祠官の職掌は一見、荒唐無稽のようにみえるが、そのことが、反対に信憑性を増すことにもなってくる。ただし、祠官が存在したとしても、孝徳朝の一時期における天皇直轄になる特別の権限をもった職掌であったとみたい。

孝徳朝の白雉四年（六五三）に新たな中央官制として「祠官」が設けられた可能性は強く、この時から「夏冬二季御卜」、すなわち天皇玉体を卜する御体御卜が始まったとする記述も、あながちまったくの偽作とするわけにはいかないであろう。御体御卜が始められたとすると、これと連動する祭儀である神今食も、この頃には成立していたことになろう。少なくとも、六月十二月の二季御体御卜、神今食は令制以前からある古い祭祀であったといえよう。

では、神今食は何のための祭儀であるのか。祭式構造の上からは新嘗祭とほとんど同一である。大きな違いは新穀か旧穀か、そして神饌の枚手の数が新嘗祭の半分の量であり、神今食二季分を合せると新嘗祭と同じになる。つまり新嘗祭は一年間を対象としているのに対して、神今食は半年分の祭儀ということになる。

『令義解』には、月次祭について「即如二庶人宅神祭一也」とあるが、これは多くの先学の指摘によって神今食をさしたものとされている。したがって、神今食は皇室宅神祭、祖霊祭であり、皇祖・天照大神を招いて神饌を捧げてもてなす祭儀である。祖霊祭は家の主人が祭ることであり、その意味でいえば天皇親祭が原則であった。『年中行事歌合』の神今食には「ふけぬとていまぞそなふる坂まくら神もぬる夜の時やしるらん」と詠まれている。神今食の夜は、大神が坂枕を設けた神座に来臨され一夜を過ごされる〝まつりごと〟であった。このことは新嘗祭、そして大嘗祭にも共通することである。

この神今食が、六月の祭は一月から六月まで、十二月は七月から十二月までの報賽を主旨とした祭祀であるという見方が一部にある。『年中行事歌合』月次祭にみえる「夏の暮年のをはりに月ごとの報賽の神のみてぐら」とあるのは月次祭班幣をさして詠んだものであるが、意外にこの見解が神今食にも通用しているようである。これは同じ六月十二月の晦日に大祓があり、半年間の罪を祓う行事と二重写しになって想定されたものであろう。

神今食に先立つ御体御卜は、『宮主秘事口伝』によると、六月の御卜には、「天皇自二来七月一至二于十二月一平安御坐哉」、十二月には「天皇自二来年正月一至二于六月一御体平安御坐哉」と兆竹に書くのを例としており、神今食斎行以後の半年について玉体安穏のための御卜を行うのであった。ということは、祖霊（皇祖）を和《なご》めまつる神今食も予祝的要素をもち、半年間の玉体安穏を祈念するのである。『令義解』月次祭の「謂、於二神祇官一祭、与二祈年祭一同」とあるのは、月次祭班幣が、単に神祇官における班幣行事の祈年祭と同儀であるというだけでなく、班幣につづく神今食も予祝儀礼の主旨が同じことを含んでいるのではないか。祈年祭祝詞から御年神の祝詞を除いても、皇御孫命の長久を祈念する願いは変るところがない。『令集解』の「朱云、月次祭、与二六月十二月大祓一各異也」とあるのも、大祓はそれ以前の半年分、月次祭は以後の半年分という違いを示した説明ではなかろうか。

神今食は庶民の家の宅神祭にあたり、「諸家諸人至二于六月十一（二）月一必有二祓除神宴《カミアソヒスル》事一、絃歌酔舞、欲レ悦二神霊一」(13)ことにも通じた、天皇の私に属する「神宴」であった。したがって律令国家の祭祀としては、本来的には扱われなかったのである(14)。

四　新嘗・新嘗祭と大嘗祭

新嘗祭は、先の「神官」記事にみられるように、天武朝の（1）天武天皇二年（六七三）、（2）天武天皇五年によると、畿外の国郡（(1)播磨・丹波、(2)尾張・丹波）を卜定して斎行された、践祚大嘗祭の運営形式に類似している。それは壬申の乱の翌年から始まり、少なくとも五回は畿外稲を用いた祭儀が執り行われた。その後、天武朝全期にわたって国郡卜定を伴う畿外稲の新嘗祭であったか、旧来の畿内のとくに大和の屯田《みた》（官田稲）を使用する形式に移ったか、明らかではないが、次の持統朝からは、即位儀礼の大嘗祭と毎年恒例の新嘗祭に分かれたようである。

天武朝前期は、古来の伝統的な新嘗儀礼が、律令国家祭祀として全国的（畿外近国ではあるが）規模に拡張され、天武天皇四年に開始する祈年祭班幣行事と対応する大がかりな祭祀として営まれた。

大化前代いらいの新嘗儀礼は、天皇直営の屯田や倭六御県から生育した稲を用いて祭祀が斎行されたと推定されるが[15]、この制度は天武朝に入ると根本から崩された。この時期に、新たに大和川の流域に広瀬社を祀って大忌祭を行い、あわせて六御県と山口の神々を合祭するようになったのは、新嘗儀礼が大和盆地を対象とした祭りではなくなったために、大和地方の農耕生育に深いつながりをもつ祭祀として竜田風神祭とともに、新たに設けられたのであり、天武・持統朝の律令祭祀として重要な位置づけを与えられ恒例化することになる。

天武朝以前の天智天皇六年（六六七）から五年間は、宮都は大和盆地から離れ、近江につくられた。大化前代いらいの伝統的な広義の祭祀空間は皆無（近江京の北方、日吉社に三輪の神を勧請する伝承はあるが）となり、従来の大和朝廷と関わりの深かった祭儀は、地理的環境から多少の変更を余儀なくされたであろう。天武朝に至り、再び都が大和の飛鳥の地に還ったことで、祭祀復興が図られるとともに、新嘗祭のように新たな性格が加えられたほか、新規の祈年班幣制や律令祭祀制の形成へとつながっていく。

さて「新嘗」の訓み、解釈を通して、新嘗祭について考えてみたい。『古事記』（雄略天皇記）には「爾比那閉」とみえ、〝ニヒナヘ〟と訓ませている。

本居宣長は「新稲《ニヒシネ》を以て饗《アヘ》するを云フ名なり、（中略）神にも奉り、人にも饗《アヘ》、自《ミズカラ》も食《クフ》わざなり」（『古事記伝』巻八）といい、新饗《ニヒナヘ》のこととみている。次に折口信夫は、〝ニヘノイミ〟（贄の忌み）が〝ニヒナヘ〟に転じたものとする。しかし贄《ニヘ》の忌みと解釈すると、祭祀の本義である新稲を嘗《な》め饗する「新」の意味がなくなってしまう。しかも西郷信綱の指摘(16)にもあるように、物忌みは祭りとはいえないのであり、折口説そのものの解釈は困難といわざるをえない。西郷信綱は、本居・折口両説に批判を加えつつも、両説の中から〝新贄〟の解釈へと導かれてゆく。

「新」は〝お初物〟の意で素直に了解できる。要は「饗」と「贄」のどちらをとるか。ともに祭の主旨からみると魅力のある解釈ではある。あるいは「饗」「贄」の双方ともに理解する考え方が大化前代の同時期に意識されていたかもしれない。それが「嘗」の漢字に宛てられていったのはなぜか。

「嘗」は中国の秋祭りの語を借用したものであったことは疑いを入れない。『礼記』五（王制）には「天子諸侯宗廟之祭、春曰レ礿、夏曰レ禘、秋曰レ嘗、冬曰レ烝」とあり、同書（月令）にも「是月也、農乃登《ススム》レ穀、天子嘗レ新、先薦二寝廟一」とある。すなわち、中国の秋の収穫儀礼は「嘗」であり、新穀を祖廟に薦《すす》め、天子もいただかれる。

　右の例からいえば、わが国の「新嘗」は、中国の秋祭りと同類ともいえよう。しかし、新嘗祭の時期は十一月、仲冬であり、適合しない。秋という時期に限定するならば、季秋九月の伊勢の神嘗祭のみが「嘗」祭りに相当する。したがって、わが国の「神嘗祭」「相嘗祭」「新嘗祭」の起点は、伊勢に坐す皇祖への初穂奉献祭儀＝神嘗祭が、本来の「嘗」祭であり、つづいて冬に入って斎行される農事暦最後の祭り（そこには冬至祭の二重性が存する）をもって、皇祖の子孫である皇御孫命（天皇）が、御在所（宮廷）にお迎えし、もてなされることにより完結する。朝廷によって編成された嘗祭は秋九月の神嘗祭にはじまり、二ヶ月後の冬十一月に至って終える。それは『令』の田令に「凡田租、准二国土収穫早晩一、九月中旬起輸、十一月卅日以前納畢」とある規定と『義解』に「早晩者、九月為レ早、十一月為レ晩也」とある九月の収穫稲を早稲《わせ》といい、十月は中稲《なかて》、十一月は晩稲《おくて》と称してきた、稲の収納期とも一致している。

　次に神今食と新嘗祭について比較し、その違いについてみておきたい。六月（十二月）十一日前後の神今食関連諸儀、十一月中卯日新嘗祭前後の関連諸儀を、『年中行事御障子文』を基にして表3に掲げる。

　大きな違いは、神今食は御体御卜と密接なかかわりをもつ祭儀であることは先述した。一方の新嘗祭は、翌辰日に賜宴を伴う公的儀礼が付随していること。そして、第三章にも触れておいたように、従来まったく看過されてきた「奏二御宅田稲数一」儀式（『内裏式』『儀式』）が、鎮魂祭の前日、中丑日に行われること。供御用の官田（宮内省営田）の稲束数を奏上する政事向きの儀式があり、この儀式をうけて、新嘗祭が斎行される意味をもつことになる。官田稲を奏上するということは、おのづと新嘗祭儀の性格を明確にできる根拠となり、そのことは、大化前代いらいの天皇直営田である倭屯田の経営に由来する古い儀礼の残滓《ざんし》とみられる。

なお神今食と新嘗祭における中宮・東宮の関与について論及することは、祭儀の性格を理解する上で重要ではあるが、前章に若干ふれてあり、また史料の制約から私自身、十分の理解をえていない点

表3　神今食と新嘗祭の日程

神今食（六月・十二月）	新嘗祭（十一月）
	九月朔日、奏レ可レ醸二新嘗黒白二酒一事（造酒司式は二日）
	十月二日、奏下可レ供二新嘗祭一官田稲粟卜定文上事
朔日、内膳司供二忌火御飯一事	朔日、内膳司供二忌火御飯一事
同日、神祇官始奉二御贖一事	同日、神祇官始奉二御贖一事
十日、奏二御卜一事	中丑日、宮内省奏二御宅田稲数一事
十一日、月次祭事	中寅日、鎮魂祭事
同日、神今食祭事	中卯日、新嘗祭事
明旦、所司供二解斎御手水御粥一事	中辰日、節会事

もあるので言及することを省かせていただく。

さて次に、新嘗祭と大嘗祭の関係についても触れておきたい。

持統朝以降、一代一度の大嘗祭（皇位継承儀礼としての）と毎年の新嘗祭に分かれるようになったが、その大きな違いは、大嘗祭は国郡卜定による公田の畿外稲、新嘗祭は九月十月の初めに畿内の官田から白酒・黒酒や神前の御飯用の稲束をとり、官田稲数を奏上する儀を前提にした祭儀である。官人参加の規模の大小、仮設の神殿造営と常設の中和院神嘉殿を祭場とすること、前者は節会が三日間にわたることなど、一方では例年の新嘗祭の規模を大きくし国家的行事に位置づけていることに特徴がある。

しかし、もっとも大きな違いは、一代一度の大嘗祭は天皇「御」一人による祭祀であることに尽きよう。神今食、新嘗祭には中宮の祭儀関与がみられるが、これがない。神今食、新嘗祭も天皇親祭を原則とするが、神祇官の代行が叶った。一方の大嘗祭は、神祇官はもちろん、「摂政即天子也(17)」とまでいわれた摂政の代行をも認められていない。あくまでも幼帝の介添として参加している。

大嘗祭と新嘗祭・神今食の関係は、花山天皇の大嘗祭以前の神今食について「神今食侍（付）所司被レ行、大嘗会以前、無下出二御神態一之例上(18)」とあるように、大嘗祭を経ないときの親祭は認められていない。

皇位継承儀礼である大嘗祭を親祭されてから、恒例の親祭祭祀に出御することができたのであり、皇祖神天照大神の御神意を初めて得てから、新嘗祭・神今食の親祭が可能となったのである。

五　国制機構と内廷・外廷

大嘗祭の中心祭儀である卯日神事（悠紀殿・主基殿の儀）が、毎年恒例の新嘗祭・神今食と祭祀構造の側面において類似していることは、先学によってつとに指摘されてきた。

国制機構・官司の関与については、人数の多少に違いはあっても、大異はないと考えられる。そこで、大嘗・新嘗の卯日神事と神今食に奉仕する官人以下の人々の所属官司・職掌を分類することによって、祭祀の性格を位置づけ、その本源に迫ることが可能ではなかろうか。

平安期の儀式書・記録に基づいて、その成立期まで復原、推測していくことには、学問的検証の手続きの上で批判が出てくると思われるが、祭儀にかかわる本質部分を国制機構の関与の観点から見通すことは、大事な視点であろう。令制以後の国制機構には当然、統廃合による変化があったことは確かだが、祭祀奉仕者の中枢部に大きな変更は認められない。神事における小斎（忌）の官人以下の人々の関与を拠にして、祭祀構造の実態を明らかにし、またその原型にも言及していくことは可能であろう。従来、こうした視点は少なかったように思う。

直接神事に携わる者を「小忌（斎）人」といい、その地位、役職によって寅日または神事当日の卯日に神祇官の卜食をえ、榛藍摺綿袍《はりあいずりわたのほう》・青摺衣《あおずりのぬの》を給わった。直接当日の卯日・神今食神事に関わらない者を「大忌（斎）人」という。

『北山抄』巻五、大嘗会事には、

卯日平明、神祇官班二幣帛於諸神一、卜二諸司小忌人一同二新嘗会一、新式云参議以上及侍従等寅日卜之、内侍・命婦・蔵人等卯日卜之、自余寅日卜定、給二榛藍摺端錦袍并青摺衣等一、

とあり、『延喜式』践祚大嘗祭にも「中臣官人率二卜部一、於二宮内省一卜二諸司小斎人一、訖各還二私舎一、沐浴斎服赴集」とあるように、宮内省において神祇官人の卜食《ぼくじき》があり、終ると自宅にもどり、潔斎《けっさい》して斎服を着し、神事に参加した。例年の神今食も月次祭につづいて「祭畢、即中臣官一人率二宮主及卜部等一向二宮内省一卜下定供二奉神今食一之小斎人上」（『延喜式』四時祭）とある。

小斎の官人以下の人数は、斎服を用意する中務省でも把握していたが、小斎、大斎の別の区分、人事の掌握を担当していたのは、宮内省である。その人員については、『延喜式』宮内省式に「供二奉践祚大嘗一小斎」と「大斎」（内膳司一四人、采女司二八人、主水司二三人、国栖一二人、笛工五人）に入る官司とその人数が掲げられている。同式には「供二奉神今食一小斎」「供二奉新嘗一小斎」（後者の新嘗の小斎は、基本的には神今食の員数に加えたもので、主に「直相」の給食の数の把握を目的に書かれている）に書き分けて列記されている。意外にこのような神事参加人数の全体を把握できる記録は少ない。

表4・5には、先の『延喜式』宮内省に基づいて、上段には践祚大嘗祭奉仕の小斎人以下、下段には神今食の小斎の人々を対照させて一覧表を作成してみた。神今食供奉の小斎は「供二奉御一」とある

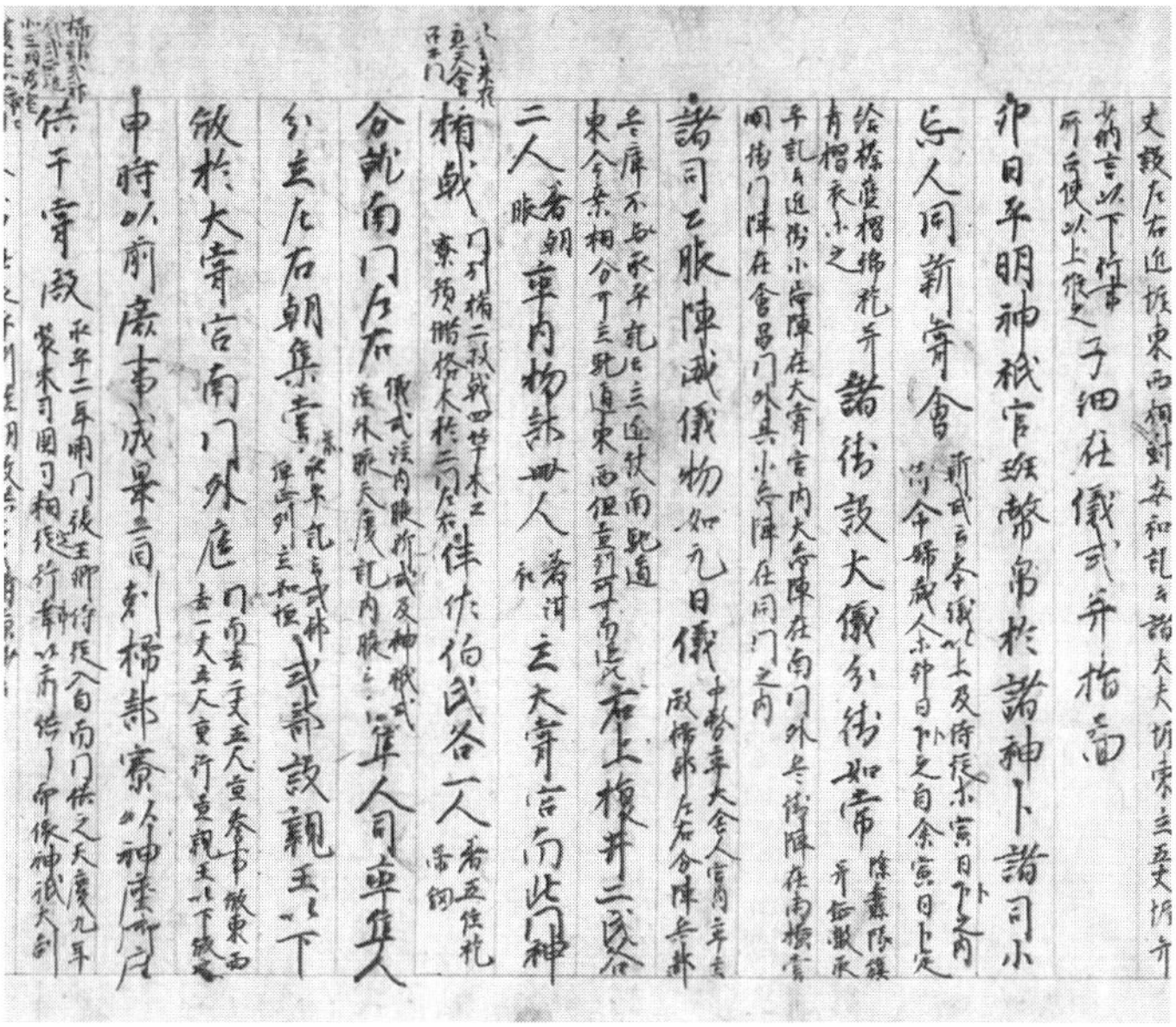

図10　『北山抄』巻5「大嘗会事」(前田尊経閣文庫所蔵)

天皇祭祀奉仕者までとし、「供ニ奉中宮一」とある中宮に供奉して神嘉殿の神事に仕える者は除外した。

『延喜式』中務省には、中務省関係の小斎について、「散斎之日、省書ニ歴名一(中略)致斎之日向ニ宮内省一卜之」とあり、この歴名には「省丞録各一人、内舎人四人、内記・監物・主鈴・典鎰各一人、中宮職十五人、大舎人寮十二人、内蔵寮四人、縫殿寮四人、内侍以下一百人」と記されている。先の一覧表に、ほぼ一致するが、中宮職十五人は中宮のための神事関与の役であるため、先の宮内省式の員数に入っていない。また恒例の祭祀において「内侍以下一百人」とあることから、大嘗祭の小斎の内侍も「内侍已下数

表4　『延喜式』大嘗祭・神今食、小斎人員表

供奉践祚大嘗小斎	供奉神今食小斎	備考（官司の主な職掌）
神祇官　一五〇	神祇官　三〇	神祇祭祀を掌り、全国の官社祝部を統御する
伯以下史已上　七	伯以下御巫以上	
史生　四		
宮主　一		
弾琴　二		
巫部　一		
神部　二四		
卜部　一八		
使部　一二		
忌部　五		
神服　七六		
太政官　一〇	太政官　六	八省・諸国を統べ、政治を総理する
中納言已上　一		
参議　一		
外記　二		
史生　二		
史　二		
史生　二		

中務省	七	中務省	三	禁中の政務、詔勅、位記、女王以下の名帳、諸国の戸籍のことなどを掌る
輔	一			
丞	二			
録	二			
史生	二			
次侍従已上	二〇	侍従	三	天皇近侍の官
内舎人	一〇	内舎人	四	禁中の宿衛、供奉、雑役の役
内記	二	内記	一	詔勅、宣命の起草、御所の記録役
監物	二	監物	一	内蔵、大蔵の出納を監察
主鈴	二	主鈴	一	鈴、印、伝符の出納役
典鑰	二	典鑰	一	倉の管鑰を闡司より受納
大舎人寮	四二	大舎人寮	一二	禁中に宿直し、行幸に供奉する役
官人	二			
史生	一			
舎人	三九			
図書寮	四			国史を編修し朝廷の書物を管理
官人	二			
書手	二			
内蔵寮	二〇	内蔵寮	六	宮廷財政を掌り、饗饌弁備にも預かる
官人	六			
史生	四			
蔵部	一〇			
縫殿寮	一〇	縫殿寮	二	女官の考課、御服の裁縫を監督する
官人	四			
番上	六			
		命婦・官人	三〇	

宮内省	五	宮内省	三	宮中の御用をつとめ、天皇の生活に直結する役、官田経営の職も含む
大輔	一			
少輔	一			
丞	一			
録	一			
史生	一			
大膳職	八四			公事・節会のとき、群臣用の饗膳準備の役
官人	二			
史生	二			
膳部	八〇			
大炊寮	二六			天皇供御の米粟をついて内膳司に送り、祭祀・節会の薪米を供する
官人	二			
炊部	二四			
主殿寮	二二	主殿寮	二四	供御の輿輦、殿上夜中の掃除、湯沐を掌る、五姓の殿部をおく
官人	二			
史生已下	一八			
火炬小子	二			
典薬寮	六	典薬寮	四	医薬・薬園のことを掌る。侍医は天皇の脈を診察し薬を奉る
官人	二			
侍医	二			
薬生	二			
掃部寮	一〇	掃部寮	七	宮中の舗設、清掃に従事する
官人	二			
掃部	八			
内膳司	一六	内膳司	八	天皇日常の供御と神膳を調理する
官人	二			
膳部	一四			
造酒司	四〇	造酒司	二	酒・醴・酢を醸造する、とくに祭祀用の白酒・黒酒を造ることを担当
官人	二			
酒部	三八			

采女司　四	采女司　二	采女の監督、後宮十二司への配分を担当
官人　二		
采女　二		
主水司　一二	主水司　六	供御の粥、水、氷室のことを掌る
官人　二		
水部　一〇		
左右近衛府各官人　四	左右近衛府各官人　五	
府生　一		
近衛　四〇	近衛　各三〇	
駕輿丁　八	駕輿丁　各八	
左右兵衛府各官人　二		
兵衛　二〇	兵衛　各六	
左右衛門府各官人　二		
府生　一		
門部　二〇		
語部　一五		
門部　八		
内侍已下数同毎年新嘗		

表5　『延喜式』大膳の小斎給食数

	五位已上	六位已下	命婦	女孺・采女	御巫	総計
神今食	二〇	二〇〇	一〇	二七	五	二六二
新嘗祭	二〇	二五五	一〇	四四	五	三三四

同二毎年新嘗一」とあるによって、ともに一〇〇人とみられる。

『延喜式』宮内省小斎の員数をもとに二官八省とその被管官司の小斎人数を作ってみた（図11）。この表の分析をする前に、新嘗祭の参加官司と人数を別の記録から検証しておきたい。

『日本三代実録』元慶五年（八八一）十一月二十三日丁卯条には、

　新嘗祭、所司供レ祭如レ常、公卿以下諸衛府舎人已上、不レト、但供二奉神事一諸司七十二人卜食者着二青摺衫一、神祇官三十二人、縫殿寮四人、宮内省二人、主殿寮五人、大炊寮二人、掃部寮七人、大膳職一人、内膳司八人、造酒司二人、采女司二人、主水司六人、内侍司一人、准二據承和七九両年諒闇之例一也、

　右の新嘗祭は天皇親祭ではなく、所司（主に神祇官）が斎行した。陽成天皇在位中の元慶五年の前年十二月清和上皇が崩じられたため諒闇中であった。こうした例は、仁明天皇在位中の承和七年（八四〇）の淳和上皇崩御、同九年の嵯峨上皇崩御にも斎行されている。ここで注目したいのは、天皇親祭と諒闇中の所司による祭祀である点に大きな違いがあることは確かだが、反対にみていくと、関与する官司・人数が同一であるとすれば、天皇親祭の有無にかかわらずその神事には欠かせない存在であったはずである。そこで右の官司の人員を列記した下に恒例の神今食（新嘗祭）の人員を（　）に入れて比較してみたい。

　神祇官三二（三〇）、縫殿寮四（二）、宮内省二（三）、主殿寮五（一二）、大炊寮二（〇）、掃部寮

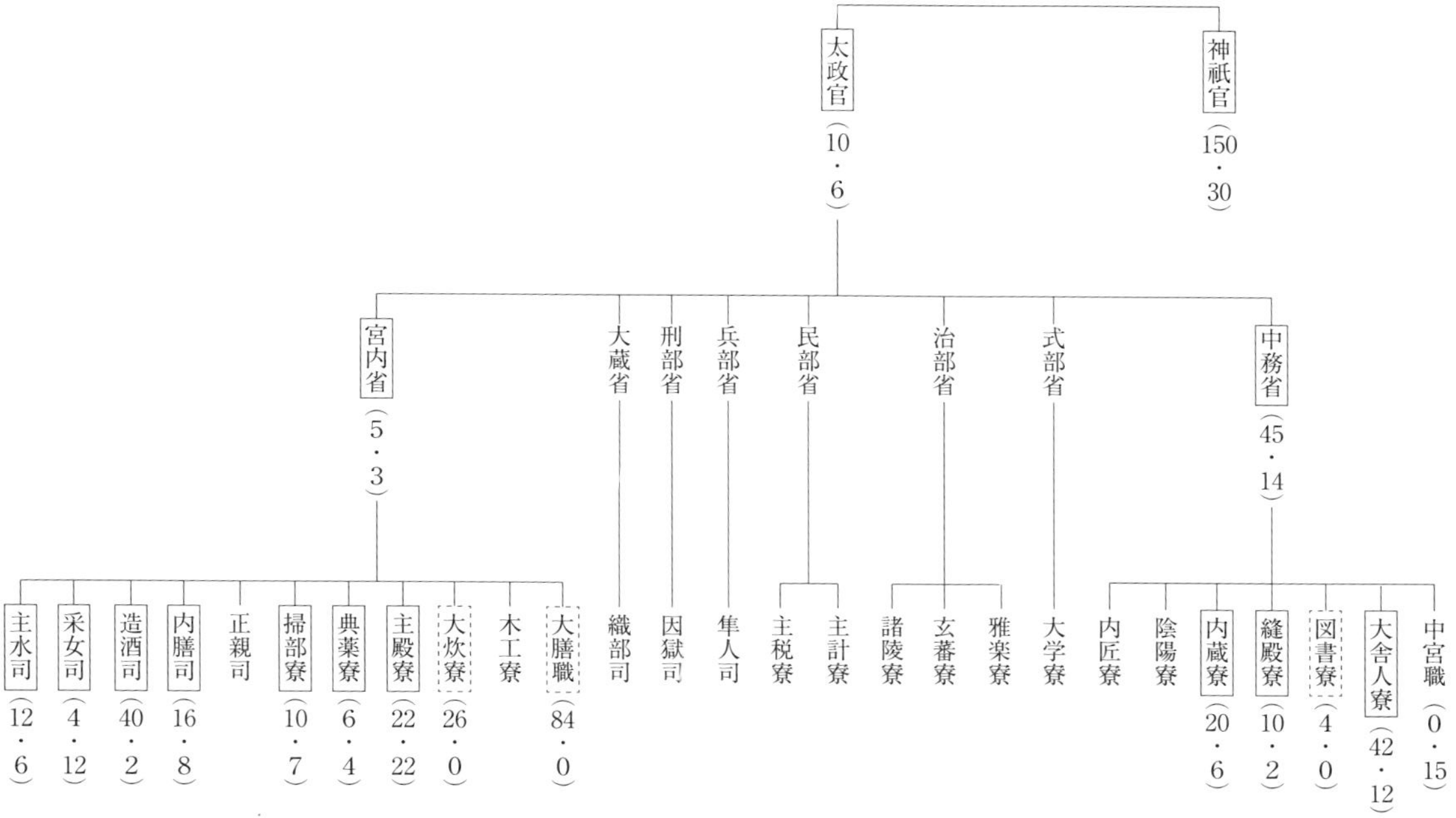

図 11 延喜式制による二官八省と被管官司

( ) の上段は大嘗祭, 下段は神今食・新嘗祭奉仕の小忌の官人以下の人数

七（七）、大膳職一（〇）、内膳司八（八）、造酒《みき》司二（二）、采女司一（一二）、主水《もいとり》司六（六）、内侍司一（〇）

以上から指摘できることは、神事に直接かかわる官司の人員が増えてはいても減っていないことである。たとえば、神祇官そして神座の寝具を用意する縫殿寮、神座を鋪設する掃部寮、神膳を準備する内膳司、造酒司、主水司など、これらの官司は天皇の出御がなくても、神事に直接携わるため欠くことはできない。

神膳行立《しんぜんぎょうりゅう》は古くより、高橋、安曇の両氏が負名氏として奉仕し、鰒と和布の汁をそれぞれ奉ってきた。高橋氏は膳臣《かしわでのおみ》の遠祖で高橋氏の祖でもある磐鹿六鴈命《いわかむつかり》が景行天皇に食膳を奉り膳大伴部を賜わったことに由来する。また安曇氏は祖大浜宿禰が、応神天皇のとき「海人之宰」として御膳に仕えた由緒をもち、ともに大化前代いらいの天皇供御の食膳を奉仕する伝統的氏族であった[19]。しかし、安曇氏は神膳行立の順位争いに敗れ延暦以後は衰退していったようである。だが「累世神事」において安曇氏の奉仕は欠かすことができない。「高橋、伴両氏之中、以二一人一令レ供二奉安曇氏代一例延喜元年十一月新嘗祭」と代行を立てることを例とした。また、内膳八人の人員に不足が出るときは「以二大膳膳部一令レ補二内膳膳部不足一例、延喜十六年六月」（『北山抄』巻二、六月神今食）と大膳職の膳部を充てて、神事欠怠のないように努めている。内膳司は膳部六名を含め、常に八名で神膳の調理と行立を奉仕することになっている。なお、天皇出御のないとき（天皇不親祭）は、中務省被管の大舎人寮、内蔵寮と天皇の医療に預かる宮内省所管の典薬寮は関わらない。

さて、先の図11「延喜式制による二官八省と被管官司」に掲げたように、神祇官・太政官の二官制のもと、とくに中務省と宮内省およびその被管官司の関与が目を惹く。天皇親祭は国制機構のすべてにわたっていたのではなく、限られた官司が担当している。

神祇官は、律令祭祀における班幣行事の中心的役割を果たすとともに、天皇親祭祭祀にも、卜食をはじめとする諸儀に加わっており、外廷的官司としての立場と内廷官の地位との両面を備えている。

令制以前（大化前代）いらいの祭祀氏族である中臣、忌部の両氏が大きくかかわってきた天皇の家政機関を動員した親祭祭祀（内廷的祭祀）は、令制確立の中で律令祭祀（班幣行事を中心とする外廷的祭祀）に包括されていくことになる。この結果、天武朝以降、神官から神祇官へと官制の整備が進むことにより、国家的祭祀とその行政を担当する官として位置づけられ、中臣氏の確固たる地位が築かれてゆく。

次に中務省、宮内省とその被管官司の概要について述べることにしたい。

表6の中務省・宮内省の人員は被管所司の小斎官人以下の人数をも加えた数であり、宮内省関係がもっとも多い。

中務省・宮内省とその関係官司について考察するためには、図11の延喜式制以前の令制（『養老職員令』）規定の国制機構から論じていかなければならない。八省のうち、式部省・治部省・民部省・

兵部省・刑部省・大蔵省の六省は、天武朝には成立していた「六官」の系譜をひく後継官司であるが、中務省・宮内省は、これら六省とは性格を異にする省である。しかも、両省とも数多くの被管官司をもち（中務省は一職五寮三司、宮内省は一職四寮一三司）、人員も多く、しかも伴部、品部を数多く所属している特異の存在であり、その被管関係の成立にも特別の事情があったことが推定される。中務省・宮内省の統廃合を図12に掲げる。

表6　被管の小斎官人・人数表

	大嘗祭	神今食
神祇官	一五〇人	三〇人
中務省	一二一人	三四人
宮内省	一二五人	六四人

統廃合のピークは大同三年と寛平八年にある。これによって宮内省被官の官司は統廃合がすすんだ（『類聚三代格』巻四、『令集解』）。

従来から指摘されているように、宮内・中務の両者は「他の六省の合計六寮一四司を両省で上廻っているし、官人数もまた同様である。これは天武朝まで、朝廷の六官とは独立に、内廷で天皇に仕えていた数多の官司を浄御原令から大宝令にかけてこの両省にまとめたためと推定されている。もっともそのまとめ方には、大膳職（朝廷の膳部）と内膳司（天皇の膳部）を同じ宮内省に隷する一方、典薬《てんやく》寮（朝廷での医療）と内薬司（天皇の医療）の中の後者のみを中務省に隷するなど、規準に解し兼ねるところもあるが、何か歴史的な事情でもあるのかも知れない[20]」といわれている。確かに宮内省管下の典薬寮は寛平八年に内薬司《ないやくし》が統合されるとはいえ、天皇、中宮、東宮の医療に当る内廷官司が、それ

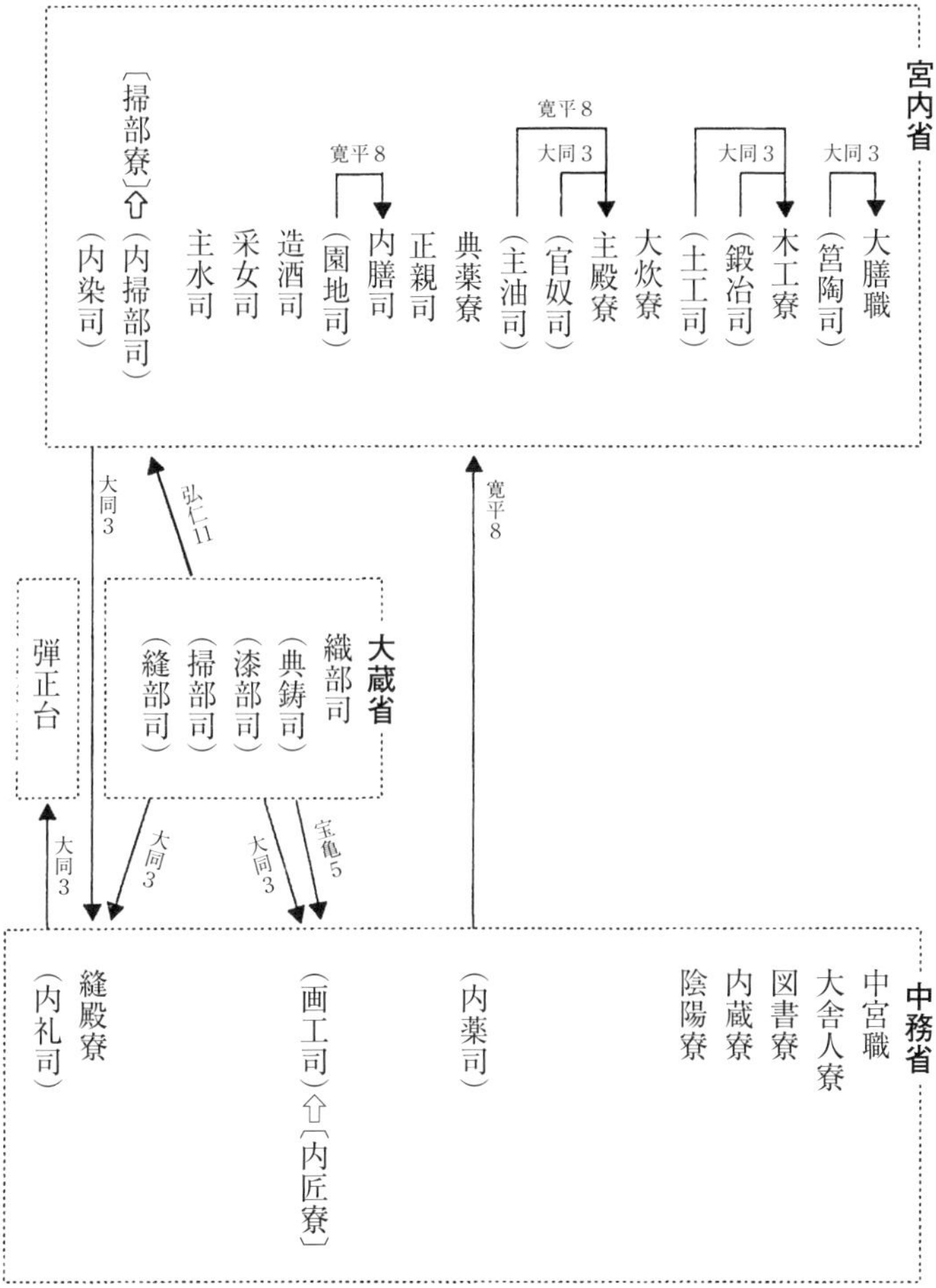

図12　令制宮内・中務・大蔵省被管官司の統廃合

以前まで中務省管下であることは不審といわねばならない。外廷的大膳職も天皇供御に当る内膳職も、ともに宮内省内にあるのも不詳といえるが、同一の省内の方が食料供給に便があったのかもしれない。一概に中務省、宮内省(21)の性格づけをすることはむずかしいが、およそ中務省は天皇内廷と国家外廷機構の仲立の役割をもち、天皇の公的行為およびその関連部局を包括しているといえよう。中宮職を別格に、大舎人寮、図書寮・内蔵寮・陰陽寮はそうした性格が強い。

その本省には侍従・内舎人・内記・監物・主鈴《しゅれい》・典鑰《てんやく》などが在籍し、天皇近侍の職掌と天皇にかかわる公的職務を担当した。

一方の宮内省(22)は、大膳職のように外廷的官司も含まれているが、天皇の供御をはじめとする衣食住にわたっての庶務にかかわっている。元来は数多の官司が被管となっており、省内の官司間で、国制機構を大きく変革するものではなかったが統廃合は顕著であった。あくまでも類似する職務を一つにまとめる行政改革の一環とみられる。

この宮内省に関して、特筆すべきことは、大化前代の新嘗儀礼や天皇供御に用いられた屯田が、令制下において官田と称され、宮内省管下のもと、伴部《ともべ》・使部が田司となり直営耕作に当っていることである。

秋に稲穂を収穫すると大炊寮に収納され、天皇・中宮・東宮の食膳に供されるとともに、

凡新嘗祭所レ供官田稲及粟など、毎年十月二日、神祇祐史各一人率二卜部一、省丞録各一人率二史生一

共向二大炊寮一、卜下定応レ進二稲粟一国郡上、（『延喜式』宮内省）

と毎年十月二日には大炊寮において新嘗祭のための官田の稲粟を卜定する儀が行われ、新嘗祭の前々日には宮内省営田の「御宅田」の稲数を奏上する儀式が斎行された。

また、倭六御県から生産された供御のための生鮮食品である蔬菜・果樹類は、令制下において園池司に管轄されたと推定できるが、これも内膳司に併合（寛平八年）され、天皇供御のほか、神膳にも用いられたであろう。

このように宮内省の重要な職掌は、天皇親祭用の神膳と天皇供御の産品を生育・保存することにあった。

また、宮内省被管の官司に特徴的なことは、伴部の負名氏が多く所属していることである。大膳職・内膳司のほかにも、主殿寮（殿部―日置・子部・車持・笠取・鴨氏）[23]、掃部寮（掃部―掃部氏）、造酒司（酒部）、主水司（水部―水取・鴨氏）などがあり、各官司とも大嘗祭・新嘗祭・神今食の祭儀に深く関与してきている。その淵源は令制前からの内廷的性格を有していて、天皇親祭が古い伝統をもつものであることを傍証している。

『儀式』の神今食には、「神祇官参二神今食院一謂二中院一、内膳・造酒・主水等司受二備供御物一、参二祭所一供奉、神祇官受二取大膳・木工・大炊等職寮所レ進供神物一」とあり、神今食・新嘗祭に直接小斎の人として奉仕しない大膳職（小斎の給食を用意する）、木工寮《もく》（大嘗祭には廻立殿を建立）、大炊寮（新嘗祭用の稲を収納）の官司は供神物を用意する。内膳司以下の三司は神膳を準備する。また主殿寮は浴湯を設け、灯火を点す。掃部寮は神座を重ね、縫殿寮（『儀式』に「主殿寮」とあるのは誤りか）は御寝具（神御衣）をすすめる。

表4を見てわかるように、これらの天皇親祭祭祀は縫殿寮を除くと、ほとんど宮内省管下の官司によって、準備・設営が完結するようになっている。宮内省被管では正親司は別格（王氏が長官となる）であるが、その他は供神物の準備、神事の場の設営、神膳の用意と、ここで祭祀に必要な事項は完了できることになっている。

宮内省は、まさに天皇供御を中心とした衣食住と新嘗祭・皇祖祖霊祭の神今食など内廷的祭儀に深いつながりがあった。天武朝には神官が宮内省の前身といわれる宮内官と連繫して大規模の新嘗祭が展開していったと思われる。

天智朝以前の新嘗儀式については、官司との関係が不詳であり、孝徳朝の「祠官」とつながりがあることは確認できないが、宮内省の前身である「宮内官」成立以前は負名氏に連なる大化前代いらいの伝統的氏族が、それぞれ独自の職掌をもって天皇に直結して祭祀に奉仕していたと考えられる。

古代の国制機構は天皇直轄の家政的内廷官を基礎に、外廷組織が付加されて国家的機能をもつようになる。律令祭祀制は後者の典型的形態として運用されていくが、旧来の伝統的な天皇祭祀は、親祭儀礼であり、令制以前の祭祀形態と奉仕氏族をそのまま新たな国制機構の中に温存してゆく。天皇に直接つながる供御と祭祀をあつかう宮内官から宮内省へと国制機構の編成が進むが、宮内省とその被管官司のみは（一部の中務省管下も含めて）、律令国家体制の範疇とは一線を劃す天皇親祭祭祀（神今食と新嘗祭）を最後まで維持しつづけた。祭祀奉仕者の構成からみていけば、大嘗祭もその延長線上に位置づけられることは、大嘗祭が天皇親祭による新嘗儀礼から出発していることを裏付けるものであろう。

注

（1）渡辺晋司「大幣と官社制度」（『神道及び神道史』三一・三二合併号、昭和五十二年）。故渡辺晋司（当時、大学院修士課程一年）とは、神祇官、官社制度の成立をめぐって、何度も意見を交換したことが昨日のことのように思い出される。平成元年十一月一日は彼の十三回忌であった。懐かしさとともに、この論文を読むたびに悲しみが今も強烈に伝わってくる。研究者として第一歩を踏み出そうとしていた矢先、初稿をも手にすることができず、他界された。しかし、彼の学問は多くの研究者に引用され、その評価は高く、今も生きつづけている。そのことが何よりも嬉しい。

（2）『類聚三代格』巻一、寛平五年三月二日太政官符「応下殊加二検察一敬中祀四箇祭上事」。

（3）『政事要略』巻二六、十一月新嘗祭条に「寛平御遺誡云」「又云」と題して、逸文を収める。『年中行事抄』神今食事の条にも、「寛平御誡云、神今食日、必可下幸二八省中院一、以行中其儀上」とあり、同書、新嘗祭事の条もほぼ同文。

（4）早川庄八「律令制と天皇」（『日本古代官僚制の研究』、岩波書店、昭和六十一年）。

（5）小松（藤森）馨「神宮祭祀と天皇祭祀―神宮三節祭由貴大御饌神事と神今食・新嘗祭の祭祀構造―」（『國學院雑誌』九一巻七号、平成二年）。

（6）岡田精司『古代王権の祭祀と神話』塙書房、昭和四十五年）、西田長男、『日本神道史研究』第八巻「『神社』という語の起源そのほか」（講談社、昭和五十三年）、熊谷保孝『律令国家と神祇』（第一書房、昭和五十七年）、西山徳『増補・上代神道史の研究』（国書刊行会、昭和五十八年）、井上光貞『日本古代の王権と祭祀』（東京大学出版会、昭和五十九年）、西宮秀紀「律令神祇官制の成立について―その構造・機能を中心として―」（『ヒストリア』九三、昭和五十六年）、同「律令制国家の〈祭祀〉構造とその歴史的特質―宗教的イデオロギー装置の分析」（『日本史研究』二八三、昭和六十一年）など。

（7）西宮秀紀「律令神祇官制の成立について―その構造・機能を中心として―」（『ヒストリア』九三、昭和五十六年）。

（8）早川庄八、前掲論文（注4）。

（9）森田悌「祈年・月次・新嘗祭の考察」（『解体期律令政治社会史の研究』、国書刊行会、昭和五十七年）。

（10）『続日本紀』大宝二年七月己巳条。

（11）黒崎輝人「月次祭試論―神今食の成立を巡って―」（東北大学『日本思想史研究』第一〇号、昭和五十三年）。黒崎説に対する批判は、小松馨、前掲（注5）の論文に詳しい。

（12）東野治之「大化以前の官制と律令中央官制―孝徳朝の中央官制を中心として―」（『日本歴史』三六二号、昭和五十三年）。

（13）『類聚三代格』巻十九、禁制事、貞観八年正月二十三日太政官符「禁下制諸家幷諸人祓除神宴之日諸衛府舎人及放縦之輩求二酒食一責中被物上事」。

（14）月次祭の「月次」の意味について、早川庄八（前掲注4論文）は、『祝詞考』『玉勝間』以来の通説を支持され、

「やはり素朴に、文字通りの「毎月の」意味に解すべきものではないか、したがってこの祭祀は、嘗ては一年を通じて毎月行なわれたのではないか」と述べられている。しかし神今食に付随した「月次祭」の祭名は、伊勢の六月十二月の月次祭に相応して名付けられたものであり、小松馨注（5）論文の註記にあるように、九月神嘗祭に対しての「次」のまつりという意で、月次祭の祭名は伊勢祭祀に基づくものであろう。

（15）拙稿「大嘗・新嘗の淵源―倭屯田を訪ねて―」（『大美和』七七号、平成元年）、本書第一部第二章所収。

（17）『台記』仁平元年三月一日条。

（18）『小右記』永観二年十二月十一日条。『春記』長暦二年十二月五日条にも、伊勢事（神今食）について「加之伊勢事、大嘗会以後、皆所レ被二初行一也」とある。管見にふれた限りでは、光孝天皇が大嘗祭以前の元慶八年（八八四）六月の「月次神今食祭、天皇御二神嘉殿一親供祀焉」（『日本三代実録』）と斎行しているのが唯一の例外である。

（19）後藤四郎「内膳奉膳について―高橋安曇二氏の関係を中心として―」（『書陵部紀要』十一号、昭和三十四年）。

（20）日本思想大系『律令』補注、五二四頁（岩波書店、昭和五十一年）。

（21）福原栄太郎「『中務省の成立』をめぐって」（『ヒストリア』七七号、昭和五十二年）。「中務省と宮内省との相違は、（中略）両省の成立事情が宮内省は天武朝以来、大宝令制定以前の段階において天皇の家政的組織としてある程度の沿革を持って整備されてきているのに対して、中務省は大宝令制定時にそれまで独立していた官司や官職或いは新設の官をまとめて成立した」と論じている。

（22）東野治之「内廷と外廷―宮内省の性格を中心として―」（『続日本紀研究』二一二号、昭和五十五年）、小林泰文「令制宮内省の成立」（『日本古代史論苑』国書刊行会、昭和五十八年）。

（23）『日本三代実録』元慶六年十二月二十五日条。『北山抄』巻四には「召二氏々一事、仰二京職及国々一」とあり、「車持朝臣、子部宿禰、笠取直、伴、佐伯、石上、榎井」らの負名が列記されている。主殿寮の負名氏は、大嘗祭において、廻立殿にて小忌御湯ののち、「主殿官二人秉レ燭照レ路、車持朝臣一人執二菅蓋一、子部宿禰、笠取直各一人共膝行執二蓋綱一」（『儀式』）と天皇に従って悠紀殿に進む。「新嘗」いらいの天皇近侍の職であろう。しかし、新嘗祭には負名氏を伴う出御の行列はなく、一代一度の大嘗祭の方にのみ象徴的に残されることになった。

（追記）本章では男官の国制官人機構とのかかわりに重点をおいて論述してきたが、女官との関係も重要である。天皇に近侍する後宮の女官は、内侍司、闈司のほか書司（図書寮に相当）、蔵司（内蔵寮）、縫司（縫殿寮）、殿司（主殿寮）、薬司（典薬寮）、掃司（掃部寮）、膳司（内膳司）、酒司（造酒司）、水司（主水司）、兵司（兵庫寮）の十二司があり、ここに女孺、采女ら宮人が配属された。この十二女司は、天皇親祭に深く関与した男官の中務省・宮内省の被管官司と相応しており、天皇への供御をはじめ身のまわりの世話をするとともに、親祭祭祀にも仕えた。のちの内侍所（賢所）祭祀も、天皇親祭祭祀の発展的形態として把えることができよう。

第五章　文化史学からみた大嘗祭

一　古代〝衣食住〟空間の再現

長い歴史と伝統に支えられてきた大嘗祭は、前段の諸祭儀（抜穂・鎮魂など）、当日の卯日神事（悠紀殿供饌の儀・主基殿供饌の儀）、さらに節会（大饗《たいきょう》）などからなり、舞楽や和歌・屏風絵の芸能・美術の面でも、すぐれた内容が含まれていて重層的文化要素を構成してきた。

歴史学・国文学・神話学・民俗学・宗教学などの諸学の縦割り的考察からでは、大嘗祭のもつ意味を十分に描くことはできないであろう。

大嘗宮を中心祭場として斎行される大嘗祭には、日本人の伝統的文化や生活様式が凝縮されており、古代〝衣食住〟文化の空間と時間がそのまま現代に再現される。古代から現代へと引き継がれてきた日本人の心と生活様式を探る原点として、大嘗祭を位置づけていく新たな文化史的視点も重要である。

二　「住」生活の継承

天皇親祭によって大嘗宮の正殿（嘗殿）に迎えられる神は、皇祖神天照大神（および天神地祇）であるが、この祭りの場が、伊勢神宮の神明《しんめい》造りの神殿形式とは異なることから、一部に祭られる神は天照大神ではないとみる批判の説がある。

しかし、この批判は当っていない。伊勢は大神の鎮まる常住の神殿であるのに対して、大嘗宮は天皇の御在所内に仮設の日常生活の〝場〟を聖空間としてつくり、神迎えの所としたものである。

伊勢の神宮正殿の周囲には、瑞垣《みずがき》・内玉垣・外玉垣・板垣の四重の柵状施設がめぐらされている。最近の考古学の発掘調査でも、古代祭祀空間の区画は、柵列遺構の出土例が多く板垣や柵列を設けて聖域をあらわしていたことが明らかになってきた（天理市櫟本《いちのもと》高塚遺跡、前橋市鳥羽《とりば》遺跡など）。

ところが、大嘗宮の悠紀院・主基院を囲む宮垣は、貞観の『儀式』によれば柴垣で作られることになっており、奈良時代の平城宮に設けられた大嘗宮の垣も発掘によって、柴垣を据え付けるための素掘り溝の跡であることが想定されている。

もともと柴垣は、青葉の繁った常緑樹の小枝を立てならべたもので、これも神聖な宮域を意味したものであったが、のちには木の枝（柴粗朶《しばそだ》）を束にして列《つら》ねた。垣根の歴史のなかでも柴垣は起源が

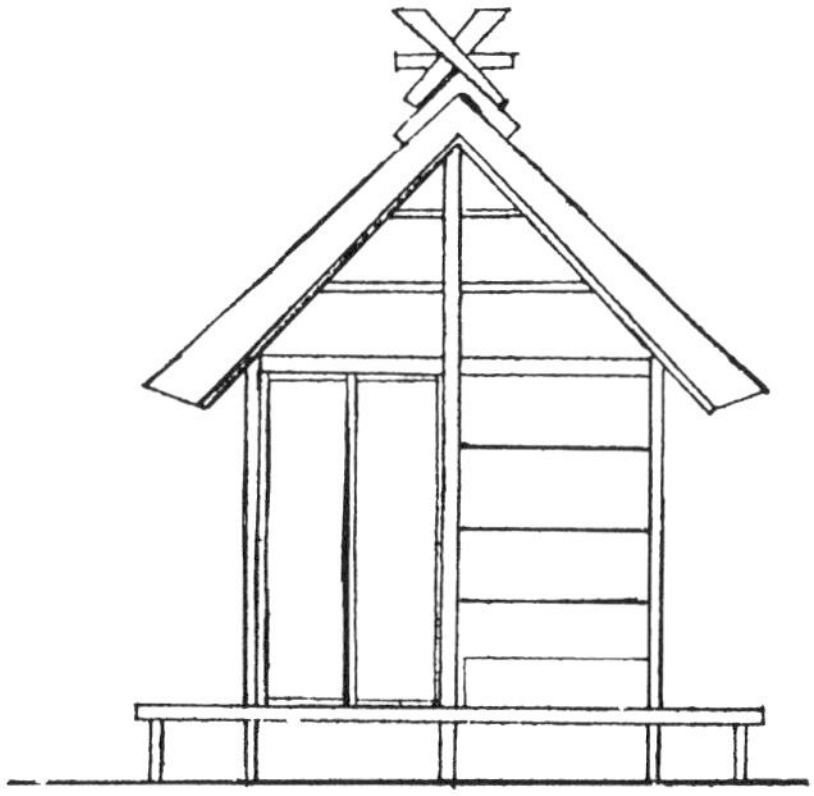

正面図

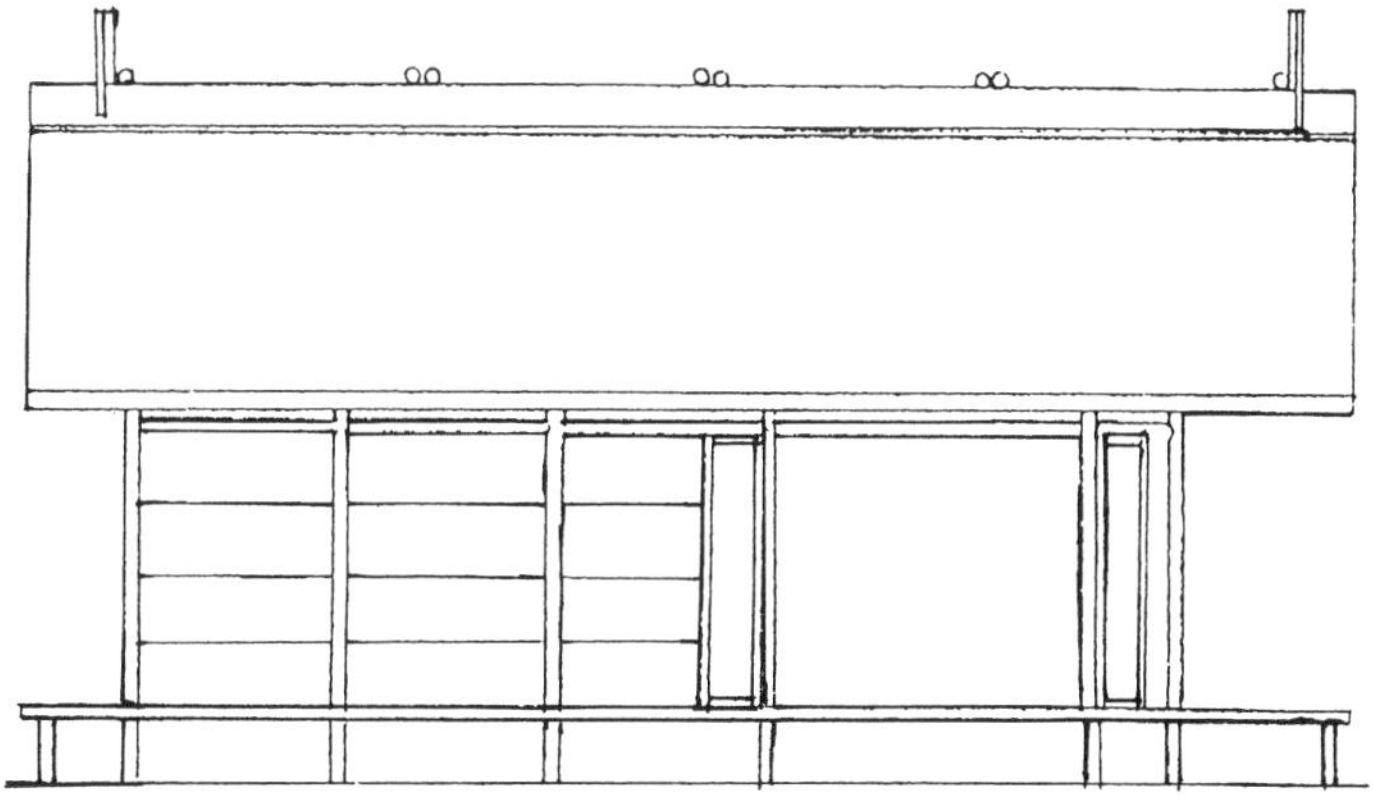

側面図

図 13　近世大嘗宮正殿（悠紀殿）

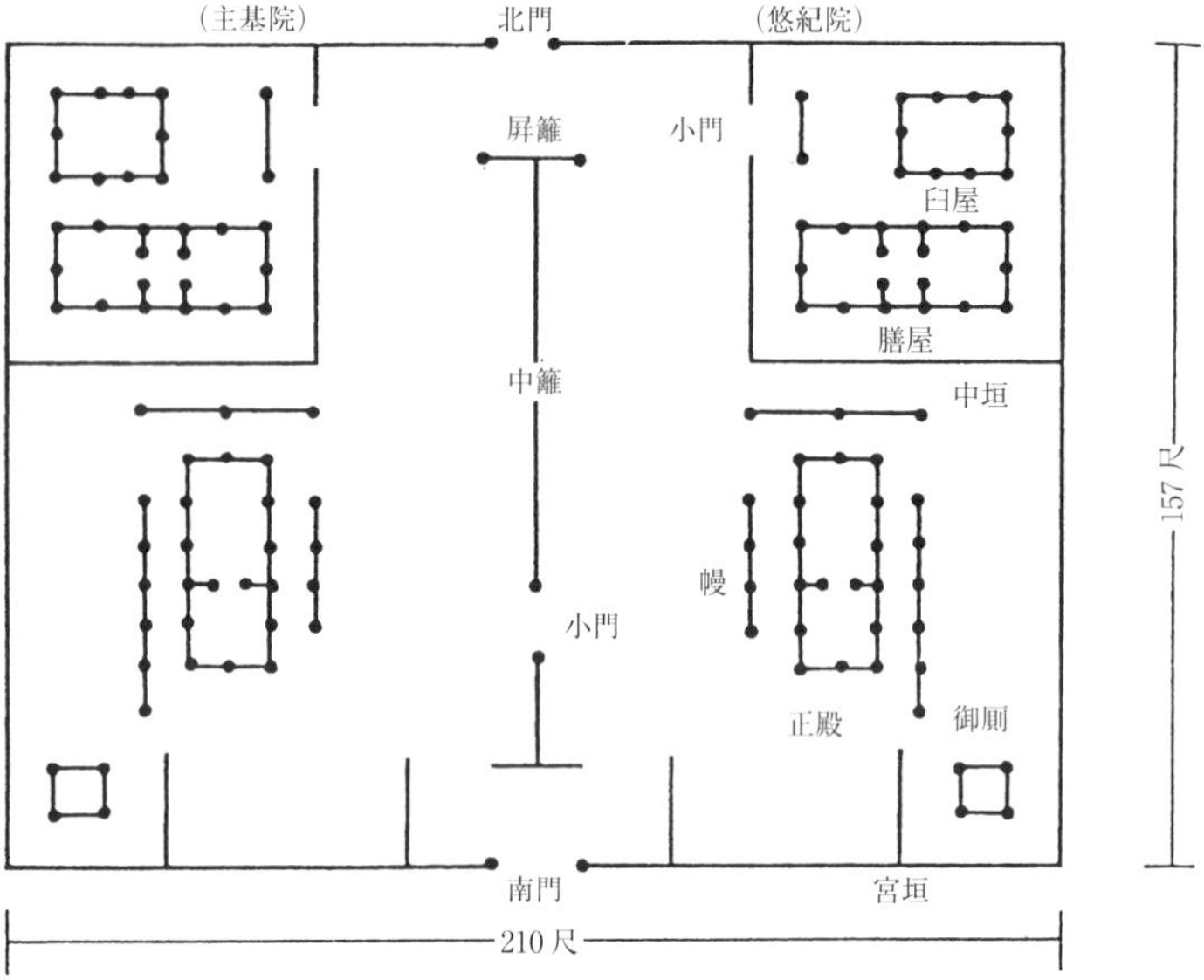

図 14　平城宮の大嘗宮

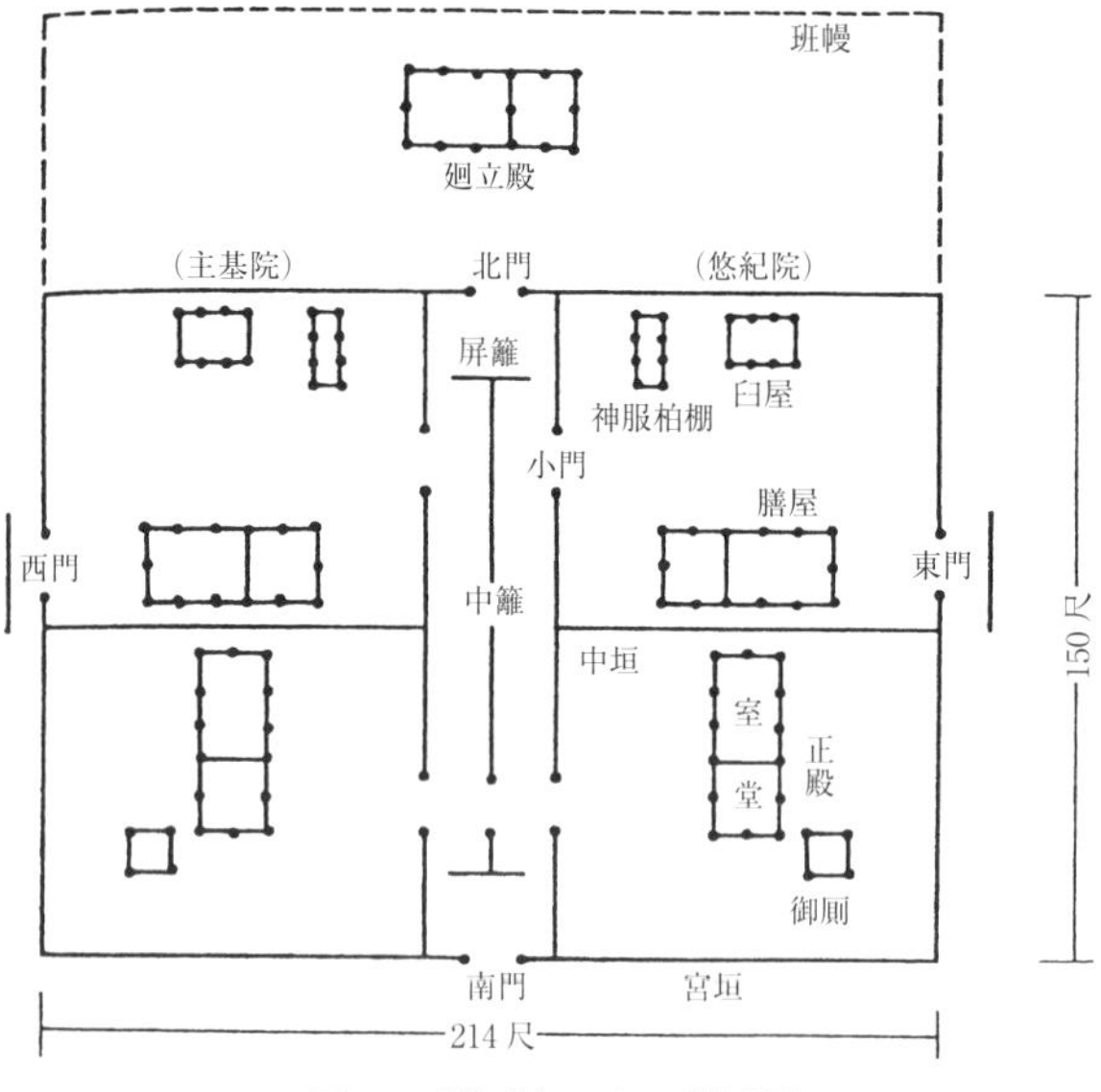

図 15　『儀式』による復原図

古く、現在の大嘗宮まで、その形式を伝えている（萩柴を使用）。

大化以前の天皇（大王）一代一宮制において、天皇の住居のある宮殿号には、崇神天皇の磯城瑞籬宮をはじめ宮垣名をあてて宮殿号とする例は多い。とくに丹比柴籬宮（『日本書紀』反正天皇）、泊瀬柴籬宮（『日本書紀』欽明天皇）、倉椅柴垣宮（『古事記』崇峻天皇）の三例は、天皇の生活空間（宮都）が柴垣によって囲まれていたことを示しており、このような宮垣は多かったと推定できる。

それは天皇一代一度の大嘗宮の営造にあたって、はるか昔の宮都の垣の形式そのままに表現されている。大嘗宮こそは、大神を迎えて天皇と交歓される神祭りの聖空間となるのであるが、柴垣に囲まれた宮殿の造作は、天皇の生活住居空間の再現を意味したものにほかならない。柴垣は中世には広く民間にも流布し、『一遍上人絵伝』をはじめとする絵巻物には、家の垣根として柴がしばしば登場する。

大嘗宮は東の悠紀院と西の主基院に分かれ、両院は左右対照して設営される。古代においては住居空間の正殿（嘗殿）と御厠は南に、柴の中垣を隔てて北に食膳調理のための臼屋・膳屋《かしわや》がおかれる（近世以後は柴垣外に膳屋をもうけ、現在は臼屋にあたる稲舂舎《いねつきのや》は膳屋のなかにある）。祭儀の中心の場となる正殿（嘗殿）は、北の内陣（室）と外陣（堂）からなり、黒木柱（皮を剥がさない簡素な形式）を用いた萱葺き切妻造り妻入りの古代建築の形態が踏襲されてきた。

内部（室）は地の上に直接草を敷き、竹の簀子《すのこ》をならべ、その上に筵（藁のムシロ）がおかれた。

平安後期からは、床を高くして簀子・筵を重ねる形になるとともに、正殿の外、周囲には竹簀子の縁と階段が設けられた。なお、昭和のときにも大量の藁の筵と縄が使われており、筵は大嘗宮の嘗殿に全面にわたって敷かれたのであろう。また、外部との遮断のための青草を蔀《しとみ》とし、その両面を筵で重ねた。近世の再興後は、近江表（藺草《いぐさ》の畳表）が流布するようになり、床の上にも、蔀の壁にも、全面に若草色の美しい畳表が張られた。

さて、右に記した床の設営は、古代人の住居形式を受けつぐものであり、もともとは竪穴式住居のような古代庶民の生活においても、竹の簀子と筵は多用されていたであろう。

藁が敷かれていたことは、「直土《ひたつち》に藁解き敷きて、父母は枕の上に妻子どもは足の方に」と詠まれた山上憶良の有名な「貧窮問答歌」からもうかがえる。

川崎市の日本民家園には、近世の農家二十数戸が移築されている。その一つ、貞享四年（一六八七）に建築された神奈川県秦野市の旧北村家は、高さ五〇《セン》《チ》のところに竹の簀子を敷つめ、囲炉裏《いろり》の周りや起居する所には筵がおかれている。

もう一戸の山梨県塩山市の旧広瀬家は、食事をする所が土間とひとつづきであり、莚を地面の上に直接敷いた土座《どざ》のある簡単なつくりである。この二戸の床の形態は、大嘗宮正殿と同系統に属する。

近世、近代の農家には、右の形式がよくみられた。客間だけは畳敷であるが、日常家の者が使う部屋は板敷に筵をしく例も多い。現在は民家園に移築され、文化財に指定されて幸い残されていること

図 16　竹の簀子と筵（旧北村家，川崎市日本民家園）

図 17　土座（旧広瀬家，川崎市日本民家園）

になったが、農家に長い間伝えられてきた形式は、今の大嘗宮に、古代のまま踏襲されている。嘗殿の造りから、藁が多量に使用されていたことがわかる。農民文化は藁の文化でもあり、敷物としての莚はもとより、藁を使った生活用具は沢山ある。近世の農家の様子を描いた図絵には、藁の生活と一体であった当時を知ることができる。

正殿（室）の中央におかれる神座は、幾重にも薦《こも》を重ね藺草を編んだ畳が設けられた。畳は記紀にもみえ、正倉院にも、その断片が残されている。それは薦《こも》六重に藺畳をのせ、麻糸で綴じ、裏には麻布がつけられていて、神座の八重畳の作りに類似している。日常生活に使用された寝具の畳が、神祭りにも用いられていることは、皇祖の神が天皇在住の〝場〟に招かれていることにほかならない。

藺草の畳は貴重な最高級の生活寝具である。平安時代の絵巻物にも、臥したり休んだりする場所にだけおかれていて、最高の賓客（＝天照大神）のお休み所として用いたのであろう。常識から考えて、家の主人（天皇）が賓客（大神）を放っておいて、みずから藺畳の最上の座（神座）につかれ臥す所作があるとは考え難い。これまでの通説とされてきた天皇による〝寝座秘儀説〟は、過去の学説史の中でのみ生きつづけるであろう。

三　「衣」──神の寝具と装束

嘗殿中央の神座八重畳の上には、中臣・忌部に率いられた縫殿・大蔵の官人が御衾・御単をおく（『儀式』『北山抄』）。白生絹で作られた神の御衣は、神の用いる寝巻（寝間着）である。北の足元には御沓、坂枕の枕元には、打払布、御櫛・御桧扇の神の調度品が並べられる。

そして、神座の左右には竹製の入目籠《いりめのかご》に納められた繒服《にぎたえ》・麁服《あらたえ》の絹と麻布がおかれた。この麁服の麻は、大化前代いらい（大嘗祭以前の新嘗儀礼から）阿波忌部氏によって調進され、鎌倉時代後期までつづいた（「三木家文書」）。近世には阿波忌部氏に代わって、陰陽道《おんようどう》の宗家である土御門家が忌部代として奉仕した。

麻（大麻または苧麻《まお》）を栽培し繊維織物として加工するようになる歴史は古く、古墳時代以前までさかのぼる。記紀や『古語拾遺』にも、その様子が記され、とくに阿波忌部氏は、大嘗祭ごとに、麻織物を貢進してきた。

『日本書紀』神代上は、新嘗祭祀（大嘗祭）の起源を神語りとして伝えている。

是の後に、素戔嗚尊の為行、甚だ無状し、何とならば、天照大神、天狭田・長田を以て御田としたまふ、時に素戔嗚尊、春は重播種子《しきまき》し（中略）、且畔毀す（中略）、秋は天斑駒を放ちて、田の中に伏す、復天照大神の新嘗きこしめす時を見て、則ち陰に新宮に放屎《くそま》る、又天照大神の方に神衣を織りつつ、斎服殿に居しますを見て、則ち天斑駒を剥ぎて、殿の甍を穿ちて投げ納る、

とあるのは、新宮に必要な御田（斎田）の稲作りと神衣《かんみそ》を織る二つに尽されている。大嘗祭の前段諸儀の中心は、この稲作り（悠紀田・主基田）と機織りは欠かすことができない。

次に祭り主である天皇の装束は、廻立殿における小忌御湯の儀ののち、最高の神事服である御祭服に着替えられる。神聖・清浄を表現する白色の装束であり、清々しさを醸《かも》し出す。白色は神祭りに使われる尊い色であり、また無色の質素をも意味した。大嘗祭の天皇装束は麁《そ》悪な荒い絹を用いており、古式の簡素な装束を着用することにより、いにしえの原初のときの〝まつりごと〟を司る祭り主として大神に最も近づくことができた。

天皇に従って祭儀に奉仕する官人たちは上衣に小忌衣《おみごろも》を着用する。白い布に山藍《やまあい》を用いて梅・柳・蝶などの文様を木製にあてて摺り染めたもの。山藍は山地に自生するトウダイグサの常緑多年草で、わが国最古の染料植物といわれる。生の葉を砕き、その汁を布に摺りつけ、緑色に染めた原始的な仕様で、これを山藍摺りという。昔ながらの摺り染めが、神事の斎戒のための神事服として、祭りごとに染められた。色素は葉緑素で変色しやすく、一度限りに使われ、つねに新しい山藍の葉汁によって摺られたのであろう。山藍の緑、そして冠につけるシダ類の日陰の蔓も山麓に生える常緑多年草である。常緑草のもつ永遠の生命力といった観念が古代人には重視されたのであろう。

四 「食」——神饌

神饌調理の場は、正殿北の膳屋（現在は柴垣の外、東西に悠紀膳屋、主基膳屋が設営される）であり、『儀式』に「其制同㆓正殿㆒」とあるように建築形式は正殿と違いはない。稲は臼屋で舂《つ》かれ、御飯を炊き、膳屋内の盛所で調理・配膳される。

昭和の例でも、膳屋内に設けられた稲舂舎において、臼を囲んで楽官が稲舂歌を奏する中、女官によって杵で稲をつく所作が行われる（悠紀の儀は午後六時半頃、主基の儀は午前〇時半過ぎ）。臼と竪杵《たてぎね》は弥生時代の遺跡から出土しており、杵をつく姿は銅鐸にも描かれていて、その起源は古い。農民生活と臼と杵は、近代まで切り離せない存在であった（今では農家の片隅に放置されたり、民俗資料館に保存されるのみとなったが）。弥生の時代から穀物の調製は女性の仕事とされており、女官の奉仕も、その形式を今に踏襲されてきた。

膳屋は〝かしわや〟といい、神膳調理の所であるが、天皇の供御に仕えてきた膳《かしわで》氏（高橋氏）は内膳司に任じられ、供御のほか神祭りの御膳《おもの》（神饌）の準備にも携わり、新嘗祭や大嘗祭には同職の安曇氏に先んじて神饌行立に加わった。また食膳調理人を膳部《かしわで》といい、ともに「膳」を〝かしわ〟と訓ませてきた。これは柏（槲）の葉に由来している。

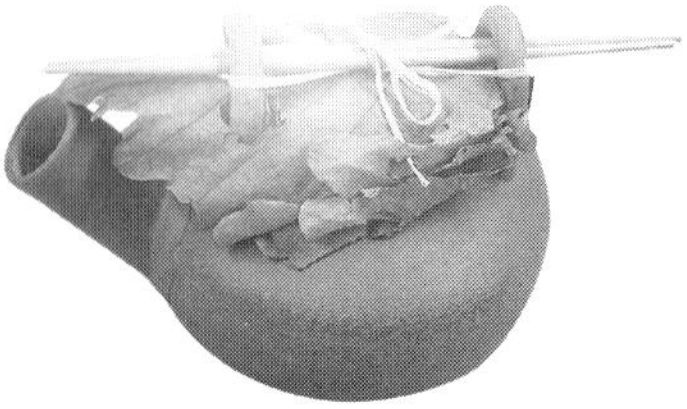

平居瓶

枚手（左）・窪手と竹箸（右下）

多志良加

葛　筥

本　柏

図18　宮中新嘗祭で使用される祭器具（國學院大學博物館所蔵）

柏はブナ科の落葉木で、その葉には耐久性があり、食物を蒸すことに使ったり、炊《かし》いだりするために用いられた葉であることから〝かしわ〟と称してきた。

食物を盛る器《うつわ》としては、考古資料の土器が残存率も高く、一般にもよく知られている。しかし、古代人の食生活において、土器の使用とともに、食物を盛り、また炊いだ炊葉《かしわ》（柏）も、遺物として残されにくいが、多量に使用されていたと推定される。柏は日本列島のどこからでも入手でき、やせ地や乾燥地にも強い木である。

大嘗祭には、この柏の葉を重ね、竹の針で編んだ枚手《ひらで》（葉盤）と窪手《くぼて》（葉椀）が数多く作られる。枚手は自然の葉で作った皿であり、窪手は御膳《おもの》を盛る器である。天皇の悠紀・主基の供膳の儀において、一つ一つ丁寧に窪手に入っている神饌をピンセットの形をした竹箸を用いて枚手に移し、大神に奉る。この所作が古来より「秘事」とされてきた（これ以外の〝秘儀〟は存しない）。

伊勢の神宮でも、明治以前までは吉津御厨（南島町の東宮）の地から三角《（瑞）》柏《みずかしわ》が三節祭（神嘗祭と月次祭）に貢進され、この柏の葉を正殿下の心御柱の前に重ねて、神饌が供えられたという。今も地方によっては、盆行事などに、柏とは限らないが、葉の上に御飯や餅などを供えて、祖霊を慰める儀礼が残されている。

しかし、大嘗祭ほど、古式にのっとった食生活の様式が残されている例は数少ない。或は唯一といっても過言ではなかろう。御膳の供進の器（葉盤と葉椀）の中にも、簡素を旨とする古代人の心が伝承されている。

大神に奉られる神饌は丁重に聖別された中で調理され、最高の品々が供えられる。悠紀・主基の斎田でとれた稲の初穂で御飯がつくられ、残りで白酒・黒酒の御酒が造られる。このほかに、鮮魚《なまもの》として甘塩鯛・鮨鮑《すしあわび》・雑魚腊《ざこのすし》・醤鮒《ひしほふな》の四種、干魚《からもの》として蒸鮑・干鯛・堅魚・干鯵の四種、菓子《くだもの》として干《ほし》棗《なつめ》・搗《かち》栗・生栗・干柿の四種のあわせて十二種と、内膳司高橋氏の鮑の汁漬、安曇氏の海藻の汁漬が準備され、神饌行立ののち、天皇みずから大神に奉られ、最後に御飯と白酒・黒酒を天皇自身がいただく直会《なおらい》が行われる。

稲を除くと、海産物が多いことに気がつく。天皇への供御の御贄に海産物が多かったように、大神への供膳も、棗、栗、柿の山里の幸を除けば、大方は海の幸である。なかでも鮑（鰒）は最高級の海産物であり、一般には今でもなかなか口に入らない最上の品である。伊勢の神宮では、由貴大御饌供進の重要な神饌に志摩の国崎《くざき》からとれた生鰒と干鰒を供える。御贄調舎における神饌調理の最後の儀式が鰒に刀子で切り口をつくり塩をかける所作であることは、如何に、古代において鰒を供えることが大切であったかを知ることができる。大嘗祭と伊勢の祭祀には、今もこのことが伝習されている。

最高の賓客である大神をもてなすためには、聖別された最高の山海の珍味である神膳が供された。

簡素を旨とする食膳の容器とは反対に、「食」の神膳は最高の品が揃えられた。ここだけは、古代人の庶民的生活文化とは一線を劃している。それは、丁重に大神をもてなすことによって、大神の霊威がたかめられ、この霊威を享受することができるからである。

五　藁と竹の農民文化を残す

農民文化といえば、農具・民具に代表されてきた藁を使って編んだ用具と竹細工であろう。合成・プラスチック用品が流布する以前の二、三十年前までは、まだ藁と竹を利用した文化が主流であった。しかし、今は観光用の民芸品として残されているほかは、生活文化としての面影はない。

ところが、大嘗祭の場には、〝衣食住〟文化の象徴的空間の中に藁と竹が美事に生きつづけている。そして柴垣や葛筥《くずばこ》も。

ピンセット形の竹箸が考古遺物として発掘された例は少ないが、大阪府豊中市の海浜集落趾である島田遺跡からは、長さ二〇チセンの真竹を用いた大嘗祭と同型の竹箸が出土しており、食生活に使用していたことが理解できる。「住」における竹の簀子、繒服・麁服の入目の竹籠などから、竹の文化史の原点を推測することが可能であろう。それが、後世の竹垣や生け花の竹籠などへと引き継がれていった。大嘗祭は古代人の生活文化を映し出す生きた文化遺産でもある。日本民俗史の将来のためにも、柳田国男の心を継承して未来に伝えていく必要があろう。

大嘗祭には、もう一点、葛筥とよばれる生活用具が使われる。御刀子筥、御巾子筥《たなごい》（手拭の白布を納める）、御箸筥、御枚手筥をはじめ神饌を入れる筥として用いられる。葛はマメ科のつる性多年草で、秋の七草として有名である。古来より葛粉の吉野葛は知られており、また葛布の織物も伝統工芸品として静岡県の掛川に残されている。葛蔓は大嘗宮建築のヒモの用途としても使われている。そして葛筥は特別のそれぞれの製法により、緯《よこ》糸と経《たて》糸をつくり編みあげていく。

葛編に用いる材料の作り方は大蔵永常の『製葛録』に記されているが、現在では、大嘗祭に新たに作られるほかは、伊勢神宮の二十年一度の遷宮に御装束の調度として作られているにすぎない。伊勢では白葛筥一合のほか、荒筥三合、日葛靫二腰、胡簶《やなぐい》三腰にも葛編が施される（寺西正氏「葛編の御料」）。奈良時代の調度品を遺す正倉院にも葛筥のほか葛筥の漆塗りや葛製の胡簶などが残されており、平安時代以降では春日大社と称名寺に白葛筥が所蔵されているが、その数は現在ではきわめて少ない。

奈良時代以前からの難しい製法が、そのままの形で千三百年の時間を超えて現代の大嘗祭と神宮式年遷宮の用具・神宝に継承されつづけていることは、驚歎すべき事実といえよう。こうした工芸技術は一度断絶したら、その製法も技術者も、二度と復元することはできないのである。

六　歴史的考察の限界

大嘗祭の時代的推移を把え、歴史的展開を考察していくことは、日本史の研究にとって有意義である。古代・中世における国制機構の変化によって大嘗祭はどう位置づけられていったか。とくに経済的問題と戦乱の激化によって大嘗祭も式年遷宮も宮中の諸行事も中絶を余儀なくされていった。

近世に入り安定期の時代になっても、大嘗祭の復興がなかなか進まなかった理由の一つには、徳川幕府の対朝廷政策の意図があったことはいうまでもない。こうした観点をみていくと、大嘗祭は時代の世相、とくに政治的動向を直接反映していたということになり、歴史研究の立場からは有効であるとともに、大嘗祭が斎行される環境は一貫していなかったという結論を導き出すことが可能である。しかし、それは政治史的視野からの一解釈であるにすぎない。

大嘗祭の行われる場（朝堂院から紫宸殿前へ）をはじめ、大嘗宮の規模の大小など変遷はあるものの、文化史的観点から考えていくと、その本質部分には何ら変更はみられない。古代〝衣食住〟文化を現代に再現する儀礼であり、また、古代の原初の形式に帰ることでもある。

ますます進む国際化の中で、わずかに一世代一度だけ日本人としての心を映し出す時間と空間が大嘗祭であるといっても過言ではなかろう。

付章　大嘗宮について

一　大嘗宮設営の〝場〟

祭儀の斎行される聖空間である大嘗宮の設営は、古代いらいの簡素・素朴な形式が順守されてきた。それは一条兼良の揚言された「神代の風儀をうつす」（『代始和抄』）ことであり、二条良基の「天子の代のはしめに大神宮（注＝天照大神をさす）以下にたてまつらせ給ふ神膳なれは、いかほとも結構せられて金銀の器なとにてこそまいるへけれとも、たた器かしはの葉はかりをあみつらねて御膳の器にそなへたり、神代の風俗倹約をさきとせられける事のいみしさ」（『永和度大嘗会記』）とある意見とも共通する公家社会の伝統意識であった。

『日本書紀』仁徳天皇即位条に、難波高津宮を造営し「即ち宮垣・室屋、堊色《うはぬり》せず、桷《はへき》・梁《うつはり》・柱・楹《うだち》・藻《ゑかき》飾《かざ》らず、茅茨蓋くときに割斉《ととの》へず、此れ私曲の故を以て、耕し績む時を留めじとなればなり」

とある新宮（新室）の建築に対する簡素を旨とする精神的継承を代替りごとに確認していくことも、祭祀を伝承していく構成要素の一つとなっている。その意味で大嘗宮の建築が時代の移り変わりの中で、どう位置づけられてきたのか。大嘗祭について照らす、もう一つの視点にもなってくる。

大嘗祭の神事が斎行される悠紀殿・主基殿の嘗殿をはじめ膳屋《かしわや》・臼屋など、諸殿舎を総称して大嘗宮という。

平安時代いらい、毎年の新嘗祭は常設の建造物、神嘉殿が使われ、一代一度の大嘗祭については、成立当初から仮設・新造の新宮を建てて執り行われてきたと思われるが、大嘗の淵源・原型ともいえる新嘗も、本来は仮設の新宮を作造して行われたであろう。毎年十二月の奈良県の〝春日若宮おんまつり〟に、仮設、黒木造りの御旅所が作られ、神の来臨を待つのは、そうした古い形式を伝えている。

国家的儀式の〝場〟は大内裏朝堂院（八省院）を用いることが原則とされ、即位の儀は朝堂院の正殿、大極殿に高御座を設けて行われ、大嘗祭は朝堂院内の大極殿閤門（竜尾道のところ）の前庭（朝庭）に祭場が特設された。

大嘗宮の祭場が文献に残されている古い例は、平城宮の大嘗祭を記述した『続日本紀』に孝謙天皇（天平勝宝元年〈七四九〉、南の薬園の新宮）、淳仁天皇（天平宝字二年〈七五八〉、乾政官〈太政官のこと〉院）、光仁天皇（宝亀二年〈七七一〉、太政官院）、桓武天皇（天応元年〈七八一〉、太政官院）の四例を見い出すことができる。平城宮で大嘗祭が斎行されたと推定される七天皇のうち、四天皇の祭場は右のとおり判明する。『続日本紀』では異例のあるとき、とくに記載される編纂方針がとられており、この四例は、本来の国家公的儀式の場（朝堂院）からは、はなれた特例とみなすことができる。残る三天皇の元正天皇（霊亀二年〈七一六〉）、聖武天皇（神亀元年〈七二四〉）、称徳天皇（天平神護元年〈七六五〉）は、「大嘗」とあるだけで、場所の記載はないが、正規の〝場〟である朝堂院が祭場とされたのであろう。

このことは近年の第二次朝堂院発掘調査により、三時期にわたる仮設の掘立柱や柴垣が建てられたと推定できる数多くの柱列の跡が確認されており、右の三天皇の大嘗宮であった可能性は濃厚である（『昭和五十九・六十年度平城宮跡発掘調査部発掘調査概報』）。

奈良・平安時代の即位儀は、大極殿の焼失などにより再建されていない時に限って、豊楽院・太政官庁（例外として紫宸殿）が使われたが、基本的には大極殿が公的の場とされ、大嘗宮も、その前の朝堂院の庭を祭場としてきた。しかし、治承元年（一一七七）大極殿・朝堂院焼失後は再建されず、ために安徳天皇の即位と大嘗祭は、源平合戦や福原遷都という異常事態も手伝って紫宸殿で行わざるをえない状況であった。以後、中世の即位は太政官庁、大嘗祭の宮地は朝堂院のあった故地（竜尾道の前庭）を用いて、室町後期の中絶時（後土御門天皇）までつづいた。

北朝・後円融天皇大嘗祭（永和元年〈一三七五〉）の様子を二条良基は『永和度大嘗会記』に、

大極殿のあと竜尾道のまへにて、腰輿にめしうつらせ給ふ。今はいづことも見えず、草の原にてあれども、猶昔のあとをたづねてめしうつらせ給なり。廻立殿へは宮中の行幸の躰にて腰輿にめさるる也、むかし大内の中の行事はみな腰輿なり。廻立殿の南面に御輿をよせておりさせ給ふ。この廻立殿は、昔はうるはしき殿舎にて侍れど、いまはかたのごとくのかりやにて侍るなり。

と記している。

かつての国家儀式の場は、荒廃していたことがうかがえるが、それでも「古跡」を求めて大嘗宮が設営されている点に、国家儀礼の象徴性として伝統的〝場〟の問題が重要視されていたことを知ることができる。

中絶から二百二十一年（正確には後柏原天皇以後であるので百八十有余年、即位後とすれば百六十六年）を経て、東山天皇大嘗祭が復興され、中御門天皇中断ののち、以後は江戸末の孝明天皇大嘗祭まで紫宸殿の南庭が祭場とされた。これは大嘗祭中絶後の即位儀（後柏原天皇〜）が内裏の紫宸殿を公的儀式の場としてきたことに相応した措置であった。再興に際しては、かつての朝堂院の「古跡」の地の斎行も考慮されたのであろうが、すでに人家が入り込み厳粛な祭儀の場には、ふさわしくない状況となっていた。

こうして、近代を迎えるに至るが、明治四年（一八七一）の大嘗祭は、まだ政情不安定の時期であり、京都に遷幸して大嘗祭を斎行する余裕はなく、東京の宮城内、吹上御苑があてられた。ついで登極令の制定により、大正・昭和の大嘗祭は即位礼と連続して行われ、二つの儀式の日程が接近していることから、即位礼は京都御所の紫宸殿に旧例通り行われ、大嘗宮は御所の東に所在する仙洞御所内を用いる例が開かれた。

そして、今次の平成の大嘗祭は天皇在住が四代つづいている東京の皇居が名実ともに公的儀礼の〝場〟と位置づけられ、即位礼（皇居宮殿）と大嘗祭（東御苑）が、今秋斎行されることになっている。

歴代天皇の皇位継承礼は、古来より宮都となるべき地を祭場としてきたのが長い慣例であった。その意味では、平成の即位・大嘗祭の〝場〟が、ともに東京・皇居内に定められたことは、今後の先例となるであろう。

二　大嘗宮の規模と主な殿舎

『儀式』『延喜式』によると、大嘗宮は東西二一四尺（六三・三メートル）、南北一五〇尺（四四・四メートル）の広さをもち、その中心線に中籬《なかがき》、東を悠紀《ゆき》院、西を主基《すき》院といい、各院の南に正殿（嘗殿）・御厠《みかわや》、中垣を隔てた北には膳屋・臼屋・神服柏棚が配置され、これらの殿舎を囲む周りには柴垣をもって外部と区画し、聖空間を作り出している。悠紀院東門の屏籬《へいがき》は悠紀国、主基院西門の屏籬は主基国によって作ることが定められており、大嘗宮の悠紀院は悠紀国、主基院は主基国の国司以下の人々によって祭りの一週間前にとりかかり、五日間で造りおえ、祭儀終了後（辰日）は直ちに撤去することになっていた。

小忌御湯の儀を行い帛御袍から御祭服に召し替えられる廻立殿《かいりゅうでん》は厳密にいえば大嘗宮の内には入らない。大嘗宮の北門のそと、北方の宮内省の木工寮が管轄して建てられた。朝廷の官司が造立に直接かかわっていることも、大嘗宮造営とは一線を画していたことになる。

奈良時代の大嘗宮の規模は、平城宮の第二次朝堂院発掘によって、ほぼ全貌が明らかになってきている。それによると、平安時代の構成と大きな違いはなく、正殿（嘗殿）、膳屋、臼屋など同一規模の建物が造立されていた。その大嘗宮地の広さも、東西二一〇尺、南北一五七尺で、南北がわずかに広くなっているほかは大異はみられない。

近世の再興後は、紫宸殿南庭を祭場としたため、従来通りの広さをとることはできず、また経済的理由も加わって、宮地（柴籬内）は東西九六尺、南北六〇尺と半分以下に縮小され、膳屋（神膳調理の舎）も宮外におかれた。貞享の再興後、膳屋は月華門の南北に設けられ、文政の仁孝天皇大嘗祭から、嘗殿の外、東西に悠紀・主基の膳屋がそれぞれ新造され、以降はこの例が踏襲されている。

明治以後は宮地を広くとれることが可能になり、柴籬の外に二重の板垣が廻らされ、幄舎も数多く設けられた。つづく大正の大嘗宮は、皇后宮帳殿、庭積机代物の帳殿、風俗国栖古風幄をはじめ小忌幄舎、殿外小忌幄舎も設けて整えられた。その広さは柴籬内の東西二四〇尺（七二・七メートル）、南北一八〇（五四・五メートル）で、平安時代に比べて一〇メートルほど広くなっている。これは後述するように嘗殿が広くなり、簀子縁がつけられ、場所を広くとるようになったこと、皇后宮帳殿をはじめとする新たな殿舎が加わったためであろう。

三　正殿（嘗殿）の建築構造

大嘗祭の中心祭儀は悠紀院の正殿（悠紀殿）と主基院の正殿（主基殿）において、繰りかえして同一祭式が実修されるとともに、その正殿（嘗殿）の建築構造も同一形式で作られている。

正殿は古代においては、東西二間一丈六尺（四・七二メートル）、南北五間四丈（一一・八メートル）、北三間を室（内陣）といい、南は堂（外陣）と称した。神座（寝座）を設け、大神と天皇との間で各二時間以上にわたる共食儀礼が行われるのはもっぱら室においてである。

近世の貞享再興時には「今度御庭セバキ故、丈尺被レ減也」（「壬生家記」）とあるとおり、南北の長さは狭くなり、東西の間口は二尺ばかり増えている。さらに明治の大嘗祭は横幅が広くなり（東西二丈四尺）、大正・昭和の制では東西二丈七尺（八・一八メートル）、南北四丈五尺（一三・六メートル）の広さになった。

さて正殿一宇の構造は、柱の高さ一丈（二・九六メートル）、椽《たるき》の長さ一丈三尺、木の皮のついたままの黒木を柱とし、青草をもって屋根をふき、甍には五尺の堅魚木八枝を置き搏風《ちぎ》をのせる。屋根裏より落ちる塵を防ぐための承塵《しょうじん》の骨には檜の竿を使って黒葛で結び、小町蓆《むしろ》を取り付ける。切妻造妻入りの簡素な建物である。

その室（内陣）周りの壁には表に伊勢斑蓆、裏は小町蓆の草をもって蔀《しとみ》とする。地には束の草を置き、その上に播磨の簀《すのこ》（竹で編んだむしろ）と蓆を敷く。室に比べて堂（外陣）は開放的な構造であり、室との境には布の幌をかけ、東南西の三面には、表に葦《あし》の簾《すだれ》、裏には蓆の障子を用いる。

右は『儀式』と『延喜式』に基づいた平安前期の構造であるが、時代が下ると、屋根に葦花を葺いたり、檜網代を蔀とするなどの変化がみられる。しかしもっとも大きな変化は、土間に簀・蓆が置かれていた形式が崩れ、縁をもった床のある宮殿形式に平安末期頃には移行したことである。また近世の再興後は、壁や簀の上に近江表が使われるようになる。

右の簡素な建物は、古代建築の祖型を示している。『日本書紀』顕宗天皇即位前紀には「室寿《むろほぎ》」の詞章が収められている。そこには新室の建築について「柱」を立て「棟梁《うつはり》」（屋根の上にわたす材木）を挙げて、「椽橑《はえき》」「蘆萑《えつり》」とよぶ、垂る木、葺材を止める部材を置き、これらの建材を「縄葛」で結びとめ、「草葉」をふく工程を述べて、家長の御心を鎮め、長寿と富の豊かなことを祝う寿詞としている。「室寿」の寿詞にうたわれた建築材とその工程の様子は、大嘗宮の正殿など諸殿舎の建造と変わるところがない。大嘗宮は大化前代の古墳時代の建物と大きな相違はなく、竪穴式住居とも本質的形態には異なるところはなかったとみられる。あえていえば、簡素な黒木のままか、製材されているかの違いであろう。

以下は昭和の例を『昭和大礼要録』より引用しておく。

皇祖を始め奉り天神地祇に御饌《みけ》・御酒を親供し給ふ処、何れも盡く黒木造、柱は皮附の櫟《くぬぎ》を用ふ。承塵・壁及扉は近江表を張り、地には阿都賀草《あつかくさ》てふ生茅を敷き、床は竹を以てし、その上に筵及近江表を累敷す。各殿の四周には竹の簀子を繞らす。寔に簡古素樸にして、神州の古俗を現はし、底津磐根に宮柱太しき建てて、動ぎなき御代を表せるが如き太古のままの宮居なり。

第六章　神宮式年遷宮と大嘗祭

一　神宮の祭り

伊勢の神宮は、古代より公家《こうけ》（天皇）の皇祖神・天照大神をお祀りする神《かみ》の宮《みや》とされ尊崇されてきた。その御正体《みしょうたい》（御神体）は、三種の神器の一つである八咫鏡《やたのかがみ》を神鏡として奉じてきたと伝えられている。神宮は、この天照大神を主祭神とする皇大神宮（内宮）のほか、豊受大神《とようけのおおかみ》を主祭神とする豊受大神宮（外宮）の正殿二宮をはじめ、一二五の別宮・摂末社から成りたつ、わが国最高最大の祭祀組織を擁しており、大神に奉られる神饌一つをとっても、すべて聖別された神のための食膳が自給自足によって賄われている。

神宮では年三回の大祭である三節祭のときにのみ、直接神前に神饌をお供えする。それ以外の日ごとには、食物を司《つかさど》る御饌津神《みけつ》である豊受大神を祀る外宮正殿の後方に建てられている板校倉様式の古代建築、御饌殿《みけでん》において、朝夕の二度、参籠潔斎をつとめた神職によって、御饌殿に奉斎されている内外両宮をはじめとする神々に、御水・御飯・御塩・御贄などの神饌が差し上げられる。この点は、一般神社において毎朝お日供《にっく》を直接お供えすることと大いに異なる、神宮独自の祭儀形式である。神宮の祭りのうち、最も重儀とされてきたのは、九月（現在は十月）の神嘗祭と六月・十二月の二季の月次祭の、三節祭（または三時祭）があげられる。この三祭には、昼間行われる中央朝廷からの奉幣の儀に先立って、その前夜から由貴《ゆき》の夕大御饌《おおみけ》と朝大御饌が、午後十時と午前二時の二度奉られる。

平成元年（一九八九）冬十二月に、初めて内宮月次祭の由貴夕大御饌供進の儀を拝することができた。夜間は一般の参拝が禁止される。十六日午後十時、三鼓を合図に、わずかの松明《たいまつ》の光が先導する中を、純白の斎服に身をつつんだ神職数十名が一列になって参進する。浄闇の静けさは浅沓の整えられたザクザクという歩調の足音にかき消され、その音は次第に大きく近づいてくる。神職一同は忌《いみ》火屋殿《びやでん》前の祓所に列立、神饌を納めた辛櫃《からひつ》をお祓いして、内宮正面の階段下にある御贄調舎《みにえちょうしゃ》へと進んでいく。

神饌はすべて忌火屋殿において火をきり丁重に聖別された中で調理がすまされているが、ただ一つ、志摩国の国崎《くざき》から奉られる御贄の生《なま》の鰒《あわび》のみ最後の調理が残されている。

延暦二十三年（八〇四）に撰上された『皇大神宮儀式帳』によると、五十鈴《いすず》川は二股に分かれ中島となっており、ここに黒木の橋をわたし御贄の神事が行われた。三節祭以外は渡ることができず用いられることはなかった。今は五十鈴川の川の瀬に移されているが、豊受大神の石畳の御座の前で、古代において最も珍重された御贄の鰒に小刀を入れて切れ目をつくり、御塩をかける所作は古来から変わることがない。御贄調理の儀式が終わると、神饌の準備は整い、階段を登り正殿へと向かう。

神宮の祭祀は、とくに許されても拝見できるのは参進のようすと御贄調舎における所作までで（この場合も浄闇の中で祭儀は進められるため、ほとんどその内容を知ることはできないが）あとは外玉垣御門の外から、遠く神楽の調べに耳を傾けるほかは、由貴の大御饌を奉る祭儀を窺い知ることはできない。神事《かみごと》とは、まさに大神と奉仕者との交歓であり、その所作は人前に見せず、祭祀の実際を口外せず秘事口伝として伝習していくことに本旨がある。

この年中の三節祭は、朝廷の宮廷祭祀とすべてにわたって対応関係が認められる。

二　朝廷と神の朝廷

朝廷の祭祀と伊勢神宮の祭祀の間には、共通性・一体性が存している。天皇の居住する都を朝廷とか御門と称してきたが、伊勢の大神の宮のことを『古事記』の景行天皇記には「神の朝廷」と呼んでいる。伊勢神宮の年中祭祀の内で、最も重儀の祭祀は先の三節祭と呼ばれる六月・十二月の月次祭と九月の神嘗祭の三祭であり、これに対して宮廷祭祀は神祇令の規定によると十三種類十九祭が列記さ

表7　天皇祭祀と神宮祭祀

都・朝廷		伊勢・神朝廷	
六月十一日	月次祭（神今食）	六月十五日〜十七日	月次祭
九月十一日	例幣（神嘗祭）発遣儀	九月十五日〜十七日	神嘗祭〔式年遷宮〕
十一月下卯日	新嘗祭〔大嘗祭〕		
十二月十一日	月次祭（神今食）	十二月十五日〜十七日	月次祭

れているが、とくに天皇祭祀として親祭を伴う祭りは、六月・十二月の月次祭班幣ののちに斎行される神今食と十一月の新嘗祭の三祭、これが直接天皇の所作による祭祀であった。これに加えて、九月十一日の神嘗祭のための例幣使発遣の儀に際して大極殿まで天皇が出御される御儀もある。総じていえば、伊勢の祭祀と宮廷の天皇親祭祭祀とは、ほぼ対応する関係を保ちつづけてきた。

ところで、この表7を見ると、朝廷と神の朝廷の祭祀において、大きな違いが一ヶ所ある。それは同じ「嘗祭」である神嘗祭と新嘗祭の間に、伊勢の神嘗祭は九月であり、宮廷の新嘗祭は十一月という時期的な違いがみられる。この九月と十一月の約二ヶ月の差をどう説明したらよいか。神嘗と新嘗の差異は、神嘗祭は収穫の最初にとれた初穂を、まず第一に皇祖天照大神に奉ること、九月は農耕収穫とり入れの開始期であった。そして新嘗は、農作業にかかわるすべての行事が完了した一年間の農耕最後の日の祭祀とみて、ある面では神嘗と新嘗とは一環した体系をもっているのではないかと想像される。

この点については、『延喜式』祝詞の中の祈年祭と月次祭祝詞に、

辞別《ことわ》きて、伊勢に坐す天照大御神の大前に白《まを》さく、（中略）皇大御神の寄さし奉らば、荷前《のさき》は皇大御神の大前に横山の如く打ち積み置きて残をば平《たい》らけく聞看《きこしめ》さむ、

とあるように予祝の祈年祭や月次祭において、収穫の荷前は伊勢の大神の大前にまず横山のように献じ、その残りを皇御孫命が召し上がられることを明らかにしている。それは伊勢の神嘗祭と、その二ヶ月後に斎行される、天皇による新穀共食の新嘗祭を前提に、祝詞が作られているといえよう。

以上のことから、宮廷の祭祀、とくに天皇親祭祭祀は伊勢の祭祀と完全に一致し、対比・対応できる関係が確立されており、宮廷（天皇）と伊勢神宮は祭儀体系の上で一体であるということになるわけで、まさに伊勢神宮は〝神朝廷〟と呼ばれるにふさわしい場所である。このような関係である以上、式年遷宮と一代一度の大嘗祭も一体の構想のもとに、この二つの祭儀が制定されていったと推定できよう。

現在まで六〇回つづいた遷宮の歴史を分類していくと二〇回ごとに大きな変化が認められる。

第一回の内宮遷宮は持統天皇四年（六九〇）に始まり、その二年後、外宮遷宮が行われる。それから二〇回、平安中期までは、律令財政制度によって運用されてきた。それは伊勢国はじめ五ヶ国の神戸から集められた神税を用い、不足した時は正税からも支出されるという制度であった。古代的造営制度が三百六十七年間つづく。

図19　内宮月次祭，忌火屋敷前でお祓いをうける由貴大御饌

図20　式年遷宮　内宮（上段）・外宮（下段）還御の図

次に承保三年（一〇七六）の第二十一回内宮式年遷宮から新たな制度に移行する。律令財政は崩壊し、役夫工米《やくぶくまい》の制度が導入された。これは全国一律平均に荘園と国衙領など公領を問わず、すべての土地に対して賦課するものであり、中世的造営制度の開始であった。こうした全国的賦課制度は、このほかにも造内裏役・大嘗会役が行われており、当然のことながら大嘗祭とともに式年遷宮も国家の重事として扱われていた。室町時代に入ると、このような全国一律の制度は完遂できず、室町幕府は貿易船の派遣により収入を考えるが、うまく進まず、結局、第三十九回外宮遷宮が永享六年（一四三四）、第四十回内宮遷宮が寛正三年（一四六二）に斎行されたところで中断された。この頃は戦乱や経済的理由により祭祀・儀礼が衰微した時代であり、式年遷宮や大嘗祭も例外ではなかった。文正元年（一四六六）には後土御門天皇の大嘗祭が斎行され、それ以後は式年遷宮と同じく中断の時期を迎える。二十一回から四十回内宮遷宮までが中世的造営制の展開期であり、三百八十六年間つづく。

このあと、それぞれ百二、三十年の中断時期を経て、永禄六年（一五六三）外宮遷宮、天正十三年（一五八五）内宮遷宮が再興される。慶光院上人《けいこういんしょうにん》による勧進が大きな力となった民間造営の始まりであった。第一期の古代、第二期の中世に較べて、第三期の四十一回から前回の六十回まで、近世・近代・現代の遷宮には、いくつかの変化がみられる。慶光院上人によって復興された遷宮は、近世には幕府中心の造営、近代に入ると国家的造営、さらに戦後は民間造営へと展開していく。遷宮は造営の費用をめぐって、時代時代の特徴があらわれている。祭祀の主旨は六〇回変わることなく一貫しているが、その運営、経費の面では変化がみられる。

もう一つ、第一期・第二期は内宮遷宮の行われた二年後に外宮遷宮を斎行することが恒例となっているが、これが天正十三年の第四十一回内宮遷宮から、同年に第四十一回外宮遷宮が斎行されており、いわゆる「同年遷宮制」がこの年から開始された。いらい第六十回まで、内・外両宮とも同年に遷宮が行われ、この制は次回の平成五年にも予定されている。

三　式年遷宮の始まり

伊勢神宮への崇敬は、とくに天武天皇の事績が大きな位置を占めている。西暦六百七十二年の壬申の乱に際して、吉野に兵を挙げた大海人皇子《おおあまのみこ》（のちの天武天皇）は、伊賀から伊勢に進まれ、朝明郡の迹太川の辺りから神宮を遙拝され、皇祖に対して戦勝祈願を行った。大友皇子に勝利した大海人皇子は天智天皇の都であった近江から旧都である飛鳥に戻り、翌年浄御原宮において即位した。即位後は直ちに斎宮に大来《おおく》皇女を定めて伊勢の地に遣わしていることも、神宮重視の顕われである。

式年遷宮制度の成立について、第一回遷宮が、いつから始まったのかは『日本書紀』に記載がない。しかし、神宮側の記録に基づいて編纂された『太神宮諸雑事記』の持統天皇の条に「即位四年庚寅、太神宮御遷宮」「同六年壬辰、豊受太神宮御遷宮」とあり、持統天皇四年、干支庚寅、西暦六百九十年と同六年、干支壬辰、西暦六百九十二年にそれぞれ内宮・外宮の第一回遷宮が行われた。第一回の遷宮から、ちょうど千三百年を経たことになる。

この遷宮に関係した記録が『日本書紀』に全く載せられていないかというと、必ずしもそう言い切れない。持統天皇六年（六九二）九月十五日が第一回外宮遷宮の日時であるが、その年の『日本書紀』を読んでいくと、三月には伊勢の神郡への持統天皇の行幸があり、当年の調役が免ぜられ、閏五月には神郡から出される赤引の糸についても特別の措置が講ぜられている。そして、遷宮にかかわって最も注目でき、これまで指摘されてこなかった条が九月十四日に記載されている。

神祇官、奏して神宝書四巻・鑰九箇・木印一箇を上る。

この記事はおそらく外宮遷宮と関連したものと推定される。遷宮は建造物の建て替えが中心であるが、もう一つは神宝の奉献が重要であり、「神宝書四巻」とは神宮への奉献の品々を記載したものと思われる。次に二十一日条には遷宮が終わって数日後に「伊勢国司、嘉禾《よきいね》二本献れり」という祥瑞記事がある。外宮遷宮に際して新穀による大御饌が大神に奉られたのち、次には中央朝廷に献穀されている。

では、この第一回の遷宮に先立って、いつ頃から、この制度が立制されたのかを明らかにしておきたい。その記録も『日本書紀』には記されていないので、『太神宮諸雑事記』に頼らざるをえない。ただし、『諸雑事記』は二系の伝書に別れており、説が二つ併立している。

（A）白鳳十四年乙酉九月十日、始伊勢太神宮江被レ奉レ納二神寶廿一種一亦中外院殿舍御倉、四面重々御門鳥居等、始被二作加一、官符、二所太神宮殿舎御門垣等破損時、宮司令二修補一承前例也、自レ今以後、廿年一度、新宮造替、可レ奉二遷御一、宜二長例一者也、

（B）朱雀三年、九月廿日、依二左大臣宣一、奉レ勅、伊勢二所太神宮御神寶物等於差二勅使一被レ奉レ送畢、色目不レ記、宣旨状偁、二所太神宮之御遷宮事、廿年一度應レ奉レ令二遷御一、宜レ為二長例一也云云、抑朱雀三年以往之例、二所太神宮殿舎御門御垣等波、宮司相二待破損之時一、奉二修補一之例也、而依二件宣旨一、定二遷宮之年限一、又外院殿舎御倉、四面重々御垣等、所レ被二造加一也、

右には（A）の異本、（B）の流布本を紹介しておいたが、その内容は、二十年一度の遷宮制を定め、これを「長例」としたという内容である。ただ大きな違いは、その成立年代が異なることであり、（A）は「白鳳十四年乙酉」とあり、干支の乙酉は西暦六八五年、『日本書紀』の表記でいえば、天武天皇十四年紀の年代に相当している。この頃から天武天皇は不予となり、翌年九月崩御されており、最晩年の時期に当たっている。（A）の異本によってこの年を遷宮制の立制とみる説が一つある。

次に（B）の「朱雀三年」を朱鳥三年、すなわち持統天皇二年戊子、西暦六八八年とみる説がある（田中卓「式年遷宮の起源」『伊勢神宮の創始と発展』）。（B）を根拠とすれば、遷宮制の立制は、天武天皇ではなく持統天皇の称制の期間ということになる。

もちろん（B）の六八八年説は、内宮遷宮の二年前に当たり、持統天皇の治定により具体的な遷宮準備に入った年、立制が実施された年であったことは確かであろうと思われるが、（A）の天武天皇

の六八五年説も、捨て去ることができないと考える。

壬申の乱後、即位された天武天皇は諸制度の改革・整備を推進していくが、とくに九年後の辛巳の年（西暦六八一年）二月には律令を定めていくこと、翌三月には帝紀及び上古の諸事を記して定めることを大極殿の場で公けにしている。これが後年、（B）説の翌年六八九年に飛鳥浄御原令として完成する。もう一つの帝紀・上古の諸事の記定についても四十年後の『日本書紀』となって完成したとみられている。そして、この年五月には「皇祖の御魂を祭る」という記事も『日本書紀』に出ている。その具体的内容は不明であるが、皇祖の御魂といえば、これは天照大神をお祀りすることを記したとみるのが最も適切な見方であり、伊勢の大神へ対する崇敬はまったく変わっていない。

遷宮の立制も壬申の乱における天照大神の神威に対する報賽の意味が含まれていたと考えられる。後世の記録ではあるが、『二所太神宮例文』の第一回遷宮を記載した下に「大伴皇子謀反時、依₂天武天皇之御宿願₁也」とある文は、一般には信憑性に疑問が持たれているが、まったく否定し去ることはできない。天武天皇在位中の後半は律令と国史の編纂を目ざされたが、その第三には、神宮の崇敬、遷宮制の立制を強く意識され祭祀制度の確立にも大きく意を注いでいる。

（A）説の六八五年に立制された天武天皇は翌年崩御され、式年遷宮制と浄御原律令の具体的施行は皇后の持統天皇に引き継がれていった。遷宮制の治定と律令の班賜は持統天皇二年と三年につづいて実行され、天武天皇の遺志はここに実現をみたのである。（A）と（B）説は二者択一するのではなく、両説を採用して、天武天皇の六八五年に制度が定められ、三年後の持統天皇の六八八年に、第一回遷宮の日程が治定され、社殿造営や神宝製作などの具体的準備に入ったと考えてみては如何だろうか。すなわち遷宮の立制は天武天皇と皇后の持統天皇二代によって成立したことになる。第一回の外宮遷宮に際して伊勢の地へ行幸が行われているのも、先帝の遺志を正しく継がれた持統天皇の強固な意志というものが感じられる。

四　二十年一度の理由

それではなぜ遷宮制の実施にあたって、二十年に一度新宮に遷すことにしたのか。二十年という期間の根拠は何なのか。十年や三十年、あるいは二十五年ではだめなのかという問題がある。二十年を期間とする理由については、すでに先学によって、いくつかの説が提示されている。

第一は建築物の耐用年数の限界を根拠とする見解があげられる。神宮は大陸式の礎石の上に柱を立てているのではなく日本古来の形式による掘立柱の造作を用いている。これでは下から腐ってくるのが早いわけで、ほぼ同じ時期に成立、完成する藤原京の宮殿とはまったく異なる伝統的工法を用いている点に注目すべき特徴があると思われる。とにかくこうした工法により、二、三十年が限度であることは確かといえよう。第二は造営の工法、神宝伝承の技術、神職の祭式の伝承等々、その形式を後世へ伝えるためには、これも二十年程度の期間が限界であった。当時の人の寿命はそう長くはなかったのでこれらの行事、仕事に参加し奉仕するにしても、二回か多くても三回である。神事に奉仕する神職にしても、半数が二回目、残り半分が初めての奉仕という具合で、それを繰り返していくことで、古制の祭儀が正しく伝えられていくことになる。それが三十年、またそれ以上経過してくると、前回の遷宮をよく知っている人数は僅かになるのは当然のことであり、それだけ古儀の伝習は困難になることになる。中世後期に式年遷宮はじめ大嘗祭や多くの宮廷の諸祭儀が退転していったが、このために古制の伝承が失われていったものもある。

以前、伊勢の御神宝の製作についてテレビ放映されていたが、神宝製作者の一人が二十年に一度という周期は自分の後継者に技術を伝えるために丁度よい期間であるといった意味のことを述べられていた。これが奉仕者の実感であろうと思われる。この言葉が私には強く印象に残っている。

第三は、新宮にお移りになることは大神の甦りであり、それは人間の一世代、一世代ごとの交替と見合って考え出されてきたものではないだろうか。そこで私がもっとも重視しているのが、天皇一代一度の即位儀礼である大嘗祭の成立との関係である。

七世紀以降の天皇在位年数は推古天皇の三十六年、舒明天皇十三年、孝徳天皇十年、斉明天皇七年、天智天皇十年などが長い方々であり、天武天皇から平安初期の桓武天皇までの間では、聖武・桓武の両天皇が二十六年の長期の在位であり、つづいて天武天皇の十四年、持統天皇の十二年など、天武天皇から桓武天皇まで百四十四年間に、孝謙・称徳天皇を一代に数えると十代の天皇となり、天皇一代の平均在位年数は約十五年になる。つまり、十五年に一度の割りで即位・大嘗があり、ほぼこの間隔に近い二十年に一度の割りで式年遷宮が行われたことになってくる。

以上のように、第一の建築物耐用年数、第二の形式を後世へ正しく伝えるための年限、第三の一世代の年限に相当し、とくに天皇の在位年数との関わり等々いくつかの要因を総合して、天武天皇と皇后（のちの持統天皇）によって、二十年という年限が治定になったのではないか、と考えられる。

五　式年遷宮・神嘗祭と大嘗祭

現在の式年遷宮は十月二日に内宮、同五日に外宮が斎行され、別に一年間における最大の神事である神嘗祭が十月十五日夜半から十六日の外宮、十六日夜半から十七日の内宮が斎行されている。ところが昔の旧制の式年遷宮は天皇即位儀礼の大嘗祭と年ごとの新嘗祭との関係のように、二十年ごとの神嘗祭の日時に斎行されてきた。旧の神嘗祭は外宮先祭で行われ、外宮は九月十五日夜（亥刻）から十六日朝（丑刻）にかけて由貴夕御饌と朝御饌が奉られる。一方の内宮もつづいて十六日夜に由貴夕大御饌が奉られてきた。これが式年遷宮の年になると、まず内宮から九月十六日夜に式年遷宮の遷御があり、新宮において由貴大御饌が初めて奉献され、つづいて二年後の外宮遷宮には、今度は外宮神嘗祭の当日である九月十五日夜にやはり遷御と由貴大御饌が奉られた。内宮・外宮ともに約二年の時間差があったが、二十年ごとに神嘗祭が大神嘗祭として新宮に移御することは同じである。これが南北朝期を境に、式年遷宮と神嘗祭は別個に分離していった。遷宮日程も神嘗祭当日から大きくはづれていくことになる。

延暦の『皇太神宮儀式帳』には遷宮に関する所作が、かなり詳細に載せられていて、これ以前の古いものは遺されていないし、その分量からいっても最上の貴重な内容である。まず「皇太神御形新宮遷奉時儀式行事」の項、すなわち遷宮神事の条によると、十六日に御装束等を祓い清め、その日亥時（午後九時）になると、

爾時行幸道布敷、即大物忌鎰被ㇾ賜弖正殿戸開奉（中略）即正殿内燈油燃、御船代開奉弖、

とあり、禰宜が御正体を頂き奉り、新宮へ遷御される。そして最後には「即禰宜率二諸内人等一湯貴供奉」と記されているように、由貴の大御饌の御神饌が奉られる。そのことは「其行事、具所二録祭行事条一」とあるように、年間行われる行事次第の項に書かれていることと同様の所作が行われる。具体的にいえば、六月（および十二月）の月次祭と九月神嘗祭の御饌祭祀がそれにあたる。

神嘗祭については、同書の「神嘗祭供奉行事」の条に、

上件器盛満弖、内院御門爾持参入弖、亥時始至二于丑時一朝御饌・夕御饌二度供奉畢、亦酒作物忌乃白酒作奉、清酒作物忌作奉黒酒、並二色御酒毛大御饌相副供奉畢、

とあって、こうした大御饌奉献を中心とした祭祀という点では、遷宮神事の「湯貴供奉」も変わらない。神嘗祭を二十年に一度だけ新しい御殿に移して大々的にお祭りをする。それが式年遷宮であり、祭祀の本義・主旨といったものは神嘗祭と変わるところがなかった。神嘗祭の儀を二十年に一度、大規模にしている。そういう点に限ってみれば、大嘗祭と新嘗祭の関係に類似している。

さて最後に、式年遷宮の成立と大嘗祭との関係について触れておきたい。

大化以前の「新嘗」は天皇の祭祀に限定されたものではなく、各豪族、家々において行われてきた祭祀であった。この新嘗が、天皇祭祀として大きな意義を付与されてくるのは、天武天皇の時代からであり、『日本書紀』天武天皇二年十二月の条は、従来、一代一度大嘗祭の初見例として重視され、この時に播磨、丹波二国の郡司以下に賜禄があるのは、のちの事例に照らして国郡卜定があったものとみられてきた。ところが天武天皇五年にも、「新嘗」のための国郡卜定があり、尾張・丹波の二国が定められている。これは、新嘗が天武天皇の時代から大嘗祭と称されるようになり、毎年国を二ヶ国定める、のちの践祚大嘗祭の形式と同じく畿外を対象とした大規模の祭儀を毎年行うようになった。一般の人々の「新嘗」とは区別して天皇の新嘗をさして「大嘗祭」といい、律令国家の頂点に立つ天皇の新嘗として規模を拡大していったと考えられる。

しかし、天武天皇によって創始された、畿外二国に重点をおく拡大した祭祀は、官人機構や国の民に憂いを生じてくるため、ある時点で縮小され『養老神祇令』に規定された「凡大嘗者、毎世一年、国司行事、以外、毎年所司行事」という形式に移行していったと推定される。天武朝（前期には斎行されていた）の大嘗祭（＝新嘗祭）は、持統天皇以後は践祚の大嘗祭にのみ継承され、毎年恒例の方は、旧来の屯田を対象とした天皇「新嘗」に復することになった。

持統天皇の（践祚の）大嘗祭は辛卯の年（六九一）に斎行されており、その前年正月の即位の年に、第一回内宮遷宮、そして大嘗祭の翌年、第一回外宮遷宮が斎行されている。しかも、これまでの天皇一代一宮制を放棄して、都城制へ移行するのも、この頃からである。

乙酉（西暦六八五）（A説）式年遷宮制の立制
丙戌（西暦六八六）天武天皇崩御、持統天皇称制
戊子（西暦六八八）（B説）式年遷宮制の立制（御遷宮準備開始）
己丑（西暦六八九）浄御原令の班賜
庚寅（西暦六九〇）持統天皇即位、第一回内宮式年遷宮
辛卯（西暦六九一）持統天皇大嘗祭
壬辰（西暦六九二）持統天皇伊勢国行幸、第一回外宮式年遷宮
甲午（西暦六九四）持統天皇藤原宮に遷る

式年遷宮と大嘗祭で共通しているのは、成立の時期が同じであること。ともに新宮を建造すること。二十年一度の大神の大きな甦りであることと大嘗祭は一世代一度の祭祀であり、周期が近いこと。基

本的には祭られる神は、外宮豊受大神も対象とされるが、天照大神であること。毎年恒例の祭りとして神嘗祭と新嘗祭があり、この両祭も宮廷祭祀体系の一環として位置づけられていることなどがあげられる。

これほど共通項が多く、成立期も同じであることは、この構想自体は天武天皇の後半期に天武天皇と皇后によって考慮され、皇后の持統天皇に引き継がれて確立したものであろう。

この二つの祭儀の共通性は新穀の奉献・奠供を基本とするが、もう一つの特徴としては新宮の造営がある。天皇の宮殿・宮都は先述のとおり天武天皇まで一代一宮制を採用してきた。例外もあったが、神武天皇の橿原宮いらい一代一宮であり、崩御のたび移すことを原則とした。ところが、持統天皇からは中国の都城制を模して藤原京・平城京・長岡京・平安京のように大規模の宮都を造り、天皇代替りごとに都を移し宮殿を新造するという古制は亡んでいった。しかし、この形式が大嘗宮の新殿造営にわずかに残されている。祭儀が終われば直ちに撤却されるが、旧来の天皇一代一宮制の名残りが、大嘗祭に移行し、皇祖をお祀りする伊勢神宮もまた、これに準じて定期的に建て替えし、古来より伝わる形式を、伝統・精神として象徴的に残し継承していった。

〔追記〕校正中に鳥越憲三郎著『大嘗祭—新史料で語る秘儀の全容—』（角川書店、平成二年六月）が刊行された。同書は悠紀殿・主基殿の儀が二度繰り返されることについて不審を抱かれ、大嘗祭

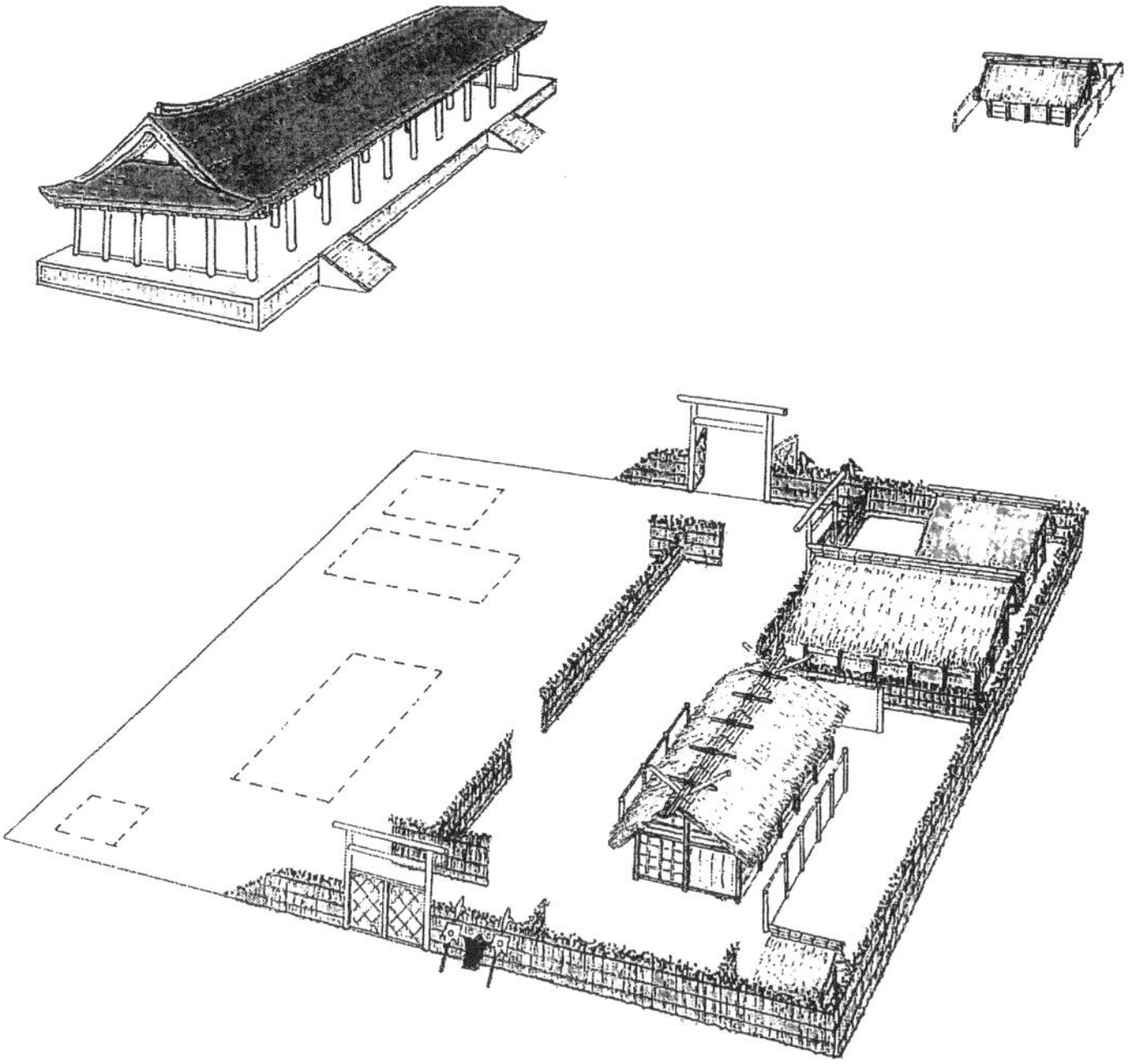

図 21　平城宮の大嘗宮（169 次 I 期）発掘調査にもとづいた復原図（中嶋宏子画）朝堂院前庭（朝庭）の中心線より東部に出土した悠紀院．点線は中心線西部にあると推定される未発掘部分の主基院．

儀の解釈に基本的な誤りを犯されている。

清和天皇の大嘗会の時、悠紀殿・主基殿の二つの神殿が設けられ、同一の神祭りを繰り返すという矛盾、殊に悠紀殿で現人神になりながら、再び主基殿でもう一度、現人神になる祭儀が行われるという不合理なものが、なぜ考えられたかということである。

良房にとっては清和天皇は娘の子で、わずか九歳の孫であった。万機を掌握して政治の座に就いた良房には、現人神として見る心は薄かったであろう（八六・八七頁）。

と論じ、清和天皇のとき、大嘗会は大きく変わり、「大嘗宮として悠紀殿・主基殿を並び建てたことで、そのため両神殿で同じ祭儀が繰り返されて行われることになった」（二一頁）と述べられた。天皇＝「現人神」になる祭儀が二度斎行されることへの「不合理」が起点となっている。

しかし、すでに奈良時代の平城宮の朝堂院の朝庭には悠紀・主基の二院が左右対照に造作されていたと推測でき、鳥越の論はまったく成り立たない。鳥越も引用されている奈良国立文化財研究所編『昭和六十年度平城宮跡発掘調査部発掘調査概報』によると、朝堂院朝庭東側の発掘は完了しており、その中心線から西（主基院が所在していると推定される所）は未発掘ではあるが、北門の一部と両院を隔てる屏籬の跡が出土しており、『儀式』の配置に類似していて、清和天皇以前の平城宮の時から二院設けられていたことは確実である。

図 22　平城宮第二次朝堂院悠紀正殿

ところが同書は「注目すべきは、悠紀・主基二殿の配置ではなく、三棟それぞれ単独に建てられていた」「奈良時代には悠紀・主基の二殿は見られず、大嘗宮は一棟であった。これは考古学的発掘によって実証されたもの」（八七頁）と論断されたが、奈良国立文化財研究所の報告書には、これを予測する見解は何一つ認められない。発掘された大嘗宮の位置が朝堂院内の中央に設けられていれば、その可能性もあるが、東部にある以上、独断というほかはない。普通には発掘された中央線の西には主基院があったとみるのが妥当であろう。したがって清和天皇のとき悠紀・主基の両院がはじめて造られ、同一祭儀が繰り返されたという説は根拠のない論といえよう。

同書は、しばしば大嘗祭は天皇が「現人神」になるための儀礼であることを強調されているが、この先入観が二度の祭儀斎行の「不合理」となって引きづられ誤解を重ねる結果を招いている。

少なくとも平安期以降の公家日記において祭儀を奉仕してきた人々からは、大嘗祭を経ることによって「現人神《あらひとがみ》」になるといった意識はなかった。鳥越は近世の鈴鹿家の貴重な史料を使いながら、その大嘗祭論には独断と偏見に満ちており、私見とも異なり、正しい解釈にはほど遠い。

また、建築についても近世の嘗殿の外周の縁が高床になっていることから、もとの建物も土間式ではなく、「高床式建物」であったと論じられているが、この点も認め難い。『儀式』『延喜式』にもあるとおり、平安中期までは、直接簀子に筵をしいた形式であり、縁や階段はのちに付けられた。先の平城宮の報告書においても、正殿（嘗殿）の大きさは五間・二間であり、その柱列跡は十四カ所確認されていて、簀子の縁を支えた「高床式建物」用の柱列は発掘されていない。少なくとも奈良時代の平城宮は土間式であったのであり、これも独断といわざるをえない。同書は大嘗祭の基本にかかわる問題に誤解があり、誤った学説の流布は折口説と同じく将来にわたって悪影響を及ぼすことにもなりかねないので一言付け加えておきたい。

第二部　古代祭祀と大嘗祭

第一章　古代神祇祭祀の体系と大嘗祭

一　現代神道から古代神道へ

現代の神道の神観念は、神と自然の恵みのみが強く意識されてきた。私たちの祖先は自然の恵みに感謝の誠を捧げてきたが、一方では地震・津波・火山噴火・台風・洪水・旱魃《かんばつ》・冷害・大火事・疫病など、さまざまな災異の現象に出逢ってきた。古代の神道は、恵みと災いの双方を組み込むことで、神観念の全体像が完成する。

東日本大震災の発生と毎年つづく自然災害の脅威は、神道の神観念や神道の学問研究に、見直しを迫っている。近世の国学、そして明治以降の近代化によって、神道は「純粋神道」へと回帰が求められ、その結果、古代・中世の神道観は見えにくくなってしまった。

なぜ神道と神社は現代まで脈々と受け継がれてきたのか。古代の神道から現代の神道へと、継続してきた理由は、①地域・氏族祭祀論、②国家・天皇祭祀論、③古典籍継承論、④神仏関係論、⑤人霊祭祀論の、五項目が列挙できるが、このうち、古代に限っていえば、①と②とが重要な論点である。平安時代・中世以降③〜⑤の事項が展開し、現代の神道へ引き継がれていった。古代祭祀論①②は神道・神社研究の原点になる。

神道の成立期について、十二世紀以降の中世神道説からが体系的神道の成立であるとみる学説もあるが、ここでは、七世紀後半に体系化されていった古代律令祭祀を神道の成立期と捉えておく。神道とは何かといえば、それは神社の中に示されている。神社とは、毎年恒例・臨時に繰り返される神威を高め神霊の更新をはかる祭祀に尽くされる。神道祭祀がどのように組み立てられ、体系的な祭祀儀礼となっていったのか。ここでは古代の祭祀について論述していく。

二　律令祭祀の祖型

律令祭祀制の起源伝承は、『日本書紀』崇神天皇紀の三輪山祭祀にあたり、「天社・国社」（天つ神の社・国つ神の社）と「神地・神戸」を定めたことが記されている。

崇神天皇五年、国中に疫病が蔓延し、大半の人々は死亡した。翌六年も、人民は離散するという事態となり、疫病の流行は天皇自身の徳では治めることができず、天皇は朝から夜遅くまで神に罪の許しを乞う祈願を行なった。翌七年、天皇はこの災害を究明するため卜を問うと、大物主神の神意が示され、わが子大田田根子をして祭祀を執り行うことが求められた。神意のままに、大田田根子を神主とし、また、他の神々を祀り、「天社・国社」とその経済基盤である「神地・神戸」が定められた。

これが律令神祇祭祀の起源になっている。自然に繋がる神の世界は、天皇といえども貫徹できない祭祀権の限界があり、神祭りの厳しさ、畏怖感を伝えている。律令祭祀制の祖型となる三輪山祭祀は、天皇直接の祭祀（親祭）は認められず、氏族祭祀に介入できない原則が確立していた。天皇祭祀権（天皇＝皇御孫命による国家統合の祭祀権）と氏族祭祀権（氏族・地域の統括者による個別祭祀権）とは、不可侵の関係にあり、祭祀権の二重構造のもと、氏族祭祀は独自性をもち、地域については委託・代行の祭祀が、災害を鎮め、地域の安定化に効果があった。

地域の首長は、共同体を代表して神祭りに関わり、神意を知り災害等の神の怒りに対応した。その上に天照大神の皇孫として国土を統治する天皇が、国家の祭り主として、国土に起こり、人々に災害をもたらす状況に対して、社会秩序の回復と統治に責任をもつ地位にあった。天皇による神への祭祀と神祇官社制をはじめとする諸神祇制度は、災害への対応を原点としている。

古代神祇祭祀研究に多くの業績をあげられた岡田精司は「律令的祭祀形態の成立」を論じた中で、大化前代には、地域ごとに自己の属する守護神以外を祭ることはできない原則があったが、律令制以後は、地方豪族による人民支配は否定され、地方神の祭祀権は、すべて最高司祭者としての天皇に集中したことを指摘された（『古代王権の祭祀と神話』昭和四十五年）。しかし、この見解は誤りで、天皇が直接の祭祀を執り行えたのは、皇祖天照大神一神のみで、それ以外の神々に対しては、地域・氏族による個別祭祀権は残りつづけ、天皇は間接的に関与するのみであった。平安時代に始まる、賀茂神社・石清水八幡宮などへの神社行幸に際しても、天皇は神社の入口近くで留まることを慣例とし、直接の神拝が叶わなかったことも、そこに不可侵の祭祀権の原則があったものと思われる。祭祀権が完全に天皇のもとに帰一したのは、近代に入ってからのことであった。

三　律令祭祀制の基本設計＝神話と神社配置の三重奏

大化後の孝徳朝、新たな施策の理念として、「先づ以ちて神祇を祭ひ鎮め、然る後に政事を議るべし」との提言が蘇我石川麻呂により示され、国家統治組織の変革が推し進められた。まず祭祀の振興をはかるため経済基盤となる神郡（評）が地方（畿外）の伊勢大神宮・鹿島神宮など、特定七神社に設けられた（『皇大神宮儀式帳』『常陸国風土記』）。

さらに斉明朝・天智朝になると、神郡が設置された杵築（出雲）大社と鹿島神宮に立派な神殿「神の宮」が創建された。度会・多気二神郡をもつ伊勢大神宮も、天皇宮殿に匹敵した南北軸の「神の宮」が創建されていたと推定されている。

これら畿外の神郡神社と畿内の大和を守護した大神神社、難波宮に直結した摂津・住吉神社の祭神は、記紀神話の高天原・出雲神話（天つ神・国つ神譲渡神話）に基づいて日本列島（葦原中国）に配置されている。

（A）伊勢・出雲の東西軸（東の伊勢大神宮、西の出雲・杵築大社、中央の大神神社）
（B）東海上ルート（東北経営のための、伊勢大神宮と安房神社・香取神宮・鹿島神宮）
（C）西海上ルート（大陸との交流・防衛のための、住吉神社・日前国懸神社と宗像神社）

古代祭祀体系の基本軸は、（A）は宮都（大和の飛鳥諸宮と藤原京）から見ると、東（または東南）の東国の入口、東方経営の出発基地に伊勢大神宮、西（または西北）は外部に接し、東アジアに広がる出雲に杵築大社が祀られた。記紀神話の基本は、高天原〈天つ神〉世界と天下（出雲）〈国つ神〉世界との二極の構造の中にあり、出雲は大陸へ向けた交流基地、根国・底国につながった異郷世界として映し出された。国作りの大神である大己貴神（大国主神）は、葦原中国を天つ神に献上する。以後その統治は、天つ神の皇孫（皇御孫命＝天皇）の権限にあるとされ、神話の地上再現が大己貴神の鎮まる神殿、杵築大社の創建へとつながる。伊勢と出雲との東西軸の中心に置かれたのが、大和・大神神社である。出雲の大己貴神は自身に問いかけ、大和三輪山に住むことを望み、「皇御孫命の近き守り神」（『出雲国造神賀詞』）として特別の霊威を現わした。

（B）は伊勢を出発地とし、東国に鎮座する忌部氏と関係深い安房神社、中臣氏と関係深い香取神宮・鹿島神宮の三社が重視された。香取・鹿島の神は、葦原中国の平定にあたり遣わされる。東北経営と蝦夷対策が目的であった。(C)は難波宮に近い摂津住吉津の住吉神社、紀の川河口を領域に治める紀伊日前国懸神社と、瀬戸内海航路を確保して玄界灘につながる宗像神社とが一帯となった海上安全、大陸との交流・防衛のためのコースであった。

以上のとおり、東西軸を基軸としながら、神話と神社の三構成が組み合わされた国家領域統治の祭祀体系が設計され、天智朝以降、天武朝・持統朝において、「天つ社・国（地）つ社祭祀制」、すなわち律令神祇の官社制度が機能を開始する。

年間恒例の律令祭祀体系は、稲作豊穣の予祝儀礼として祈年祭の幣帛供進（班幣）を中心とした官社制度にある。

祈年祭の祭祀は、二月（平安時代は四日が祭日に固定）に行われる律令国家最大の神事である。神祇官に神主・祝部を集めて、中臣氏が祝詞を宣読し、幣帛（織物などの供え物）を頒布する儀式であった。その祈年祭祝詞には、「天つ社・国つ社と称へ辞竟へ奉る皇神等の前に白さく」をはじめ十種の祝詞が読まれ、幣帛を神社の神主らに託し、過ちなく奉献することを求めている。神祇官祭祀は、班幣から神前奉献へいたる、その前段行事であったが、朝廷側から見れば、祝詞宣読と班幣儀礼の発遣をもって、「天神地祇を祭る」ことは完結したことになる。

その始原は、天智天皇九年（六七〇）三月に「山御井の傍に、諸神の座を敷きて、幣帛を班つ、中臣金連、祝詞を宣る」（『日本書紀』）とある。近江大津宮の南に近い長等山東麓の地（天台宗寺門派三井寺の由来とされる「御井」〈閼伽井屋《あかいや》〉から今も渾々と水が湧き出している。その東、金堂が建てられている一帯が祭祀場か）において、班幣儀式が行われ、その後、各神社に奉奠された。この時は、臨時であった可能性もある。天武天皇四年（六七五）二月の祈年祭成立説（『年中行事秘抄』所引の「官史記」）をはじめ、『日本書紀』天武天皇四年正月二十三日の、諸社に「祭幣」が奉られる記事などが、祈年祭班幣の恒例化とみられる。また同年四月、大和の風水害防止と農耕生産祈願である龍田風神祭、広瀬大忌祭が始まり、翌年からは、毎年四月・七月恒例となり、「神祇令」祭祀に組み入れられる。

持統天皇三年（六八九）飛鳥浄御原令が定められ、「神祇令」祭祀の大枠が確定する。「天神地祇」（略して神祇）の語が用いられ、神祇行政の機関として神祇官が置かれたのもこの時期からである。持統天皇四年元旦の持統天皇即位は、新たに整備された即位儀礼に基づき行われ、代替わりごとの大嘗祭が翌持統五年に行われた。この前後の同四年に第一回伊勢内宮、同六年外宮式年遷宮が開始された（『太神宮諸雑事記』）。

大宝二年（七〇二）二月十三日「大幣」（祈年祭の幣帛）を受けるため諸国の国造が入京した。これは全国的官社制度の初例と考えられている（『続日本紀』）。以後、天平九年（七三七）の疫病流行に際して霊験のある神が増加し官社となる。その神名は『古語拾遺』に「天平年中に至りて、神帳を勘へ造る」とあるとおり、新たに官社台帳である「神帳」が作成され、官社制度の整備が進んだ。これが、

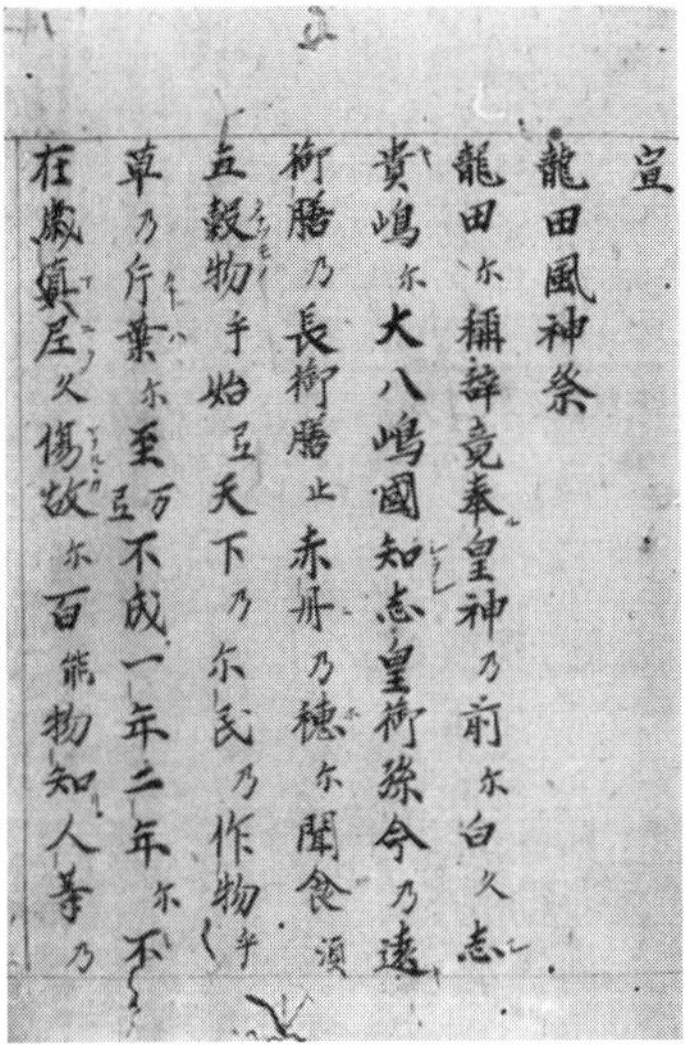

宣
龍田風神祭
龍田尓稱辭竟奉皇神乃前尓白久志
貴嶋尓大八嶋國知志皇御孫命乃遠
御膳乃長御膳止赤丹乃穂尓聞食須
五穀物乎始豆天下乃公民乃作物乎
草乃片葉尓至万豆不成一年二年尓不
在歳眞尼久傷故尓百能物知人等乃

図 23　龍田風神祭（『延喜式』巻 8〈兼永本〉，國學院大學図書館所蔵）

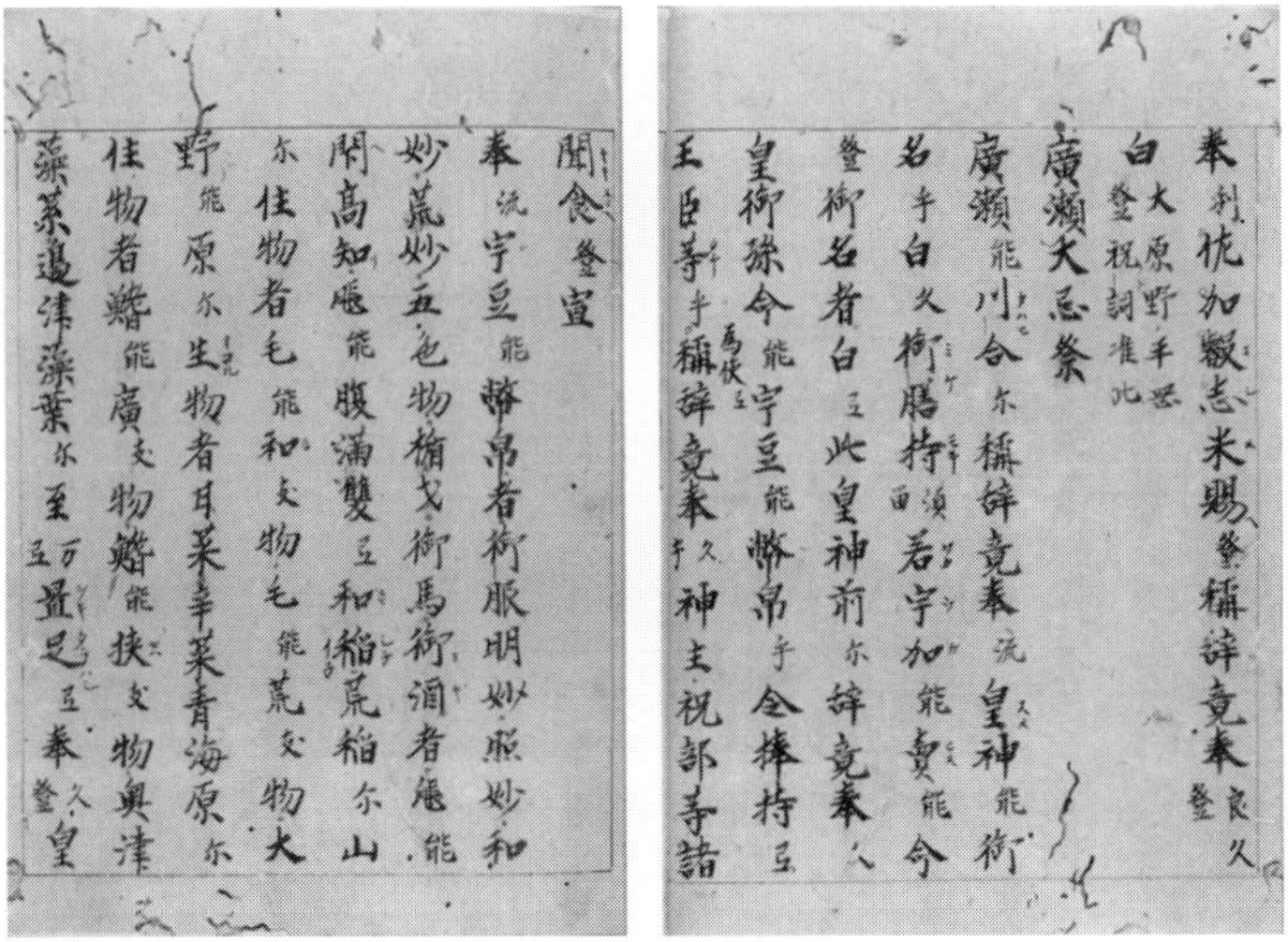

奉利悠加志米賜登稱辭竟奉良久登
白　大原野平野祝詞准此
廣瀬大忌祭
廣瀬能川合尓稱辭竟奉流皇神能御
名乎白久御膳持須留若宇加能賣能命
登御名者白豆此皇神前尓辭竟奉久
皇御孫命能宇豆能幣帛乎令捧持豆
王臣等乎爲使豆稱辭竟奉久神主祝部等諸

聞食登宣
奉流宇豆能幣帛者御服明妙照妙和
妙荒妙五色物楯戈御馬御酒者甁能
閇高知甁能腹滿雙豆和稲荒稲尓山
尓住物者毛能和物毛能荒物大
野能原尓生物者甘菜辛菜青海原尓
住物者鰭能廣物鰭能狭物奥津
藻菜邊津藻菜尓至万豆置足豆奉久皇

図 24　広瀬大忌祭（同，國學院大學図書館所蔵）

のちの『延喜式』神名帳へとつながる。

律令祭祀は祈年祭班幣による官社制度を主軸としたが、都から遠隔地の神社の中には幣帛を受け取りに来ない事態が生まれた。これを是正するため、延暦十七年（七九八）全国の官社を二系統に分け、神祇官から幣帛を直接受け取る官幣社と諸国の国司から幣帛を受け取る国幣社とに区別した。また、霊験の高い神社に臨時祈願を行う名神奉幣が桓武朝から盛んになり（『延喜式』臨時祭によると二八五座〈二〇三社〉）、神階を奉授する制度も始まり、神々は霊験に応じた格差社会を迎える。

四　天皇と神々の循環型祭祀体系

祭祀体系が整備されていった要因は、七世紀後半の代々天皇に、神の災いが直接及んだことがあげられる。

孝徳天皇について、『日本書紀』には「仏法を尊び、神道を軽りたまふ」とある。神道を軽んじた理由として、生国魂神社の樹木伐採があげられている。これは白雉三年（六五二）に完成する難波長柄豊碕宮の造営に用いられたと推測されている。こののち、わずか二年後に天皇は亡くなる。次の斉明天皇は筑前国に朝倉宮を造営するにあたり、裏手にある朝倉社（延喜式内社「麻氏良布神社」）の神木を伐採したため神の怒りがあり、その二ヶ月半後に亡くなる。神の祟りが天皇の身体に及んだとみられる。また天智天皇は、近江大津宮の大蔵で火災（火事は神異現象とされ、恐れられた）があり、この十日後に亡くなる。さらに天武天皇は病気の原因を卜う（御体御卜）と草薙剣の祟りと特定され、その三ヶ月後亡くなる。七世紀後半には、四代の天皇に向けて神祟が継続して発生した。

天皇の身体の不調は神の祟りに原因が求められた。身体への不安は、国家の維持が不安定になり、そのため、天皇におよぶ神の祟りの芽は、早めに抽出しておくことが必要とされた。祟りを未然に防ぎ、その原因を特定する儀礼として、六月・十二月恒例の御体御卜が行われた。全国の神祇が天皇へ祟るという構図は、天皇と神との間に介在した諸国の国司・神職に対して、神祇の管理を徹底していくことが要請された。

戦前における古代神祇史研究は「敬神」論が主流とされたが、戦後はその反対に、神祇イデオロギー・支配体制論が主軸となり、研究の発展がみられた。しかし、これら戦前・戦後に区分される二方向の論議の共通した背景として、古代において神の祟りに対応した天皇と神々・神職との「循環型祭祀体系」が機能していたことを確認しておきたい。律令神祇祭祀の体系は、循環型機能を具備したところに特色がある。

五　天皇親祭祭祀・大嘗祭

古代の神社は七世紀後半になると、各地に神殿「神の宮」が創建されていったが、それ以前は山麓の磐座や自然景観が神の鎮まるところと認識された。これが神社の起源になる。一方、神殿の源流は、大王・豪族の館の一角に祖神を祀る神館（神殿）が建てられ、祖神祭祀の新嘗儀礼が行われてきた。纏向遺跡には新嘗儀礼の痕跡が残されている。天皇祭祀の新嘗と大嘗祭は神社の系譜ではなく、後者の事例に属した。この二つの異なる祭祀形態は、神話と神祇祭祀体系の編成によって、「神の宮」神殿が創立していった。

これが律令制下において、前者は国家・神祇官の神社班幣儀礼となり、後者は天皇親祭祭祀として、ともに国家祭祀の両翼とされた。

古代以来、祭祀の中で最も重儀とされたのは大嘗祭である。大嘗祭は持統朝（六九一年）から、一代一度、代替わりごとに執り行われる国家祭祀である。その祭儀は中世末期から近世初期にかけての一時期中断されたが、その後復興され、現在まで斎行されている。生前退位（譲位）が認められると、即位・大嘗祭が行われる。

大嘗祭の祈請文は、建暦二年（一二一二）後鳥羽上皇から順徳天皇に伝えられた秘記（『神道大系・

践祚大嘗祭』所収、後鳥羽院宸記「大嘗会神饌秘記」）に、

伊勢の天照大神と天神地祇に対して、「皇神の広き護りによりて、国中平安、年穀豊稔、上下を覆ひ、諸の民を救済はん、よりて今年新に得たる所の新飯を奉供ること、此の如し」（原漢文）と奏上する。この前半の新穀を神供する文は、毎年の新嘗祭の趣旨と同一であり、それは大嘗祭の祭祀の性格とも合致する。

後半は、「また、朕の躬において、犯すべき諸の災難を未萌に攘ひ除き、不祥・悪事を遂に犯し来たること莫れ、又、高山・深谷、所々・社々、大海・小川において、名を記し厭ひ祭らば、皆盡く銷滅せん」と奏し、災害を未然に防ぎ、玉体安穏を祈念する内容である。神と自然の恵みへ感謝する天皇一代一度の大嘗祭には、災害への対応も祭祀の本義に組み込まれており、二つの祈念を主眼とした。

かつて私は大嘗祭論争において、折口信夫のマトコオフスマ秘儀説・聖婚儀礼説・先帝遺体同衾説を否定し、大嘗宮に設けられた第一の神座（寝座）は、天照大神が一夜休まれる、天皇といえども不可侵の「見立て」の座であり、神膳の供進こそが、祭祀の本義であると論じた。これに対して多くの研究者から批判をいただき、この大嘗祭像は、かぎりなく平板で貧しいといった意見もあった。

天皇祭祀の大嘗祭も神社祭祀も、ともに神道祭祀として饗膳儀礼を中心としている。神道祭祀は人間日常の食生活につながる饗膳儀礼であり、自然の厳しい脅威に向き合い、大災害を眼前にした私たちにとって、これこそがもっとも重要な祭祀儀礼であり、今はとても平板な祭祀とはいえないだろう。

古代いらいの祭祀伝統を知り尽くし、中世最後の後土御門天皇の大嘗祭に仕え、数々の秘伝である吉田神道を編み出した吉田兼倶は延徳二年（一四九〇）、禅僧に中臣祓を講釈した聞書ノート『中臣祓聴書』（『神道大系・中臣祓註釈』所収）に、つぎのように語っている。

神ノ徳ハ目ニハミエヌソ、其々ノ上ニ現ソ、神ト云ハ心ソ、道ハ行ソ、神道ハ人々ノ心ノ上ニ、ヲコナウソ、秘事ハ無ケレトモ、信サセウトテ秘スルソ

と信仰の内実を告白している。古代いらいの祭祀とは、秘すことで、祭祀の威厳性が高められること、しかしその本質に秘儀はないことを兼倶は熟知していた。

おわりに

私たち祖先は、日本列島を生活の地に選択したときから、自然の恵みに沢山の恩恵をうけるとともに、厳しい自然災害にも出逢うことになる。大嘗祭と天皇祭祀は災害への対応を組み込むことで、ようやく祭祀への理解が深まる。神社の祭祀も自然と災害とを組み入れることで、古代人の思想・意識に触れることが可能となる。

古代国家の関心事は、治安維持のため、疫病流行や旱魃・風水害など自然災害の脅威への対応であった。疫病・旱魃など災異の事象と古代律令祭祀制の展開とは密接な関わりをもってきた。祭祀制

の成立の背景には、天皇の病気と死があげられる。これらの災異現象は神の祟りとされ、天皇も数多くの神の祟りに遭うことになる。神と天皇、神と人との間は、祭祀を軸にして常に緊張した関係の中にある。

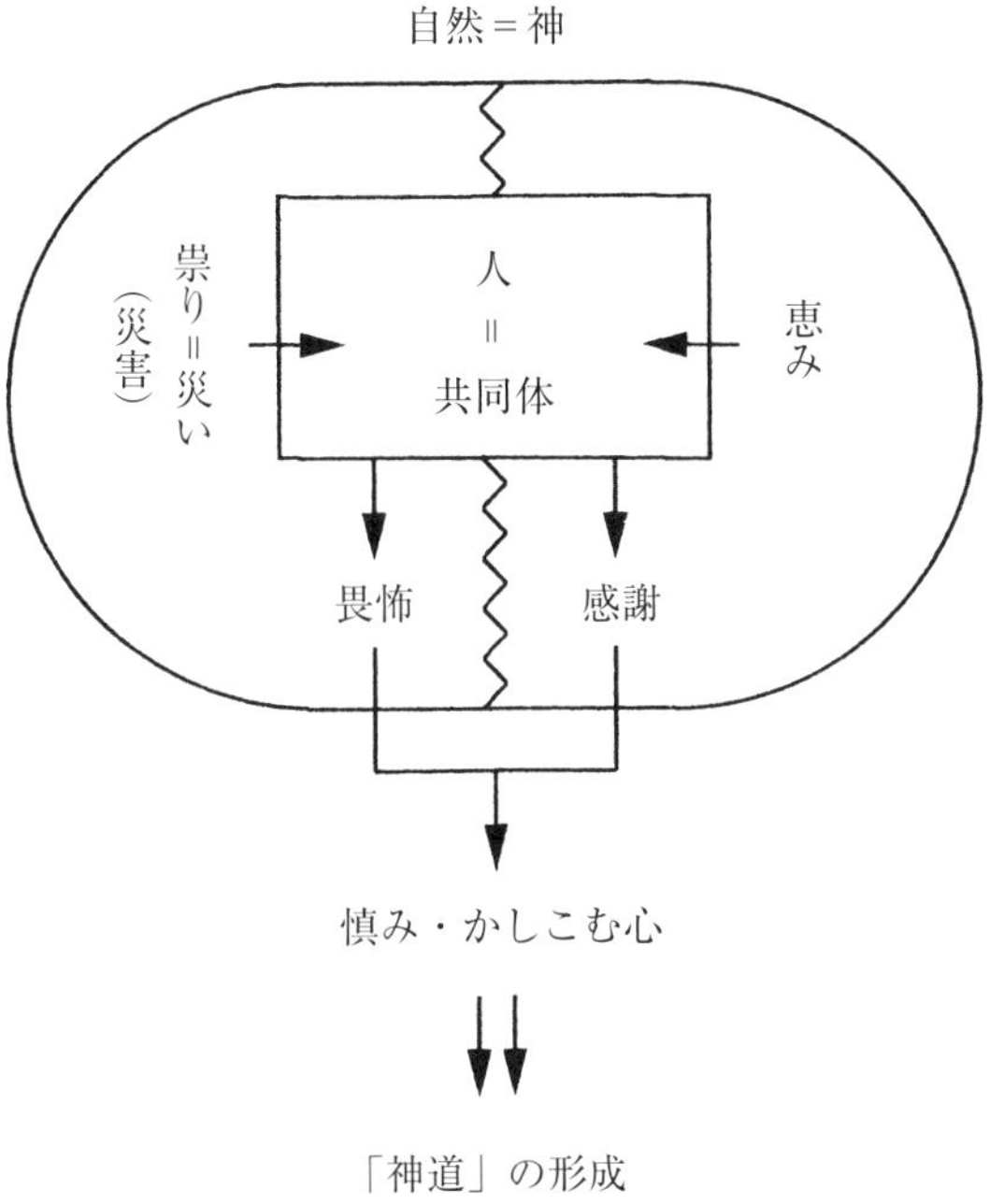

図25　自然＝神の概念図

神と自然と人間とは、相互に結びついた密接な関係を保っており、自然と神が一体となり、人間はこれに制御されてきた。神道の近代化のなかで、神への畏怖意識は薄れてきたが、いま古代の神道を辿ることで、災害を組み込んだ神道観の再構築が求められる。とくに古代の神道、神祇観の基本性格は、天皇祭祀の中に備わっているといえる。

厳しい自然環境の地域では、絶対的宗教である一神教が求められ、自然に恵まれた日本のような森の信仰では多神教が遺されてきたといわれる。だが、災害列島日本では、厳しい生活環境のもと、地域の共同体信仰として、神社・神道が生れてきた。日本列島に住み始めた私たち祖先は、自然の厳しい環境、度重なる災害の苦難にあってきた。こうした苦難を克服するため、共同体の社会が形成され、互いに助けあい、農耕の共同社会の中で神社と神道が生まれた。むしろ災害が多いことが、神道・神社と祭祀を現代まで必要としつづけてきたともいえよう。

（付記）　本論考は、以下の拙稿を再構成したものである。

＊「天皇と神々の循環型祭祀体系―古代の祟神―」（『神道宗教』一九九・二〇〇号、平成十七年）
＊「古代の天皇祭祀と災い」（『國學院雜誌』一一二巻九号、平成二十三年）
＊「神道祭祀考―新・神道論―」（『國學院雜誌』一一三巻一一号、平成二十四年）
＊「古代神祇祭祀体系の基本構想―天社・国（地）社祭祀制―」（『神道宗教』二四三号、平成二十八年）

第二章　天武朝前期における天皇新嘗

はじめに

古代律令祭祀制の形成過程の中で、天武朝から持統朝にかけて一代一度の践祚《せんそ》大嘗祭《だいじょうさい》が成立していった。その初度の例は、『日本書紀』によると天武天皇二年（六七三）と持統天皇五年（六九一）十一月成立説があるが、後者の持統朝成立が有力である(1)。ここでは国郡卜定を伴った畿外稲による天皇新嘗の親祭が斎行された天武朝前期の展開について論じていくことにしたい。以下、班幣祭祀の新嘗祭とは区別し、新嘗・天皇新嘗と称する。

一　天武・持統朝の新嘗と大嘗

天武天皇元年（六七二）六月丙戌（二十六日）、壬申の乱に挙兵した大海人皇子は伊勢国に入り、「旦《あした》に朝明郡の迹《と》太川《ほかは》の辺に、天照大神を望拝《をが》みたまふ」（以下、『日本書紀』、書き下し文に改めた）とある。『日本書紀』記述の根拠となる記録として、大海人軍に従軍した「安斗智徳日記」に、「廿六日辰時、明朝郡迹大川上に於いて、天照大神を拝礼す」（『釈日本紀』巻十五、「私記曰」所引）とあるので、伊勢の天照大神遥拝の史実は信憑性が高い。勝利をえた大海人皇子は、翌天武天皇二年二月癸未（二十七日）「天皇、有司に命《おほ》せて壇場《たかみくら》を設けて、飛鳥浄御原宮に即帝位《あまつひつぎしろしめ》す」と大和の飛鳥浄御原宮において即位される。

その一月半後の同年四月己巳（十四日）「大来皇女を天照大神宮に遣侍《はべらし》めむと欲し、泊瀬《はつせ》斎宮に居らしむ、是は先づ身を潔め、稍に神に近づく所なり」とあり、皇女を伊勢斎王に定め、翌三年十月乙酉（九日）「大来皇女、泊瀬斎宮より伊勢神宮に向でたまふ」とある。飛鳥に近い「泊瀬斎宮」は、のちの初斎院・野宮にあたり、ここで一年半近く、清浄な生活をおくった。

践祚大嘗祭成立の前提になるのが、大化前代いらいの新嘗儀礼と天武朝前期に斎行された国郡卜定を伴う国家的な新嘗とである。後者の天武朝における規模を拡大した新嘗と、伊勢斎王祭祀の組織化、祭神天照大神を奉祀することとは連動していた。

『養老神祇令』に規定された恒例祭祀の仲冬条に「下卯大嘗祭」とあり、同じく大嘗条には「凡大嘗は、世毎に一年なるは、国司行事せよ、以外は、年毎に所司行事せよ」とある。これによれば、新嘗も大嘗と呼ばれており、もともと世ごとも年ごとも、ともに「嘗祭」であり、国家・天皇に関して、「大」の字を付けることができた。天皇親祭の祭儀として、「大」字が付せられ、ともに大嘗祭とされたのであろう。持統朝以後、践祚大嘗祭と区別されるようになっても、年ごとも大嘗祭の名称は残りつづけ、『延喜式』にも、毎年新嘗祭について、大嘗祭と呼ぶことが残ることとなる。また、『神祇令集解』仲冬条には「朱云」として「世毎の大嘗祭の年は、年毎の大嘗は祭るべからず」とあるように、一代一度大嘗祭が斎行されるときは毎年の新嘗は行われなかった。

天武紀・持統紀における「新嘗」と「大嘗」の記事は、以下のとおりである。

（一）天武天皇二年十二月丙戌（五日）「大嘗に侍奉れる中臣・忌部、及び神官人等、并せて播磨・丹波二国の郡司、亦以下の人夫等に悉に禄賜ふ、因りて郡司等に各爵一級を賜ふ」

（二）天武天皇五年九月丙戌（二十一日）「神官奏して曰さく、新嘗の為に国郡を卜はしむ、斎忌斎忌、此には踰既と云ふ、尾張国山田郡、次次、此には須岐と云ふ、丹波国訶沙郡、並に卜に食へり」

天武天皇五年十一月乙丑（一日）「新嘗の事を以て、告朔せず」

（三）天武天皇六年十一月己卯（二十一日）「新嘗」

天武天皇六年十一月辛巳（二十三日）「百寮の諸有位人等に食を賜ふ」
天武天皇六年十一月乙酉（二十七日）「新嘗に侍奉りし神官及国司等に禄を賜ふ」
（四）持統天皇五年（六九一）十一月戊辰（一日）「大嘗、神祇伯中臣朝臣大島、天神寿詞を読む」
持統天皇五年十一月壬辰（二十五日）「公卿に衾を賜ふ」
持統天皇五年十一月乙未（二十八日）「公卿以下、主典に至るまでに饗へたまふ、并せて絹等を賜ふこと、各差あり」
持統五年十一月丁酉（三十日）「神祇官の長上以下、神部等に至るまで、及供奉れる播磨・因幡国郡司以下、百姓男女に至るまで、并せて絹等を賜ふこと、各差あり」

右の一〇項が天武・持統朝おける新嘗儀礼と大嘗祭との、記述のすべてである。天武朝最初と持統朝最初の（一）（四）は「大嘗」、天武朝の（二）（三）は「新嘗」とあり、践祚大嘗祭と毎年新嘗とが区別されて記載されているようであるが、これはのち書紀編纂時に区別した反映とみられる。以後『続日本紀』では、基本的に大嘗祭とその賜禄の記事は掲載されるが、恒例の新嘗については限定され、諒闇のため親祭が中止となり、神祇官が担当した異例の二例（天平勝宝八年〈七五六〉・延暦九年〈七九〇〉）が、とくに記される。

つぎに、天武朝の三例には、共通して「神官」がみえる。「神官」は神祇官の先行官司であり、西宮秀紀が指摘されているとおり、天武朝から新たに規模を拡大した祭儀執行の機関として設置された

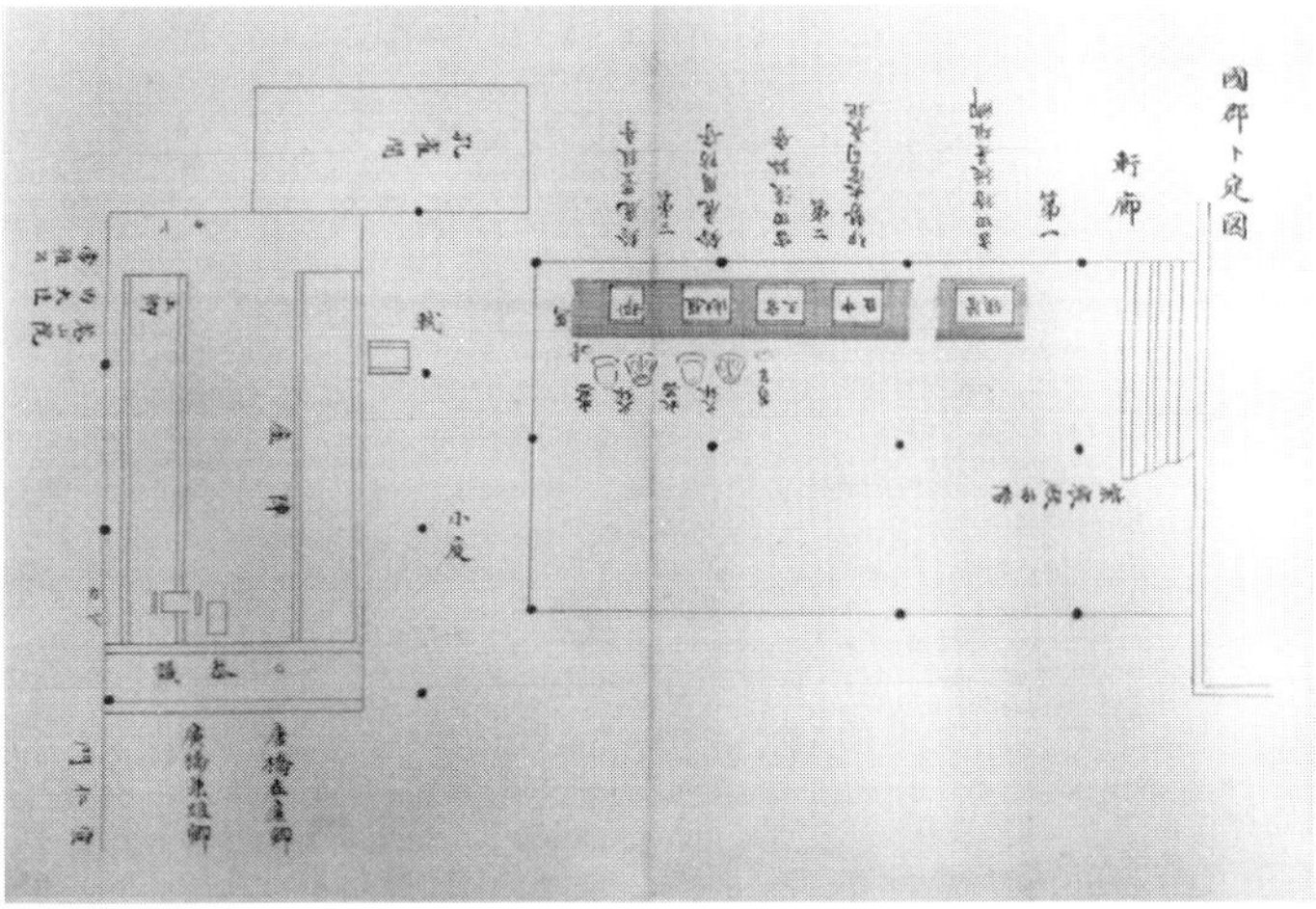

図 26　国郡卜定図（「大嘗会指図」，國學院大學図書館所蔵）

とみられる。[2] 持統天皇三年六月には「飛鳥浄御原令」が班賜され、八月に百官が神祇官に集まり、「天神地祇」の事を奉宣した。ここに「神祇令」祭祀の大枠が確定し、この時期から「天神地祇」の語が用いられ、神祇の二字を引いて「神祇官」と公称することになった。

天武朝前期の新嘗は、のちの践祚大嘗祭と共通する国郡卜定を伴った。(一)は播磨・丹波二国の郡（評）司に賜禄があり、(二)でも、尾張・丹波の国郡卜定、(三)にも国司らへの賜禄記事がある。天武朝の二年と五・六年、三度の祭儀は、ともに国郡卜定が行われていたと推定され、(一)(二)は畿外の二国の郡であることから、天武朝前期の祭儀には、毎年の新嘗にも、畿外の国郡卜定が行われる規模を拡大した形態が開始されている。(四)は、持統朝の践祚大嘗祭にあたり、歴代天皇大嘗祭の初出記録とみられる。ただし、この日時について、十一月戊辰の一日に大嘗と天神寿詞奏上が行われていることは不審である。大嘗は十一月壬辰二十五日に賜禄とともに辰日節会行事が行われたと推定できるので、その前日、辛卯二四日が「大嘗」の当日であり、この日に、即位儀に行われた中臣氏の天神寿詞奏上が、大嘗においても行われたことになる。[3]

（一）は「二国の郡司」と郡司「以下の人夫等」に賜禄があり、郡司（大領・少領）らに爵位が与えられた。（二）では新嘗の夕膳・朝膳にあたる供えが、ユキ・スキにあたり、ユキは斎忌、スキは次の意味で、ともに浄化、清浄、斎戒を重視していたことが理解できる。のちに践祚大嘗祭において呼称されるユキ・スキが天武五年の新嘗で確認できることは、ここに畿外斎郡の動員態勢が整えられ、大嘗祭の祭祀体系の原形が確立していたことになる。のちの和銅元年（七〇八）元明天皇の大嘗祭には「神祇官及び遠江・但馬二国郡司、并国人男女惣一千八百五十四人」（『続日本紀』）に叙位・賜禄が行われている。

令制以前の新嘗儀礼は、天皇直営の「倭の屯田」（のちの宮内省官田）で生育した稲・粟を用いて祭祀が斎行されたが、天武朝に入ると畿外の公郡が「斎郡」（臨時の神郡）[4]として奉仕する形式に改められた。天武天皇二年と同五年・六年の新嘗祭祀は、畿外の国郡を卜定する新しい祭祀形態が取り入れられた。天武朝前期の少なくとも複数回は畿外稲を用いた祭儀が執り行われた。畿内の直営田ではなく、畿外の郡が選定されたのは、孝徳朝の畿外神郡神社の祭祀体系を、新嘗の天皇祭祀制に組み入れたものであった。のちの大嘗祭斎行の前提となる畿外斎郡卜定は、すでに天武天皇二年から開始されている。

斎田神事は、王権基礎の領域である畿内を出て、畿外の神郡編成と同意の臨時の斎郡・斎田を設定することで、天皇の統治と国家の領域支配を象徴的に儀礼化したものである。悠紀・主基の斎郡人が二〇〇〇人近く上京して、大嘗祭の祭儀諸行事に参加し、賜禄をうけることで、服属・奉賛の体系が一時的に完成した。孝徳朝に始まる畿内制と畿外との位置づけは、天武朝において天皇親祭と班幣祭祀体制の中に組み込まれた。(5)

二　律令祭祀の基本設計——大嘗祭成立前史

七世紀後半期、天皇新嘗と大嘗祭の確立過程において、律令祭祀制の形成過程の全体像の中から考える必要があろう。律令祭祀において国家的祭祀の二系統である、外廷の班幣祭祀と内廷の新嘗祭祀とが、連動して祭祀体系の基本軸になっていく。そこで天武朝以前における祭祀の展開を論じておきたい。

天下の領域統治に関係した神々は、神話に語られ、国土の神郡神社に配置され、さらに天社・地(国)社に祀られた。孝徳朝の大化五年（六四九）、伊勢度会・多気郡と常陸鹿島郡とに神郡（神評）

表8　孝徳朝～天智朝における神祇祭祀

和暦(西暦)	事項
大化元年(六四五)	「乙巳の変」蘇我石川麻呂、神事優先の奏言。
大化五年(六四九)	神郡の設置(伊勢・鹿島神郡)、鹿島神宮「香島天の大神」の鎮座⇓神話に基づく東西軸祭祀体系と東・西海上ルート神郡・神域の「天下」配置。
白雉三年(六五二)	難波長柄豊碕宮完成。
白雉四年(六五三)	公郡の設置、忌部氏「祠官頭」就任。
斉明天皇元年(六五五)	斉明天皇、飛鳥板蓋宮即位。
斉明天皇五年(六五九)	出雲・杵築大社の神殿創建。
天智天皇六年(六六七)	近江大津宮遷都、この頃、鹿島神宮の神殿創建。
天智天皇九年(六七〇)	班幣(祈年祭淵源)祭祀の初出「山御井の傍に、諸神の座を敷きて、幣帛を班つ、中臣金連、祝詞を宣る」(『日本書紀』)。
天智天皇十年(六七一)	中臣金「神事」(天神・国神の神事)を奉宣、十二月天智天皇崩。

が設定される(『皇太神宮儀式帳』『常陸国風土記』)。この時、伊勢・鹿島のほか、香取・安房・出雲・紀伊日前・筑前宗像の特定七神社に八神郡が確定したと推定され、ついで全国的な郡(評)制が施行された[6]。斉明天皇五年(六五九)是歳に、「出雲国造〈名を闕せり〉に命せて、厳神の宮を修めしむ。狐、於宇郡の役丁の執れる葛の末を噛断ちて去ぬ」とある。意宇郡は出雲国造(出雲臣)の盤踞地であり、同郡には、天神系の熊野坐神社が鎮座していることから、同社の創建説が有力であったが、国

譲り神話における天神と大己貴神との巨大神殿造営の約束による出雲郡杵築大社の創建と見た方が妥当であろう。出雲国意宇郡にも神郡が設けられたと推定され、斉明朝廷の意向をうけた出雲国造は、意宇郡の神郡人を動員して、出雲郡に出向し、神殿創建に関わった。杵築大社につづいて、天智朝には鹿島神宮の神殿が造営された。神殿造営は、国家的方針として、神郡設定と連動して進められたと考えられる。

以上の畿外八神郡の特定神社と畿内の大和飛鳥を守護した大神神社、難波宮に直結した摂津・住吉神社の祭神は、記紀神話の高天原・出雲神話（天神・国神の譲渡神話）に基づいて日本列島（葦原中国）に配置され、七世紀後半の祭祀制の東西基本軸（東西の伊勢大神宮・杵築大社と中央の大神神社）に据えられ体系化された。さらに東方には、東北経営のための、太平洋東海上ルート（伊勢大神宮と安房神社・香取神宮・鹿島神宮）、西方には、大陸との交流・防衛のための、瀬戸内海西海上ルート（住吉神社・日前国懸神社と宗像神社）とが組み込まれた(7)。神話に基づいた天神・国神は、「顕斎」を具現化した天下世界に配置され、天武朝以降、畿内の神々を中心に、「天社・国（地）社」制を編成し、班幣祭祀を中核とした律令祭祀制が形成され、あわせて畿外斎郡を設定した天皇親祭による新嘗祭祀が成立する。

三　天武朝前期における神祇祭祀の展開

天武朝に入ると、「飛鳥浄御原令」に組み込まれる律令祭祀体系の前史が形成されていく。その基幹とされた祭祀制が二月祈年祭班幣祭祀である。天武天皇四年正月、諸社に「祭幣」が奉られ、また同年二月成立（『年中行事秘抄』所引の「官史記」）などが、祈年祭班幣の初例とみられている。祈年祭は稲作の豊穣を祈念する予祝儀礼であり、神祇官における中臣氏の祝詞宣読と忌部氏の幣帛準備と班幣の儀式によって完結していた(8)。

古代から明治初期まで、天皇祭祀と地域の神社祭祀とは祭祀権の二重構造になっており、個別の神社祭祀と国家・天皇祭祀とは不可侵の関係が保たれてきた。唯一、天皇親祭が完結できたのは、天照大神祭祀のみであった。天武朝祭祀制では、班幣祭祀と天皇親祭祭祀とが組み立てられ、律令神祇祭祀の基幹体系として確立した。

さらに律令祭祀の淵源としては、つづいて同四年四月の大和国内における風水害防止と農耕生産祈願である龍田神社の風神祭、広瀬神社の大忌祭が始まる。翌五年四月にも恒例化するとともに、その夏は旱魃がつづいたため、七月にも行われ、毎年四月・七月恒例の「神祇令」祭祀に組み入れられる。また、同年の新嘗祭儀に先立って、律令祭祀恒例の相嘗祭の始原とみられる記事が、十月丁酉（二日）「幣帛を相新嘗の諸神祇に祭る」とあるのも、天武朝前期の祭祀制形成における特記事項といえる。

（二）天武天皇五年の新嘗でも、国郡卜定を行う大規模の祭儀が行われた。この年八月辛亥（十六日）、長期につづく旱魃をおさめるために、「詔して曰はく、四方に大解除せむ、用物は則ち国別に国造輸せ、祓柱は馬一匹・布一常、以外は郡司、各刀一口・鹿皮一張・钁一口・刀子一口・鎌一口・矢一具・稲一束、且戸毎に麻一条」と、諸国大祓が行われた。この記述に基づいて、諸国大祓の規定は「飛鳥浄御原令」に組み込まれ、「大宝令」を経て『養老神祇令』諸国大祓条に定められた。のちの『儀式』巻二、『延喜式』践祚大嘗祭において、大嘗祭に先立って八月上旬、大祓使発遣が規定されているが、その淵源は、八月実施の時期からみても、天武天皇五年の拡大された新嘗祭儀の整備が契機となっている(9)。諸国大祓の成立について、国造・郡司（評督ら）が深く関与していることと、新嘗斎田の耕作が郡司以下の斎郡によって編成されていることとも関連してくることであった。

天皇親祭としての国家的新嘗祭祀は、右のとおり天武朝前期に確立した。天武天皇はさらに天武天皇七年に天神地祇への直轄祭祀を目指し、「是春、天神地祇を祠らむとして、天下に悉に祓禊す、斎宮を倉梯の河上に竪つ」とあり、斎宮の建設をすすめた。

同七年四月丁亥（一日）「斎宮に幸さむと欲しトふ」、四月癸巳（七日）には「トに食へり、仍りて平旦時を取りて警蹕既に動き、百寮列をなし、乗輿蓋を命して、未だ出行すに及らざるに、十市皇女、

表9　天武朝前期における神祇祭祀

和暦（西暦）	月	事項
天武天皇元年（六七二）	六月	壬申の乱（6／24～7／23）に挙兵した大海人皇子は、二十六日伊勢国に入り、「旦に朝明郡の迹太川辺に、天照大神を望拝みたまふ」。
	七月	高市・身狭社・村屋神の教えに、神武天皇陵に馬・兵器を奉れ。
天武天皇二年（六七三）	二月	天武天皇、飛鳥浄御原宮において即位。
	四月	大来皇女、「天照大神宮」に遣わすため、「泊瀬斎宮」に入る。
	十一月	国郡卜定を伴う「大嘗」（十二月丙戌〈五日〉「**大嘗に侍奉れる中臣・忌部、及び神官人等、并せて播磨・丹波二国の郡司、亦以下の人夫等に悉に禄賜ふ、因りて郡司等に各爵一級を賜ふ**」により推定）。
天武天皇三年（六七四）	三月	対馬国から銀を採掘、「諸神祇に奉る」。
	八月	忍壁皇子を石上神宮に遣わし「神宝」を磨く。「勅して元来諸家の神府に貯める宝物、今し皆其の子孫に還せ」。
	十月	大来皇女、「泊瀬斎宮」より伊勢神宮へ向かう（この頃、伊勢斎宮館造営か）。
天武天皇四年（六七五）	一月	「諸社に祭幣をたてまつる」（祈年祭の初出か、『年中行事秘抄』所引「官史記」二月甲申〈十日〉「祈年祭」）。
	二月	十市皇女（天武皇女）・阿閉皇女（天智皇女、草壁妃）、伊勢神宮に参詣。
	三月	土左大神、神刀を天皇に進献。
	四月	広瀬大忌祭・龍田風神祭（初見）。
天武天皇五年（六七六）	四月	広瀬大忌祭・龍田風神祭。
	是夏	「大旱、使を四方に遣し、幣帛を捧げて、諸神祇に祈らしむ」、また僧尼をして三宝に祈る（神仏併存の初出）、効験なし。

和暦(西暦)	月	事項
	七月	広瀬大忌祭・龍田風神祭(七月の初見)。
	八月	四方(諸国)に大解除(大祓)、同日諸国に命じて放生。
	十月	幣帛を相新嘗の諸神祇に祭る(相嘗祭の初見)。
	十一月	国郡卜定を伴う「新嘗」〈九月丙戌〈二十一日〉〉**「神官奏して曰さく、新嘗の為に国郡を卜はしむ、斎忌 斎忌、此には踰既と云ふ、尾張国山田郡、次 次、此には須岐と云ふ、丹波国訶沙郡、並に卜に食へり」**により推定)。
天武天皇六年(六七七)	五月	勅して「天社・地社」の神税は、三分の一は神に、三分の二は神主に給う。
	七月	広瀬大忌祭・龍田風神祭
	十一月	**「新嘗に侍奉りし神官及国司等に禄を賜ふ」**
天武天皇七年(六七八)	是春	「天神地祇」を祭るため、天下祓禊、倉梯の「斎宮」を建てる。
	四月	十市皇女、薨去のため、倉梯の「斎宮」への行幸中止、天武天皇による直轄の「天神地祇」祭祀は行われず。
天武天皇十年(六七九)	一月	幣帛を諸神祇へ頒つ。
	一月	畿内・諸国に詔して「天社・地社の神の宮」を修理せしむ。

卒然に病発り、宮中に薨ります、此に由りて鹵簿既に停りて幸行しますことを得ず、遂に神祇を祭りたまはず」とある。天神地祇(この名称は「飛鳥浄御原令」において初めて公称される)を祀るため、斎宮(倉梯川の川上＝奈良県桜井市)を造り、斎宮行幸の日が卜定された。その七日、行列が出発したところで、十市皇女が宮中で亡くなり、祭祀は中止となった。七日後、皇女の葬儀に天皇は臨席する。

十市皇女（天武の子、大友皇子の室）は阿閉皇女（天智の子、草壁皇子妃、のちの元明天皇）とともに三年前に伊勢神宮に参詣されている。佐々田悠は、天神地祇を祭祀する天皇親祭の計画が頓挫したことを指摘されている。[10]

その前年、天武天皇六年五月己丑（二十八日）、勅して、「天社・地社」の神税分配が定められた。「飛鳥浄御原令」（持統天皇三年班賜）に規定された「天神地祇」の称の前身は、この「天社・地（国）社」の神に当たり、これがその初出であることから、天武天皇七年「天社・地（国）社」の神へ、天皇親祭が計画されたものであろう。これは天智朝の九年（六七〇）に開始される班幣祭祀（祈年祭班幣の前身儀礼か）[11]から、天武朝に入り天皇親祭へと格上げを意図したものであったが頓挫した。以後、「天社・地（国）社」→「天神・地祇」への直接の天皇親祭は、天皇祭祀権と地域祭祀権との不可侵の関係を維持していくことで、その超越行為は制限され、祭祀権の二重構造は、日本国制の各時代に受け継がれた。[12]

おわりに――伊勢斎宮の造営

冒頭に触れたとおり、天武天皇二年（六七三）四月、大来皇女（天武皇女）は「泊瀬斎宮」で籠られ、翌年十月伊勢に向かわれた。この伊勢入りにあわせて、新造の伊勢斎宮ができ上がったと推定される。

近年の斎宮遺跡発掘により、七世紀後半の、大来皇女の斎宮と断定はできないが、遺跡の区画が明らかになりつつある（平成三十年〈二〇一八〉第一九三・一九五次調査、三重県埋蔵文化財センター穂積裕昌氏のご教示による。平成三十一年一月五日新聞報道など）。国史跡斎宮跡（三重県明和町）の西部に、東西四〇《メートル》、南北六〇《メートル》以上の方形区画が確認されており、奈良時代以前にも、大型建物の存在が、今後発見されていく可能性が高くなった。ここに新造された建物が天武天皇の飛鳥の宮殿に匹敵するものであれば、天武朝初期に伊勢大神への尊崇と、神宮への斎王派遣、そして天皇新嘗とが、一連の祭祀体系の確立の中で推進されたことになる[13]。

天武朝前期は伊勢天照大神の神威が高められた時である。天武天皇二年（六七三）四月に伊勢に赴くために「泊瀬斎宮」に入られ、その年十一月にユキ（斎忌）・スキ（次）の畿外稲による、拡大された新嘗が行われた。このことから、その年の夏（四月〜）には、伊勢斎王による神宮祭祀と新たに天武天皇二年に開始した新嘗祭祀とは、連繋した体系のもとに準備されたといえる。

天皇新嘗（基本は畿外稲・稲祭りであったが、直営田の粟も加えられたであろう）と斎王新嘗（直営の稲粟による稲粟祭り）祭祀とは連動して、天武朝の祭祀体系・機能とが組み立てられていったと考えている。その大きな祭祀上の転換期が、天武天皇二年の伊勢斎王の「泊瀬斎宮」入りと、その年十一月の同日天皇と伊勢斎王との、新嘗儀礼の成立であった。

神郡神社が畿外・辺境に策定されて四半世紀、天智・天武朝に班幣祭祀の基本体系が形成され、天社・地（国）社（のちの天神地祇）祭祀制が運用された。その最大儀礼が祈年祭班幣である。その確立過程の中で、天皇祭祀の核となったのが、天照大神一神への国郡卜定を伴う畿外稲による天皇新嘗であり、のちの大嘗祭の原形を見出すことができる。

天皇新嘗には、天下の統治を志向した新指針が組み込まれ、一方の伊勢斎王祭祀は、天皇の祭祀体系を補完する役割を果たすことになる。

注

（1）岡田精司「大化前代の服属儀礼と新嘗」（『古代王権の祭祀と神話』塙書房、昭和四十五年、初出昭和三十七年）、高森明勅「大嘗祭の成立についての管見―「養老神祇令」大嘗条の遡及年代を通路として―」（『國學院雑誌』八九巻十号、昭和六十三年）、岡田莊司「神今食と新嘗祭・大嘗祭」（本書第一部第四章、初出平成二年）、加茂正典「持統天皇五年十一月戊辰条について」（『日本古代即位儀礼史の研究』思文閣出版、平成十一年、初出平成九年）、虎尾俊哉編『訳注日本史料　延喜式　上』巻七「践祚大嘗祭」補注、八八四・五頁、集英社、平成十二年、小倉慈司「大嘗祭の成立」（『天皇と宗教』天皇の歴史09、講談社、平成二十三年）。

（2）西宮秀紀「律令神祇官制の成立について」（『律令国家と神祇祭祀制度の研究』塙書房、平成十六年、初出昭和五十六年）。

（3）田中卓「奈良時代における大嘗と新嘗」（皇學館大学神道研究所編『大嘗祭の研究』皇學館大学出版部、昭和六十二年）、加茂正典（注1）前掲論文。

（4）大関邦男「神郡について―伊勢神郡を中心に―」（『日本歴史』第四七〇号、昭和六十二年）。
（5）大津透「律令国家と畿内」（『律令国家支配構造の研究』岩波書店、平成五年、初出昭和六十年）、鬼頭清明「畿内と畿外」（『新版古代の日本』第六巻、近畿Ⅱ、角川書店、平成三年）。
（6）小倉慈司「律令制成立期の神社政策―神郡（評）を中心に―」（『古代文化』六五巻第三号、平成二十五年）。
（7）岡田莊司「古代神祇祭祀体系の基本構想―「天社・国（地）社祭祀制」―」（『神道宗教』第二四三号、平成二十八年）。
（8）岡田莊司「古代の国家祭祀―祈年祭の淵源を探る―」（『神道史研究』六五巻二号、平成二十九年）、塩川哲朗「古代祈年祭の祭祀構造」（『古代の祭祀構造と伊勢神宮』吉川弘文館、平成三十年、初出平成二十九年）。
（9）高森明勅（注1）前掲論文、菊地照夫「天武朝期の新嘗と諸国大祓」（『ケガレの文化史』森話社、平成十七年）。
（10）佐々田悠「天武の親祭計画をめぐって―神祇令成立前史―」（『ヒストリア』二四三号、平成二十六年）、久禮旦雄「神祇令・神祇官の成立」（『ヒストリア』第二四一号、平成二十五年）。
（11）岡田莊司（注8）前掲論文。
（12）岡田莊司「古代～の法制度と神道文化―天皇祭祀における不文の律・不文の法―」（『明治聖徳記念学会紀要』復刊第四十六号、平成二十一年）。
（13）岡田莊司「天武朝前期における天皇新嘗と伊勢斎王」（岡田莊司編『古代の信仰・祭祀』竹林舎、平成三十年）。

第三章　大嘗祭祭祀論の真義
——遙拝・庭上・供膳祭祀——

はじめに

大嘗祭の祭祀上の真義とは何か。ここには古代の祭祀・祭式の基本形が備わっているのではないかと想定している。『儀式』『延喜式』の践祚大嘗祭には、その祭祀の諸儀の次第が詳しく記されているが、[1]その祭祀上の真義について、うかがい知ることは難しい。しかし、時代の変化の中で、建物の規模・構造に変化があっても、祭祀・祭式は古代そのままに踏襲、継承されるものであり、時代が下り、中絶があっても、祭祀・祭式の基本形・根本義は固守・厳守されていくことになる。ただし、近代に入ると、宮中祭儀の担い手は、負名氏族の世襲が否定されることにより、撤退を余儀なくされ、そこには変化がみられたが、祭式作法を大きく変更することはなかった。

近代に入り、新たに神降ろしの作法が、祭式作法の重要な要素として祭儀に導入されていったが、大嘗祭と新嘗の祭式において、神降ろしの作法は導入されなかった。これは明治初期においても、ここだけは古来の作法の順守が貫かれたといえよう。以下、その真義を求めて考察する。

一　祭神・天照大神と「御厠」

大嘗祭の祭神については、悠紀殿の祭神を天神、主基殿の祭神を地祇とする説（忌部正通『神代巻口訣』、卜部兼倶『唯一神道名法要集』、荷田在満『大嘗会便蒙』など）、御膳八神とする説[2]、神供の枚手の数から天照大神・豊受大神と御膳八神とする説[3]、男女一対の田の神説[4]など、諸説出されているが、天照大神祭神論が最有力とされている。

大嘗祭の祭神名は平安後期以後の史料に記録されるようになる。平安末期から鎌倉初期頃成立の『助無智《じよむち》秘抄』（別名「年中行事装束抄」、『群書類従』八輯所収）「卯日廻立殿行幸」の項に、「主上ノアユマセ玉フ筵道ヲバ、コト人ハフマズ、コレ大神宮へ物マイラセハジメサセ玉フナリ、コトシノ物ヲバコノノチキコシメス」とある。

ついで、建暦二年（一二一二）『後鳥羽院宸記』に掲載する、後鳥羽上皇から順徳天皇に伝えられた「祈請申詞」には「坐㆓伊勢五十鈴河上㆒、天照太神、又天神地祇諸神」と明記されている。伊勢神宮の天照大神と天神地祇とされるが、後者の天神地祇は、後次的なもので、本来は伊勢に鎮座する天照大神を強く意識したものであった。

壬申の乱に勝利した天武天皇は、その初期に伊勢神宮・天照大神への尊崇が高まり、持統天皇即位の年に内宮伊勢式年遷宮が始まり、翌年（持統天皇五年〈六九一〉）に大嘗祭が始まっている。国家祭祀として天皇祭祀と神宮祭祀とが確立していることから、大嘗祭の成立当初から天照大神が祭神の中心であった可能性は高い。大化前代の負名の氏族により、神代の天上の儀の形式を再現する祭祀儀礼の祭神には、天照大神が最も相応しいのであり、天武朝から一貫して祭神は天照大神であったと思われる（本書第一部第三章）。

天照大神祭神論に関して、興味深い論考が加茂正典(5)によって指摘されている。悠紀・主基正殿の北三間の室（神座設営の間）の壁に、表は伊勢斑席（席・筵）、裏は小町席を使用していることである。このことは『儀式』（巻三、践祚大嘗祭儀中）のみの記述であり、このあとにつづく『延喜式』になると、その記載はなくなる。わざわざ伊勢産の席を用意するのは、伊勢の大神への特別の配慮がうかがえる。このことから、平安前期において、加茂の指摘するように、祭神は天照大神であったと断定してもよいだろう。天武朝初期の天皇新嘗が、天照大神祭神説の原初になっていることは、すでに触れたことではあるが、明確な根拠の一つは、『儀式』の伊勢斑席に求められる。

悠紀・主基正殿の北三間のほかに、もう一ヶ所、伊勢斑席が使用されている場がある。悠紀殿東南と主基殿西南にある御厠《かわや》は、長さ一丈、広さ八尺、高さ七尺と、小ぶりな建物であり、西戸・壁・扉は正殿と同じ仕様であることが規定されている。御厠も、その配置と仕様からみると、特別の建物であったことがわかる。このほか、大嘗宮内の正殿北には、膳屋・臼屋・神服柏棚など、神膳調理に関わる重要殿舎が設けられている。

御厠は、川屋とも書き、普通はトイレをいう。長時間の祭儀のために、神事奉仕者が入る便所ということになる。しかし、これには否定的意見をもっている。

かつて、『訳注日本史料　延喜式　上』の補注には、「正殿のそばにある側屋、便宜設けられた所、掃部式十四条に「御厠殿、鋪折薦八重帖一枚」とある。八重帖を敷いて神来臨の場としたものか。用途は不詳」と記し、神座の室と同じく、「八重帖」敷いた建物も、神来臨の見立ての場と推定したが、それ以上の言及は避けた。トイレとの関連で想起されるのが、『日本書紀』神代の天照大神新嘗における素戔嗚尊の乱行であろう。

是の後に、素戔嗚尊の為行、甚だ無状し、何とならば、天照大神、天狭田・長田を以て御田としたまふ、時に素戔嗚尊、春は重播種子《しきまき》し（中略）、且畔毀《あはなち》す（中略）、秋は天斑駒を放ちて、田の中に伏す、復天照大神の新嘗しめす時を見て、則ち陰に新宮に放屎《くそま》る、

（『日本書紀』第七段本文）

日神の新嘗しめす時に及至びて、素戔嗚尊、則ち新宮の御席《みまし》の下に、陰に自ら送糞《くそま》る、日神知し

めさずして、徑に席の上に坐たまふ、是に由りて、日神、體《みみこぞ》挙りて不平《やくさ》みたまふ、故、以て恚恨《いか》りまして、迺《すなは》ち天石窟に居しまして、其の磐戸を閉しぬ、（『日本書紀』第七段第二の一書）

御厠は正殿とともに、大神来臨の見立ての場である。素戔鳴命乱行の汚物放置のとき、また緊急避難のときの大神籠りの場であり、不浄逃避の見立ての場として用意されたものであろう。御厠は、仁安三年（一一六八）十一月二十二日の高倉天皇大嘗祭に「御樋殿」（『兵範記』）とあるのがそれで、平安末期までは所在が確認できるが、中世以後になると、御厠の用途は不詳となり、のちに伝来せず、自然消滅したのであった。

二　遥拝祭祀と土座

古代において大嘗宮は朝堂院大極殿南の前庭に特設された。平城宮第二次朝堂院発掘調査により、三期にわたる仮設の掘立柱や柴垣が建てられていた数多くの柱列の跡が確認されている。(6) 平安時代中期以後は大極殿の焼失など異例のあるときに、豊楽院・内裏紫宸殿南庭で斎行されている。中世以後は平安宮内、朝堂院のあった故地で室町後期（後土御門天皇）まで行われ、近世の再興後は内裏紫宸殿の南庭で行われている。近代になると、明治は東京・皇居（吹上）、大正・昭和は登極令により京都御苑、平成には東京・東御苑に斎場が設けられた。

大嘗祭の中心祭儀である卯日神事の行われる悠紀殿・主基殿の正殿（嘗殿）をはじめ膳屋・臼屋などを総称して大嘗宮という。その建物は祭の七日前（上申日）に斎場を鎮祭して建設にかかり、五日間で建て終え、致斎（中丑日）の前日までに完成させ、殿と門をまつる大殿祭がある。辰日早朝に祭儀が終わると、再び鎮祭があり、悠紀・主基国の人夫により大嘗宮は壊された。

大嘗宮の左右対称の配置については中国古代宗廟の形式に類似するという指摘がある。また正殿・膳屋や廻立殿などの主要建物は五間の平面形式の建物であり、正殿の建物は閉ざされた三間の室と開かれた二間の堂に分かれ、その建築様式は住吉大社本殿に類似し、近世の農家住宅に見られた地床（土座）式住居に似ていることから、上代の住宅建築の遺存とする見方がある。正殿は『延喜式』では束草を敷き、その上に竹の簀を置いた簡素な土座であり、堂にはこの上に席《むしろ》を敷いた。土座の古い形式は、天仁元年（一一〇八）の鳥羽天皇大嘗祭にあたり、神殿の「南中階」の下に到るとあり（『天仁大嘗会記』）、保安四年（一一二三）の崇徳天皇大嘗祭では「昇二給大嘗宮南階一」（『大嘗会卯日御記』）とあるので、平安後期になると高床式建物に移行する。(7)

古代の神祇祭祀では、神殿外の土座の上から祭祀者が祭式を勤めることが慣例とされてきた。石清水八幡宮・春日大社などは現在においても、祝詞座は土座（石の台座、円座などが置かれる）とされており、滋賀県・日吉大社でも、昭和初期の写真(8)によると、やはり土座祭祀である。伊勢の神宮祭祀も、立派な正殿が建てられていても、近世以前までは、正殿床下の心御柱に向けた祭祀であり、現在も庭

図27　春日大社の祝詞座（春日大社提供）

上祭祀の基本形は受け継がれている。

新嘗祭（神嘉殿）と大嘗祭の殿上祭祀、および出雲大社の神殿内祭祀（近世以前）が異例、特殊といえる。しかし、大嘗宮の悠紀殿・主基殿の建物は、平安後期以前は、束草を敷き、その上に竹の簀を置いた簡素な土座であったという。ここには、殿上・殿内祭祀と「同床共殿」以前の古い祭式のカタチが見え隠れする。

土座・大地の上から祭祀をするということは、遥拝祭祀に起源が求められよう。天皇直接の天神地祇祭祀は、大和の丹生川上における神武天皇親祭が最初の唯一の事例であり、その以後明治元年の五箇条御誓文祭祀まで、その事例はない。伊勢神宮祭祀も、天皇直轄ではあるが、基本的に諸祭祀は在地神職に委ねら

図 28　清涼殿の東南隅にある石灰壇（右側，屏風の前）

れていた。

宇多天皇は仁和四年（八八八）、天神地祇を毎朝神拝する日中の所作を定める（『宇多天皇宸記』）。天皇は元旦のみ清涼殿前の庭上で四方拝を行なったが（現在は神嘉殿前の庭上御拝所、元旦以外では、伊勢式年遷宮のときなど、臨時御拝がある。口絵写真7参照）、以後の毎朝は、清涼殿の東南隅にある地上から殿上まで白い漆喰を塗り固めた土間の石灰壇に立ち神祇を拝することが慣例とされた。これは庭上の形式を床上に設営したものにほかならない。石灰壇は醍醐朝には、その設備があったことが記されており（『古事談』第五）、天皇が大地に降り、神を遥拝する丁重な「庭上下御《げぎょ》」の作法を貫くために設けられた（明治四年（一八七一）十一月から宮中三殿への代拝に移行)。

大地には、強い大地の霊が存在した。その霊性を身に受けることで、祭祀者としての存在が確保された。相撲における土俵内は、そうした霊性を身につけることで、相手に勝利をもたらすことになる。大嘗祭において、天皇は徒跣《とせん》(素足)であることは、これも大地の霊を受け浄化する作法と思われる。[9]

祭祀だけでなく、天皇関与の葬送においても、大地との関係は深い。延暦二十五年(八〇六)三月、桓武天皇崩御にあたり、「皇太子下殿、剣璽渡御」(『続日本紀』)とあり、喪葬にあたり、大地に降る作法が確認できる。[10] 吉田卜部氏の葬送においても、大地に降る同様の所作がある。[11] また、諒闇のとき、天皇が父(先帝)・母の喪に服するための臨時の仮屋、天子が籠る御在所である倚廬《いろ》殿は、土殿ともいい、内裏内の地面に葉薦と席を敷く簡素な土間・土座になっている。[12] これらは、大地の霊を受けることで不浄を忌避する作法と考えられる。

三　神降しの系譜

悠紀殿・主基殿の室内部には、中央に第一の神座(寝具を奉安する寝座)とその東に、神膳を供える神食薦が置かれた第二の神座(京の都の場合は東側、東京では西側に用意される)とがある。この設営は、神祇祭祀としては異例に属しており、天皇祭祀の祭式には、重層的構成を読み取ることができる。ここには天皇祭祀権にかかわる祭祀上の真義が備わっていると考えられる。

中央の神座は、神来臨の見立ての座であるが、何時来臨されるのか、所作から神降しを確認することはできない。古代天皇祭祀の系譜に降神の所作はない。

大嘗祭の奉仕者の言葉として、現代では卯日の神事に先立って、「午前中の神座敷設の際、壁面まで運び置き、神座奉安のあと、そこより掌典長が所定の位置に進めて献じた。この神座奉安により、神が降臨されたこととなる」[13]とされている。

神座奉安が重視されてきたことは、古い記録の中で、六月神今食の例として、『内裏式』逸文に、祭祀開始以前、「縫殿寮供㆓寝具㆒、天皇御之」という、神殿まで出御し、神座に寝具を奉安することを天皇が確認している事例のあることは重要である[14]。

東西の悠紀・主基二殿に神座が奉安され、灯明が両殿に点されると、両殿同時に大神が来臨したと観想する。悠紀殿・主基殿の二殿は合一・一体であり、別々に考える必要はない。両殿は一つであり、二神事を個別に行うことは、より一層清浄・丁重に行う作法といえる。

このことについて、室町中期の摂関家、一条兼良は『代始和抄』の中で、「大嘗会には悠紀・主基の国郡の定有、悠紀は斎忌といふ心なり、神斎の事也、主基は次と云文字をすきとよめり、次の神斎と云ふ心なり、次といへはとて天地懸隔の心にはあらず、たとへば左右前後なと云程の事也、大嘗会神膳之儀、両度あるによて、後の度のをすきと云なり、悠紀・主基之字、和訓也、神事潔斎之心のみ也」と明快な指摘がある。

さて、天皇祭祀に神降しの作法が取り入れられたのは、五箇条御誓文・神籬降神祭祀（慶応四年〈明治元〉三月十四日「太政官日誌」）のときである。南殿（紫宸殿）に神座を設け、降神（「神於呂志神歌　神祇督勤之」＝神祇督は白川資訓）・昇神の作法で「天神地祇」（これ以前、天神地祇への直接の祭祀は初見）を迎え、三条実美が「御祭文読上」、天皇は幣帛玉串を奉り「御神拝」を行なった。このの ち、同年五月二十五日京都・河東操練場における楠公祭において、「神於呂志詞」「神祇知事献玉串」「神阿計詞」の式次第に、鷹司輔熙知官事・亀井茲監副知官事・植松雅言判事・福羽美静権判事ら奉仕し、近代招魂祭祭式の主流となる。また、同年六月二十八日明治天皇の神祇官行幸において、天神地祇・歴代皇霊に「国是確立御奉告」を行い、このとき神祇官知事中山忠能は降神詞・昇神詞を奏した。ここに降神・昇神祭式が近代祭祀の基本に定まり、五箇条御誓文・神籬降神祭祀がその原形とされた。

神降しの起源は、古代の天皇祭祀に求めることはできない。このことを強く指摘したのは、戦前、宮内省掌典を勤め、宮中祭祀を知り尽くした八束清貫である(15)。八束は、佐伯有義が戦前皇典講究所の仕事として収集していた記録をもとに、祭式作法の事例集成を戦後完成させた(16)。

祭祀に神を下し奉ることは、御占神事の如く、特に神命を請ひて神饌又は奉仕者等の不浄の有無を定むる場合にのみ之を行ふ例で、単に神祇を請招して御饗を奉る祭祀には特に神下しの儀は行はれなかった。（中略）一般の祭祀に於て、琴を弾き、神於呂之の歌を謡ふことは、御占神事の如き特殊の意義ある祭祀には可なるも、普通の祭祀に琴を弾き、歌を唱へて降神又は昇神するは誤れるものと云ふべき歟、考慮を要すべきである。

その解説によると、平田派国学の六人部是香《よしか》の『私祭要集』にその根拠があるという。五箇条御誓文・神籬降神祭祀の祭式原案作成には、六人部是香の六男是愛《よしちか》（神祇事務局権判事、向日市文化資料館所蔵「御親祭略式」）が関与していた(17)。また、近世前中期、梅宮社神官で垂加神道の影響をうけた橘家神道創立者玉木正英は、神降し・警蹕・神号などを祭式に導入した。これら祭式のもとになったのが、中世後期から近世において、神社界を席巻していった吉田（卜部）神道の祭式に起源があり、「鎮座加持」に「招請如常」とあり、「七夕祭　勧請（神名）」・「蛭児神祭次第（招請神文・発遣神文　西宮大明神　一切諸神、奉送本宮仁）」などに見られる。吉田神道祭式(18)は、古代祭式に示される静寂・微声とは違い、吉田祈禱の護摩行事は動的であり、その系譜は陰陽道の祭式、修験道、真言密教などの影響が強く、仏教の高声・乱声による作法にも近い。さらにいえば、その勧請作法は、寺院の法会や神社の神宮寺など、神仏習合の場で催された修正会・修二会の「諸国神名帳」の奉読、また奥三河の花祭りをはじめとする神楽における神名奉読と神降しに原形が認められる。

鎌倉時代中期、無住『沙石集』巻一「出離ヲ神明ニ祈事」には、

三井寺ノ長吏公顕僧正ト申セシハ顕密ノ明匠ニテ、（中略）サテ其朝、僧正浄衣ヲ着、幣ヲモチ

テ、一間ナル所ノ帳懸タル前ニ向テ、所作セラレケリ、（中略）
仍都ノ中ノ大小神祇ハ申スニ及バズ、辺地辺国マデモ聞及ニ随テ、日本国中ノ大小諸神ノ御名ヲ
書奉テ、此一間ナル所ニ請ジ置奉テ、心経卅巻、神呪ナド誦シテ、法楽ニ備ヘテ、出離ノ道、偏
ニ和光ノ方便ヲ仰グ外、別ノ行業ナシ、

とあり、近神と神降しの作法は、仏家独自に生起し、中世後期には村落の芸能・儀礼に伝播・波及していった。中世祭文と芸能の分野では、詳細な研究がすすんでいるが、祭式・所作研究は、未開拓であり、今後の研究蓄積が期待される。神降しの流れは、中世に入ると各流派に分岐していったが、再びこの流れは、吉田（卜部）神道・垂加神道・国学神道の系譜のなかで、集成・熟成され、近代国家祭式に組み立てられた。

このように近代神降しは仏教の法会の中にその源流がある。(19) 古代祭祀・祭式に神降しの作法は確認できないが、卜占においては、神降しを必要とした。伊勢神宮の三節祭に先立って、神職奉仕の有無について神意を伺うとき、神降しがあるが、これは祭祀の最中ではなく、その前儀にあたる。

古代から現代に至る大嘗祭・新嘗祭には、神降しの作法は確認できない。中央の神座は神来臨を見立てた座であり、寝座秘儀説につながる具体的所作はない。天皇の作法も、中央の神座に向けて、その所作がないことは、大嘗祭祭式の全体像のなかで熟慮しなければならない祭祀の真義に関わる重要事項といえよう。

四　遥かに「奉拝＝おろがみまつる」こと＋供膳祭祀

祭祀の重儀は食物の供膳作法と御直会であり、このことが「秘事」とされてきた。第二の神座とは、神食薦が敷かれたところにあたり、この上に陪膳采女の介添えで、米・粟の御飯や海産物の切り身などが、柏の葉で作られた窪手のなかから、御箸（ピンセット状の竹製）を用いて、丁寧に三箸ずつ柏の皿である枚手に盛り付けられ、重ねられていく。第二の神座、神食薦の場は、大神へ対して神膳を供え、盛り付けられる場である。天皇は第一の神座を背、または脇にしながら、祭祀の核心は、長時間にわたり、東または東南の方角を強く意識して行われる。遥かに奉拝（＝おろがみまつる）、遥拝のことと供膳祭祀とが合体した祭式構成になっており、さらにその後方中央には、大神休息の見立ての座が用意されている。

大嘗祭は東・東南の方角に向けて、供膳祭祀が斎行されてきた。殿内の装飾は伊勢斑席で囲われ、祭神は天照大神、伊勢大神宮内宮鎮座の大神へ対する遥拝と供膳の祭祀である。伊勢神宮祭祀は伊勢に在地する禰宜・大内人・大物忌らに委任・委託された在地性の高い祭祀といえる。天皇の皇祖神である伊勢祭祀は、特別の祭祀体系を構成しており、ここには天皇祭祀との連繋が認められる。その特徴が外宮の御饌殿祭祀である。

伊勢神宮外宮の御饌殿祭祀は、毎日朝夕二度、内宮天照大神、外宮豊受大神はじめ相殿神六座に対して、供膳が行われる。外宮正殿北側に位置する御饌殿は神様のお食堂ともされている。伊勢祭祀の特質について、『延喜式』伊勢大神宮、神田条〈68〉に、神田から収穫された苗子は、「大神宮三時」（月次祭と神嘗祭の由貴大御饌）と「度会宮朝夕之饌」（御饌殿の日ごとの御饌）に供えられることになっていた。朝廷の側からは、内宮の三節祭とともに、外宮の毎日の御饌殿祭祀を重視していたことがわかる。

吉川竜実は「この規定こそ原初の内外宮の規模であった」とされ、外宮祭祀における常典御饌祭祀の重要性を指摘している[20]。さらに、吉川は常典御饌、御饌殿祭祀が年一度、九月神嘗祭にあたり、殿内の布帛類の装飾を朝廷の出先機関とされている大神宮司支弁によって新調されていることに注目されている（『止由気宮儀式帳』『延喜式』伊勢大神宮、御膳年料条〈15〉）[21]。

御饌殿にかかわる『延喜式』伊勢大神宮の規定について、藤森馨は「日別朝夕の御饌殿祭祀は、奉幣祭と同様中央朝廷祭祀の延長線上に位置づけられる祭祀[22]」とされたが、これに対して塩川哲朗は「在地の奉仕者の手による耕作で収穫された米をその奉仕者の親族が炊飯して奉ることなどの古代神宮における御饌弁備の形態は、奉幣祭のような国家による幣帛の弁備とは一線を画すものである」と述べ、注においても「外宮の御饌殿祭祀は伊勢の祭祀奉仕者たちの手による自給自足的な祭祀であり、奉幣祭と同様に考えるべきではない[23]」と論じられ批判している。塩川の指摘するとおり、御饌殿祭祀は奉幣祭に準じた、延長線にあるものではないことは確かであろう。しかし、在地奉仕者により自給自足の御饌を奉る在地性の強固さを論じるだけでは、本質を見失うであろう。大神宮司は毎日使用する殿内装飾に特別の意を用いており、直轄の天皇祭祀の側面があるからこそ、逆に在地性が重視されたといえよう。

毎日の御饌殿祭祀は在地性の高い専属の祭祀であり、神宮内で完結する御饌殿における遥拝祭祀の性格が強い。その祭式所作に神降し作法は確認できない。御饌殿内の作法は、明治以前までは、大物忌の童女が御饌の水・飯・贄を食薦・枚手を用いて供膳しており、天皇新嘗の所作に類似していることが指摘されている[24]。

また、吉川は、御饌殿前において行われる禰宜の祝詞奏上について、明治以前、巽（東南）に向かって天照大神御饌奉奠祝詞、坤（西南）に向かって豊受大神・相殿神・四至神へ御饌奉奠祝詞を奏す遥祀形式をとり、その後、諸員の八度拝も同様の方角に遥祀形式で行われたこと（明治五年〈一八七二〉以後、八度拝は北面して一度にまとめて行うことに変更）。さらに、神宮文庫所蔵『常典御饌奉仕次第』（明治十一年、尾崎繁常著）の八度拝に「各員、唯　オ、――ト　二声ヲ発シ手二ツ拍チ奉拝ス」と称唯があることから、拙論[25]を引かれ、天皇が大嘗祭・新嘗祭・神今食の御直会の儀に行う称唯と軌を一にした同系の祭祀であることを指摘された。

御饌殿祭祀について、これらの事例を総括した吉川は、神宮内において「日別に執り行われる天皇祭祀」の延長であると論じられた。この神宮内御饌殿祭祀に対して、大嘗祭の供膳・御直会の天皇親祭の祭祀は、神域外、天皇と神宮間における「遥拝祭祀+供膳・御直会」という祭祀形態・構造を看取することができる。

おわりに――海の幸神膳

本章では遥拝・庭上・供膳を祭祀・祭式論の中枢に据えて論述してみた。ここには神宮御饌殿祭祀との共通性が明らかになる。その祭祀上の真義が供膳であることは論を俟たない。

神膳については、畿外の水田生育の稲（米）と畿内官田の陸田作物である粟とが中心であり、粟は「秘事」とされてきた。(26) 天皇祈請の文言(27)は、御飯の収穫祈願と災異の無事との祈念であり、それは米稲と粟祭りに象徴される。これに加えて、祭祀の場である京域は、大和国内か山城の平安京内という、海域をもたない山々に囲まれた盆地であるのにもかかわらず、神膳の中で何と海産物が多いことか。高橋・安曇両氏の負名氏族と内膳司において神膳が用意され、生物では、鯛・鰒・雑魚腊・醤鮒、干物では、蒸鰒・干鯛・堅魚・干鯵が供えられる（『建保大祀神饌記』）。また、その他に瀬戸内海につながる紀伊・淡路・阿波の畿外三国から海産物が納められた（『延喜式』践祚大嘗祭、由加物条〈18〉）。これらは、大化前代の贄に系譜をもつところも含まれる。天下を統治する天皇は、里の収穫とともに、

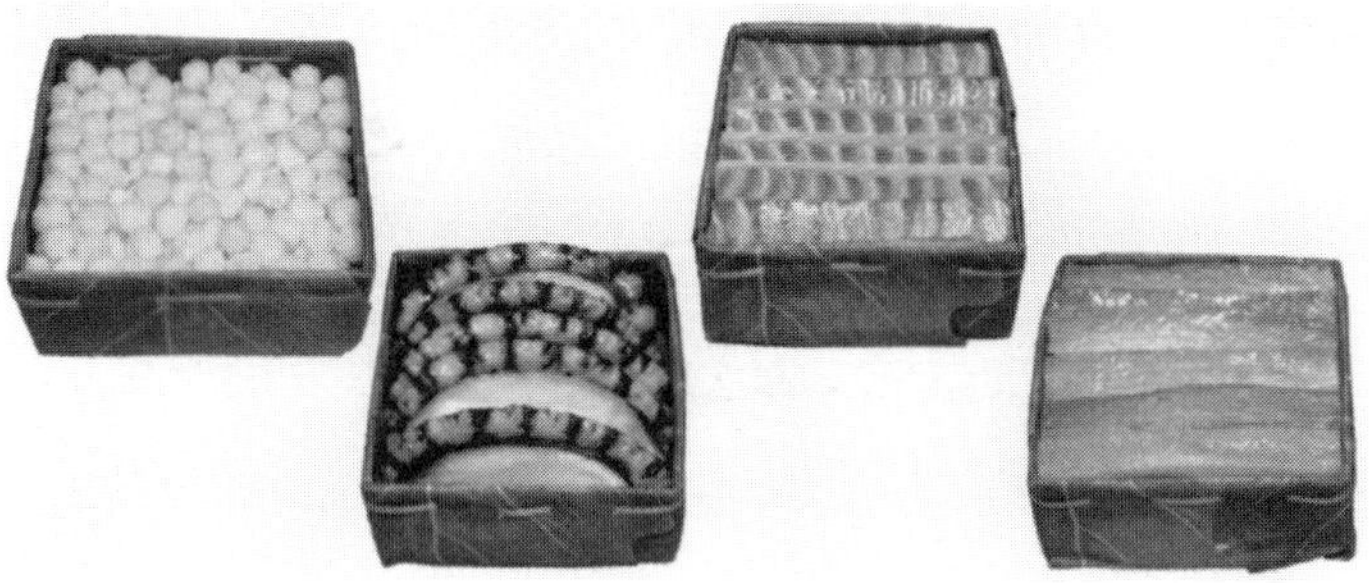

図29　大嘗祭神饌模型（國學院大學博物館所蔵）

海域統治の願いである海産物を皇祖天照大神に供えることで、国家の安全が確保されることになる。

大嘗祭の祭式について、殿内神座の一方では見立ての座を作り、神来臨を意識しつつ、一方では遠く伊勢の地に想いを馳せ、遥拝するという祭式の二重構成は、現代人から見るとわかりにくい。近代明治祭式は、その整合性を確保していくため、新たな祭式が導入されていったが、古代祭式に系譜をもつ大嘗祭・新嘗については、大きな変更はなく、古式をとどめたまま、天皇によって代々受け継がれてきた。

注

（1）虎尾俊哉編『訳注日本史料　延喜式　上』巻七践祚大嘗祭補注（岡田執筆）、集英社、平成十二年、『資料で見る大嘗祭』（國學院大學学術資料センター編、岡田莊司・笹生衛・塩川哲朗・木村大樹執筆、平成三十年）、「大嘗祭」（岡田莊司編『事典　古代の祭祀と年中行事』吉川弘文館、平成三十一年）。

（2）松前健「大嘗祭と記紀神話」（『古代伝承と宮廷祭祀』塙書房、昭和四十八年、初出昭和四十五年）、三品彰英『古代祭政と穀霊信仰』平凡社、昭和四十八年。
（3）川出清彦「大嘗祭における稲のお取扱いについて」『大嘗祭と宮中の祭り』名著出版、平成二年、初出昭和四十二年、『祭祀概説』学生社、昭和五十三年。
（4）森田悌「大嘗祭・神今食の本義」山中裕・森田悌編『論争古代史』河出書房新社、平成三年、同「嘗の祭りのメタモルフォシス」『天皇の祭りと村の祭り』新人物往来社、平成六年。
（5）加茂正典「大嘗祭御祭神考」（『文化学年報』六十五輯、平成二十八年）。
（6）奈良国立文化財研究所編『昭和五九年度平城宮跡発掘調査部発掘調査概報』昭和六十年、同編『昭和六〇年度平城宮跡発掘調査部発掘調査概報』昭和六十一年。
（7）関野克「貞観儀式大嘗宮の建築上・下」（建築史研究会編『建築史』第一巻第一・二号、昭和十四年）、池浩三「大嘗祭の建築」（『家屋文鏡の世界』相模書房、昭和五十八年）、林一馬「大嘗宮正殿の史的変遷」（『伊勢神宮・大嘗宮建築史論』中央公論美術出版、平成十三年、初出平成五年）。
（8）嵯峨井建『日吉大社と山王権現』人文書院、平成四年、八十三頁掲載写真。
（9）『江家次第』大嘗祭条、悠紀殿に御すとき「主上徒跣」とある。
（10）渡部真弓「古代喪葬儀礼の変遷―天皇喪葬儀礼における吉凶意識の成立―」（『神道宗教』一四五号、平成三年）。
（11）岡田莊司「近世神道の序幕―吉田家の葬礼を通路として―」（『神道宗教』一〇九号、昭和五十七年）。
（12）渡部真弓「倚廬渡御成立過程の基礎的研究」（『明治聖徳記念学会紀要』復刊四号、平成三年）。
（13）鎌田純一『即位礼・大嘗祭　平成大礼要話』錦正社、平成十五年。
（14）西本昌弘「九条家本『神今食次第』所引の「内裏式」逸文について」（『日本古代の年中行事書と新史料』吉川弘文館、平成二十四年）、本書第二部第五章の補論「『内裏式』逸文をめぐって・再考」。

(15) 藤本頼生「八束清貫」(『戦後神社界の群像』神社新報社、平成二十八年)。
(16) 神社本庁編『神社祭式行事作法典故考究』平成六年。
(17) 星野光樹「幕末期における復古的祭式と「玉串行事」について」(『神道宗教』二三九号、平成二十七年)。
(18) 富山県・横越家所蔵「事相方内伝草案」(岡田莊司編『神道大系・卜部神道(下)』神道大系編纂会、平成三年)。
(19) 『企画展　列島の祈り—祈年祭・新嘗祭・大嘗祭—』所収「祈年の法会と神々」(大東敬明担当)國學院大學博物館、平成三十年、『特別展　奥三河のくらしと花祭・田楽』名古屋市立博物館、平成二十五年。
(20) 吉川竜実「日別の祈り　上・下—神宮常典御饌再考—」(『神道宗教』一七一号・一七二号、平成十年)。
(21) 吉川竜実、前掲注(20)論文、桜井勝之進『伊勢神宮の祖型と展開』国書刊行会、平成三年。
(22) 藤森馨「伊勢神宮内外両宮の祭祀構造—由貴大御饌神事に関する試論—」(『古代の天皇祭祀と神宮祭祀』吉川弘文館、平成二十九年、初出平成三年)。
(23) 塩川哲朗「古代御饌殿祭祀の基礎的考察」(『古代の祭祀構造と伊勢神宮』吉川弘文館、平成三十年、初出平成二十九年)。
(24) 川出清彦『祭祀概説』学生社、昭和五十三年、吉川竜実、前掲注(20)論文、中西正幸『神宮祭祀の研究』国書刊行会、平成十九年。
(25) 本書第一部第三章「〝真床覆衾〟論と寝座の意味」の称唯(一〇五〜一〇七頁)参照。
(26) 本書第二部第四章「稲と粟の祭り—大嘗祭と新嘗—」。
(27) 京都御所東山御文庫所蔵、霊元天皇宸筆『大嘗会神膳次第』御祈請の事(宍戸忠男氏御教示による)

伊勢乃いすゞの河かみに於ハしますあまてる御神、あまつやしろくにつやしろのもろ〳〵乃神たちに申て申さく、御いミな、われ諸神のひろきまもりによりて、国の中たいらかに、年穀ゆたかにして、たかきいや

しきをおほひ、もろ〳〵の民をすくはん、よりて、ことしあらたにえたる所のにゐをものをたてまつる、
又、身のうへにおかすべきわざハひを、未萌にはらひのぞきて、さりなバあしき事をかし来たる事なからん、
又、たかき山ふかき谷、所々名をしるしてまじなひまつらん物、みなこと〳〵くにけちほろぼさん事、こ
れ天神地祇のあつきまもりをかうぶりていたすべきもの也、

第四章　稲と粟の祭り

——大嘗祭と新嘗——

はじめに

古代いらい神祇祭祀は稲祭りであるということが常識になっている。伊勢神宮祭祀は神嘗祭をはじめとする祭祀の体系と諸神事・行事は、稲祭りで一貫しており、粟の存在を確認することはできない[1]。

一方、祭神・天照大神を同じくする六月・十二月神今食、十一月天皇新嘗（神祇への班幣祭祀の新嘗祭と区別する）と大嘗祭の神膳には稲（米）とともに粟が供えられ、共食の儀礼が行われる。

古代から伊勢神宮祭祀と連動し、体系化されていると思われている天皇親祭祭祀の大嘗祭と新嘗・神今食は、稲祭祀とともに粟祭祀が組み込まれており、この部分に関しては一致しない。この伊勢祭祀の稲祭りのみと、天皇祭祀の稲と粟祭りとの、大きな違いは何を意味しているのか。これまで、新嘗と粟について論究はあるものの[2]、大嘗祭との祭祀構造上、この問題にほとんど関心が寄せられることはなかったが、これこそが大嘗祭と新嘗の本質を明らかにできる研究課題といえよう。本章では、近稿[3]につづいて天皇祭祀における稲と粟の祭りの特質について論じることにしたい。

一　天皇新嘗と粟

ちはやぶる神の社《やしろ》し無かりせば　春日の野辺に　粟蒔《あわま》かましを

（『万葉集』巻三、四〇四）

奈良時代中期の作とされるこの歌は、奈良市・春日神社の鎮座地である春日野に「神の社」があったことが詠まれている。春日神社の神殿は神護景雲二年（八六八）に創建された。これ以前は神殿がない「神地」（正倉院所蔵『東大寺山堺四至図』）と記された神域とされており、ここが神地でなければ、粟を蒔くものを、と詠われた。粟の農作は、大和においても行われていたことがわかる。

東国の『常陸国風土記』筑波郡条にも、新嘗において家内で物忌をする習俗があったが、ここに「新粟初嘗」と粟の新嘗の記載がある。また、『備後国風土記』逸文（『釈日本紀』巻七所収）によると、疫隈国社の由来では、蘇民将来伝承に、粟柄を用いて座を作り、粟飯を供えたと伝えるなど、粟の儀礼伝承は少なくない。

図30　米御飯（左）・粟御飯模型（國學院大學博物館所蔵）

伊勢神宮祭祀は稲の祭りを基本としたが、天皇新嘗は本来、稲と粟双方の祭祀であることに特徴をもつ。これには天下を統治した天皇の理想と現実の姿があった。数多くの災害・飢饉に瀕した天皇にとって、祈願の主旨は順調な農耕の豊穣であり、粟は人々の生活を守ることができる食料とされた。とくに『養老賦役令』義倉条によると、粟は飢饉の備蓄のために義倉に納められた。また、『続日本紀』霊亀元年（七一五）十月七日条によると、陸田作物奨励の詔には、畠作の諸穀のなかで粟が最も「精好」であると記載されている。天皇の立場では、稲の生育を志向しつつ、国家の安定のためには、粟の生産と備蓄は重要な事項であった。ここに天皇による粟祭祀の現実がある(4)。

ここで「実験祭祀学」の一齣をお伝えしたい。ある日、白炊で粟御飯を炊飯してみた。稲米による炊飯は、日常いただいているとおりで、甘味もあり、美味しい。粟御飯はどうかといえば、米御飯と比較すると、とても美味しいとはいえない。ただ腹持ちはする。お腹にどっしり溜まり、空腹感は長時間感じなかった。これが粟の特性であろう。古代の食生活の中心が粟御飯であったことが理解できる。古代天皇祭祀には、粟御飯の祭祀が強く反映している。

天皇新嘗に必要な水田稲作と粟などの畠作の源流は、『日本書紀』の神話に語られ、「天照大神喜びて曰はく、是の物は則顕見しき蒼生の食ひて活くべきものなり、乃ち粟・稗・麥・豆を以ては陸田種子とす、稲を以ては水田種子とす、又因りて天邑君を定む、即ち其の稲種を以て、始めて天狭田及び長田に殖う、其の秋の垂穎、八握に莫莫然ひて、甚だ快し」（第五段第十一）とある。これを受けて、「天照大神、天狭田・長田を以て御田としたまふ」とあり、素戔鳴尊の乱暴な行為が「天照大神の新嘗しめす時」に新嘗斎場で行われ、天石窟に入られる（第七段本文）。この稲穂は、天照大神の神勅によって、「吾が高天原にきこしめす斎庭の穂を以て、亦吾が児にまかせまつるべし」（第九段第二、現存する巻二の最古本、國學院嘉禎（鴨脚《いちょう》）本によると、「穂」には傍訓「イナノホ」とあり、鎌倉時代初期以前には、水田稲作の稲穂のことと考えられていた）と仰せ出され、皇御孫命の治める葦原瑞穂国にもたらされる。いらい、天照大神が直轄される天上の御田を地上に再現した「倭の屯田」において農耕が営まれ、ここで生育された稲の食料が、天皇の食膳と祭祀に用いられた。

地上において、天皇食膳の供御とされたのが、「倭の屯田」の稲・粟であった。

・「纏向玉城宮御宇」（垂仁天皇）の世「太子大足彦尊に科せて倭の屯田を定めしめたまふ、是の時に勅旨ありて、凡そ倭の屯田は、毎に御宇す帝皇の屯田なり、其れ帝皇の子と雖も、御宇すに非ずは掌ること得じ、とのたまひき」（「仁徳天皇即位前紀」）とある。皇御孫命である天皇のみが領有できた聖別された特別の田とされた。

・「大宝令」注釈「古記」（『令集解』所引）によると、「倭の屯田」の名称を引く「屯田」は「御田」と謂い、「供御の食料を造る田」とある。主に天皇供御のための田であり、「大宝令」では「屯田」と呼ばれていた。(5)

・『養老田令』の中に「凡そ畿内に官田置かむことは、大和、摂津に各卅町、河内、山背に各廿町」と規定され、「其れ田司は年別に相ひ替へ」ることになっていた。

・天平二年（七三〇）年紀の『大倭国正税帳』（『正倉院文書』）の中に、十市郡・城下郡・添上郡の三郡に「屯田稲穀」の記載がある。大和の屯田（官田）は、少なくとも三郡に置かれており、この内に「倭の屯田」があったと推定される。

三輪山と大和川を挟んで、出雲・大田の地名が残る地域（素戔嗚神社の周辺）は、その淵源の地とされる。大和川の土手には、葦が生い茂り、その景観は神話と歴史をつなぐ。奈良時代前期まで、大化前代に系譜を持つ「屯田」の語が使われ、その所管は宮内省傘下となり、毎年交替した「屯司」も省所轄の諸司の伴部・使部がその役に仕えた。奈良時代以後の天皇供御と祭祀の実態は、『延喜式』の宮内省式・大炊寮式・造酒司式などによって知ることができる。

天皇の供御と中宮・東宮、さらに在京中の伊勢斎王の食膳の稲・粟などは宮内省の官田である省営田の収穫を用いることになっていた（『延喜式』大炊寮〈28〉）。その稲を出す官田は、平安時代になると畿内のなかから、粟は山城国から出すこととされた（『延喜式』民部省上〈141〉）。省営田の収納帳には「年中の供御の稲・糯・粟等の数」（東宮・中宮も同様）を大炊寮が記録し、宮内省に報告した（『延喜式』宮内省〈5〉）。大炊寮は毎日、天皇供御の稲米・粟を舂いて、内膳司に送り、中宮の分も同じく内膳司に送り、東宮分は主膳監に送ることになっていた（『延喜式』大炊寮〈27〉）。

この天皇供御と中宮・東宮季料によって毎日の食膳が確保され、その主食は稲米・粟であったが、さらに新嘗・神今食の祭祀にも稲・粟が神膳に供えられ、共食にも用いられた。その稲米・粟は、神今食では「御飯、粥料、米各二斗、粟二斗」（『延喜式』四時祭上〈24〉）、新嘗では「御飯幷粥米各二斗、粟二斗」（『延喜式』四時祭下〈51〉）とあり、伊勢斎王の在京中（野宮）の新嘗では「米四斗、粟二斗」（『延喜式』斎宮〈30〉）が使われた。祭祀用の稲・粟も供御用と同じく、大炊寮から内膳司に送られた。

宮内省営田の系譜を引く御稲田が中世末期まで、大炊寮領として内廷経済を賄ってきた。山城・河内・摂津国に散在し、山城国綴喜郡には、御粟を貢進する「御粟園御稲」が所在した。南北朝時代には、ここから御粟とともに御稲も納められており、新嘗の粟と大嘗祭の粟とは、ここから供納されていたであろう(6)。

平安時代の朝儀を一覧したものに『年中行事御障子文』がある。これは仁和元年（八八五）に藤原基経が光孝天皇へ献上した衝立障子であり、毎年の儀式の基本とされた。それによると、十一月天皇新嘗に際しては、九月以降の祭儀・儀式が関係している。

①九月朔日、奏レ可レ醸二新嘗黒白二酒一事
②十月二日、奏下可レ供二新嘗祭一官田稲粟卜定文上事
十一月朔日、内膳司供二忌火御飯一事
　同日、神祇官始奉二御贖一事
③十一月中丑日、宮内省奏二御宅田稲数一事
十一月中寅日、鎮魂祭事
十一月中卯日、新嘗祭事
十一月中辰日、節会事

このなかで、天皇新嘗については、つぎの三奏上儀式が重要である。

①九月朔日「奏レ可レ醸二新嘗黒白二酒一事」

新嘗の黒白酒は、これも官田の稲を用い、その官田については、毎年九月二日（①の『御障子文』は朔日）に、宮内省・神祇官とともに造酒司に赴き「酒稲を進るべき国郡を卜へよ」（『延喜式』宮内省〈13〉）と、酒稲を進るべき国郡を卜定した。その酒料の稲は「官田二十束」（『延喜式』造酒司

〈10〉）とある。

鎌倉前期成立の『神祇官年中行事』（『事典　古代の祭祀と年中行事』付録に収録）九月二日の宝治二年（一二四八）追記に、中臣・卜部は「近代不レ参、史未レ行レ之」とあり、儀式の形骸化を伺うことができる。

②十月二日「奏下可レ供二新嘗祭一官田稲粟卜定文上事」

新嘗に供える官田の稲・粟は、毎年十月二日に、神祇祐・史が卜部を率い、宮内省の丞・録は史生を率いて、大炊寮に向かい「稲・粟を進るべき国郡を卜定せよ」（『延喜式』宮内省〈10〉）と稲・粟を進るべき国郡を卜定した。神今食と新嘗には、官田の「稲八束、粟四束」を用いて舂き、神祇官に送った（『延喜式』大炊寮〈2〉）。大嘗祭だけでなく、①新嘗の黒白酒と②稲粟とは、ともに国郡卜定が行われ、畿内の官田稲と粟が使用された。

『神祇官年中行事』十月二日にも、「大炊寮御卜、中臣・卜部参二本官一卜也」とあり、宝治二年（一二四八）に「新嘗会料稲粟文卜定也」の追記がある。

③十一月中丑日「宮内省奏二御宅田稲数一事」

中卯日の新嘗祭祀に先立って、その前々日の中丑日に、供御用の官田（宮内省営田）の稲束数を奏上する政事向きの宮内省御宅田の稲数を奏上する儀式が行われた。ここには宮内省のみで神祇官の関与はなく政務性が高い。宮内省の輔は、御体御卜奏、御暦奏と同じく、延政門から内裏に入り、その奏文は「宮内省申さく、内つ国の今年供奉れる三宅田合せて若干町、穫稲若干束、その年以往の古稲若干束、惣べて若干束供奉れる事を申し給はくと申す」と、今年の収穫数と昨年までの残数を奏上した（『延喜式』宮内省〈54〉）。このあと、奏文は内侍をとおして天皇のもとに奏覧される。この儀式は『内裏式』『儀式』にも記載され、その奏文はほぼ同文で、九世紀前半には行われており、この儀式は令制以前までさかのぼる可能性が高いと考えられる（7）。

①②は新嘗神事に必要な造酒のための稲と神膳のための稲粟を進上すへき官田の地域を国郡卜定することを奏上するもので、神祇官・宮内省の官人によって行われた祭祀に直接関係する事項といえる。一方の③奏上儀は、一見祭祀との関係は見られない供御用の官田（宮内省営田）の稲束数を奏上する政事向きの儀式であるが、大化前代の天皇直営田である「倭の屯田」の経営に由来する天皇への報告儀礼である。この収穫の実数の報告を受ける同儀は鎮魂祭の前日、中丑日に行われ、この儀式をうけて、天皇新嘗を斎行する意味をもつことになる（8）。

二　大嘗祭と粟

国家祭祀として践祚大嘗祭に先行した天皇新嘗は、壬申の乱後の天武朝、天武天皇二年（六七三）十二月丙戌（五日）条に、大嘗に侍奉れる中臣・忌部、及び神官人等、并せて播磨・丹波二国の郡司、亦以下の人夫等に悉に禄賜ふ、因りて郡司等に各爵一級を賜ふ、（『日本書紀』）

とあるのが、その初出とみられ、天皇新嘗として畿外の国郡卜定を伴う国家的祭儀に昇格した。これは、のち持統朝（持統天皇五年〈六九一〉）に始まる践祚大嘗祭の先蹤ともいえる。

初期の践祚大嘗祭と天皇新嘗との間に、名称の違いはなかった。毎年恒例の新嘗について、『養老神祇令』仲冬条には「下卯大嘗祭」とある。また、大嘗条には「凡大嘗は、世毎に一年なるは、国司行事せよ、以外は、年毎に所司行事せよ」とあり、世ごとも年ごとも、ともに大嘗祭と呼ばれ、一代一度大嘗祭が斎行されるときは毎年の新嘗は行われることはなかった（『神祇令集解』仲冬条「朱云」）。この時期における「大嘗祭」の意味は、大王（天皇の古称とされる）・大殿・大祓（大解除）・大内裏・大田（天皇の直営田、大嘗祭卜定の田圃もいう）など、国家・天皇に直接関係をもつ事項に「大」字を付ける例があることから、伊勢祭祀の収穫祭「嘗祭」は神嘗祭といい、十一月の特定神社を対象とした相嘗祭、そして元来は天皇の新嘗を指して「大」嘗祭といったものであろう。

一代一度大嘗祭と毎年の天皇新嘗との、大きな違いは、神饌の稲の供出先である。国郡卜定した郡を「斎郡」（『延喜式』践祚大嘗祭〈9・10〉）といい、悠紀・主基の斎田二ヶ国には、百姓（公民）の営なむ田六段が卜食して充てられ、その収穫分については、正税が充てられ、その対象とされた卜食の斎田を王権の田圃名である「大田」（『儀式』巻二）と呼んだ。畿外斎田の稲は、徹底した聖性が求められてきた。

大嘗祭は畿外田で作付けされるが、天皇新嘗は畿内の官田に依存している。ただし、天武朝初期の新嘗は、畿外の国郡卜定を伴う田圃の選定が行われていた。これは近江朝廷を二つに分断した争乱を収拾するために、天智朝以前から行われていたと推定される新嘗を、全国的規模で畿外をも対象とした国家的祭祀に昇格したものにほかならない。天皇祭祀の核となったのが、天照大神一神への国郡卜定を伴う畿外稲による天皇新嘗であり、のちの大嘗祭の原形を見出すことができる。

三十年前、大嘗祭論議のとき、祭儀の中心・本義が神饌供進にあることを論じ[9]、また、天皇の神饌供進の所作については精密な研究がなされてきた[10]。康安二年（一三六二）前後成立の卜部兼豊撰『宮主秘事口伝』には「大嘗会者、神膳之供進、第一之大事也、秘事也、」とあり、一条経嗣の『応永大嘗会記』においても、「大嘗会の大事ハ神膳に過たることハなし」と記している。これらの記録によれば、神饌の供進にこそ、祭儀の「大事」とされており、この部分が「秘事」とされてきた。これらの記録を用いて、寝座におけるマトコオフスマの秘儀はなかったと断言したのであったが、さらに、この「秘事」の中に、特別の「秘事」とされるものがあった。

平安期の儀式書によると、『延喜式』践祚大嘗祭〈31〉に「飯筥」、『天仁大嘗会記』に「御飯筥納窪手一口」とあるのみで、その中身についての記述はない。平安後期になると、保安四年（一一二三）藤原忠通の記録『法性寺殿御次第』に、「御飯筥」について「納㆓窪手二口㆒、各盛㆓御飯㆒、一窪有

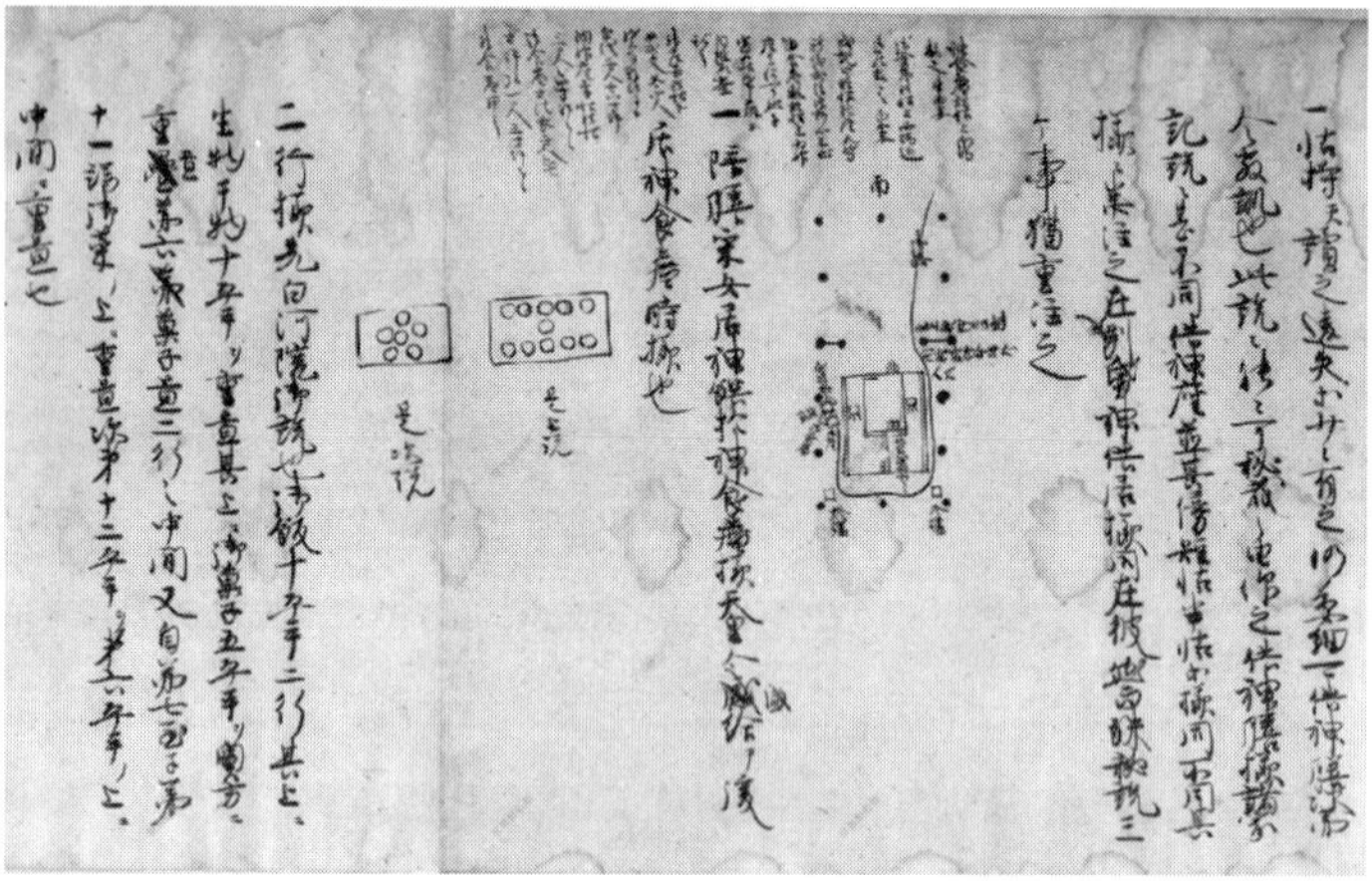

図 31　『後鳥羽上皇宸記』（宮内庁書陵部所蔵）

レ蓋、神食料、一窪無レ蓋、御食料、采女説也」とある。采女からの情報として、窪手二つに神膳料と直会料とが入るが、米粟の確認はとれない。これが主水司の用意する八足机の上に「粥二坏」が置かれ、「一坏米・一坏粟」と米粥とともに粟粥が記述されている。これが管見に触れた、大嘗祭の神饌のなかに米とともに粟が入っていることが確認できる最古の事例である。

　摂政藤原忠通は保安四年、当時四歳の崇徳天皇の大嘗祭に立ち会った。忠通の父忠実も、天仁元年（一一〇八）五歳の鳥羽天皇の大嘗祭を奉仕した。この時には、白河法皇の召をうけて習礼が行われた（『殿暦』）。忠通の『法性寺殿御記』に「法王仰云」とか、『後鳥羽天皇宸記』に「白河院御説」と、のちのちまで陪膳采女安芸の意見とともに伝承されている。この時期の神饌供進の作法については、白河法皇の意見が強く反映している。(11)

今後、史料の発掘により、粟の記載が増えていく可能性が残されているが、現段階では最古の事例は崇徳天皇大嘗祭のなかで粟の存在を確認できる。鳥羽・崇徳天皇大嘗祭は、白河法皇が積極的に祭祀に関与しているので、この粟を入れる作法は、白河天皇大嘗祭の承保元年（一〇七四）以前までさかのぼることが可能であろう。

建暦二年（一二一二）後鳥羽上皇から順徳天皇に伝えられた『大嘗会神饌秘記』（別名「後鳥羽上皇宸記」『神道大系・践祚大嘗祭』所収）は、のちに伏見天皇によって書写された宸筆が宮内庁書陵部に所蔵されており、口伝から記録への貴重な秘記といえる。同書には、「秘説三ケ事」を掲げ、第一に神膳の供進の作法について、一行説（「是上説」、白河院の説）と五出説（円形の「是次説」、采女安芸の説）の作法があることを伝える。別の記録によれば、前者は成年天皇の正規の作法、後者は摂政が補助する幼帝の略式作法である。

第二は、「御飯ハ四坏也」とし、諸家の記録は二坏であるが、その二坏は御飯であり、「実ハ米二坏、粟二坏」とあり、これを「秘事也」と記す。ただし、御飯の稲と粟を盛り合わせるか、盛り合わせないかは、なお尋ねるべきであるとする。粟御飯の供膳は秘事とされており、刀自采女はこの秘事を知っているが、他の者は知るところがなかったという。

第三に「祈請申詞」を載せ「此事最秘蔵事也」とある。その文面は、伊勢五十鈴河上に坐す「天照大神又天神地祇諸神明」に対して「今年新に得たる所の新飯」を奉供ることと、「諸の災難を未萌に攘ひ除き、不祥・悪事を遂に犯し来たること莫れ」と災異・災害の除去を祈願する。そして最後に「是尤秘事也」とある。

三　中世・近世・近代の記録から

［中世・近世の記録］

・鎌倉前期の記録『建保大祀神饌記』（『神道大系・践祚大嘗祭』所収）には、天皇の所作として御飯の筥をとり、窪手（柏の深鉢）二つに盛り付け、「一はいねの御はん、一はあはの御はん」と粟の御飯も盛られている。また、「次天皇、手をうち給事三度、そのはしをとりて御はんをきこしめすこと三度、いね・あはの御はん各三度ならは六度也」とあり、粟御飯の直会も記録されている。

・鎌倉後期『伏見院宸記』（『神道大系・践祚大嘗祭』所収）には、「御飯筥」の中に、窪手が納められ、「米・粟御飯、各二坏」とあり、蓋の有るのが供神のための「神料」、蓋が無いのが天皇供御の「御料」であるという。

・南北朝時代の『宮主秘事口伝』には、「御飯料　白米一升・粟一升」は紙に包んで長櫃に入れるとある。

・近世中期の絵図『大嘗祭神饌図』（鈴鹿家資料・皇學館大学寄託）によると、「御飯筥　米・粟」とあり、葛筥に二個の窪手が描かれ、その下に、朱筆で元文三年（一八三八）の大嘗祭復興時の記述に「御飯　元文三年之度、米・粟二盃被レ増レ之、別記仁委細記之」とある。(12)天皇所作の順番の覚えとして、桜町天皇宸筆「元文三年大嘗祭笏紙」(13)は、その包紙上書に「大嘗祭次第　可秘」とあり、祝詞文のあと、

神供次第、よね・あは、平て左手にもち、右手してもる、十度、次、なまもの四種、からもの四種、おなし平てにもる、采女めのしる・あハひ、三はしつ、もちくハふ、十度、次、くだもの四種十二度、神酒四度、先白、のち黒、次、天皇三度手たゝきて、けいくつして称唯して、よね三はし、あハ三（は、脱カ）しなめてたつ、次、御酒、けいくつして三度、よこなから手たゝきて称唯して、かしらをかたふけてのむ、八度、

と、その次第が簡明に記されている。天皇の神饌供進の作法は、陪膳采女が天皇親供の介添をする。最初に御箸で枚手に盛るのは御飯、これを陪膳采女に返し、陪膳采女は神食薦に並べていく。ついで御菜（生物・干物・汁漬）、果物、さらに本柏に盛られた御酒を天皇は神食薦の上に置かれた枚手の上から灌ぐ。このあと米御粥・粟御粥を陪膳采女が供え、御直会にうつる。天皇は拍手三度のあと、低頭し「おお」といい、御飯の米三箸・粟三箸、あわせて六度頂き、さらに御酒の白酒四度、黒酒四度を頂戴する。なお、木村大樹(14)によると、天皇所作の総数は、神今食は二百五十二箸、新嘗・大嘗祭は枚手の数が倍になり五百四箸、その儀式が二度つづくので、千八箸になるという。これが「秘事」そ

のものであった。

〔近代の記録〕

・近世の後半、新嘗祭の祭祀は吉田家に委託されたが、その神饌のうち新嘗祭御用の米・粟は明治三年（一八七〇）まで、山城宇治郡山科郷音羽村と丹波山国郷七箇村より納められていた（『公文録』「庚午十一月神祇官伺」）[15]。ところが明治四年十月、大嘗祭斎行にあたり、これまで宇治郡音羽村より、例年粟五升・米五升を進納してきたが、同年の進納について御伺いを立てたところ、「当年は相納候に不㆑及」という返事で、東京における大嘗祭には不要とされた（明治四年『大嘗会雑記』）[16]。

・昭和三年（一九二八）の悠紀殿供饌の儀には、「御飯筥」のなかに「米御飯・米御飯・粟御飯・粟御飯」、「御粥八足机」には「米御粥・米御粥・粟御粥・粟御粥」とあり、主基殿供饌の儀も同様とある。その内、「御飯・御粥ノ料及御酒醸造用ノ米ハ、悠紀、主基両斎田ノ新穀」であり、各々一石二斗五升のうち、各々一石が醸造分（祭儀・大饗）、各々二斗五升が御飯・御粥の料に用いた。「粟ハ各地方民ノ献納ニ係リ、十月十七日、宮内省ヨリ悠紀、主基両殿御飯幷ニ御粥ノ料トシテ受領」とあるので、昭和大嘗祭の供膳では、御飯・御粥と御酒醸造用の米は、悠紀・主基斎田の新穀が用いられ、粟は各地方民の献納にかかわるものであった。大嘗祭は古式を正しく伝えることを本義としているので、稲の供出先は悠紀・主基地方で一貫しており、粟は悠紀・主基地方以外の供納であったことは確定してよい(17)。

四　天皇新嘗と中宮・東宮・伊勢斎王

天皇新嘗と斎王新嘗との大きな祭祀上の確立期が、天武二年の伊勢斎王「泊瀬斎宮」入りと国郡卜定・畿外郡司以下への賜禄を伴う天皇新嘗の成立であった。天皇新嘗には、天下統治を意図した方針が組み込まれ、斎王祭祀にも、天皇新嘗と一体化した祭祀体系が組み立てられていった。神宮祭祀に新嘗祭の神事はなく、斎王新嘗は天皇新嘗と同時刻に、類似した室礼を設け(『延喜式』斎宮〈66〉)、供膳も在京中は天皇と同一の稲粟が用いられ、伊勢斎宮では伊勢国供田の「稲八束、粟四束」が供膳に使用され(『延喜式』斎宮〈30〉〈66〉〈77〉)、朝廷と「神の朝廷」との一体の、天皇から特別に認められた祭祀である。

天皇に準じて、官田の稲粟を食膳にできたのは、中宮・東宮・伊勢斎王(在京中)であったが、一覧でもわかるように、天皇の鎮魂祭・新嘗に対応しているのは、中宮の存在である(『延喜式』四時祭式下〈48〉)。東宮の鎮魂祭は、天皇新嘗後の巳日に行われており(『儀式』五、鎮魂祭儀)、独自の新嘗は斎行されなかった。これに対して、斎王は天皇に準じた独自の新嘗を務めたが、斎王鎮魂祭は存在せず、斎王新嘗はあくまでも天皇新嘗の一環として機能し、天照大神と天皇玉体とをつなげること

表10　天皇供膳と鎮魂祭・新嘗の関係

	官田稲粟	鎮魂祭	新嘗	戸座
天皇	※	◎寅日	◎卯日	○
中宮	※	○寅日	△卯日	○
東宮	※	△巳日	×	×
伊勢斎王	※在京中	×	◎卯日	○

※　印は官田稲粟を食膳とした、×は祭祀が確認できない印、戸座は新嘗の忌火を用いた聖職。

が一義であったといえる(18)。伊勢の神宮祭祀では、粟祭りは皆無であり、稲祭りとしての独自性が強く確立されていた。これに対して、粟祭りを具備した天皇神今食・新嘗に直結していたのが斎王新嘗である。

天皇親祭の新嘗は天皇祭祀権の専権事項であり、天皇新嘗と同日同時刻、独自に斎行することのできた唯一の存在が斎王であったことは重要である。

おわりに——稲と粟祭祀の接点

古く「倭の屯田」に系譜を引く官田稲・粟が新嘗の神膳に供されてきたことは、すでにみてきたように『延喜式』に詳細な規定がある。令制以前の新嘗儀礼は、天皇直営の「倭の屯田」（のちの宮内省官田）で生育した稲・粟を用いて祭祀が斎行されたが、天武朝に入ると畿外の公郡が、臨時の神郡となり、「斎郡」（『延喜式』践祚大嘗祭〈9・10〉）と称して奉仕する形式に改められた。天武天皇二年（六七三）から同五年・六年にかけての新嘗祭祀は、畿外の国郡を卜定する新しい祭祀形態が導入され、国家的祭儀に高められた。

七世紀後半、孝徳朝以降、畿外神郡神社を核に祭祀体系が組み立てられる中で、律令祭祀としての《外廷》班幣儀礼が確立するとともに、《内廷》天皇新嘗も畿外を対象化した「大」嘗の祭祀に組み直されたものであった。とくに斎田神事は、朝廷基盤領域である畿内を出て、畿外の神郡編成と同意の臨時斎郡・斎田を設定することで、天皇の統治と国家の領域支配を象徴的に儀礼化したものであった(19)。最後に大嘗祭における粟御飯の行方について論じ、幕としたい。古今、天皇新嘗には稲（米）とともに粟御飯が供膳されてきた。一方、践祚大嘗祭では、平安前期の記録（とくに『儀式』『延喜式』）に粟が入っていたことを確認することはできない。平安後期以降に至って、粟の存在が確認でき、粟の供膳は「秘事」とされていた。

先述の平安後期以後の諸記録を見ると、天皇の神への供膳と御直会の順序は、稲御飯を先とするものの、稲御飯と粟御飯は、回数など同一の所作ですべて対応している。そこには、稲とともに粟に対する敬意・報賽の作法が盛り込まれている。

天武朝前期に開始された畿外稲の天皇新嘗に際して、粟は供膳されなかったのか。持統朝に始まる践祚大嘗祭にも、粟は供膳されなかったのか。

天武朝前期における天皇新嘗は、畿外国郡を対象としており、稲は大和官田稲ではなく、特別に聖性化された畿外稲が使われたであろう。ここには粟とその出所が確認できない。新嘗祭祀に先立って、その前々日の中丑日に、供御用の官田（宮内省営田）の稲束数を奏上する政事向きの宮内省御宅田の稲数を奏上する儀式（「宮内省奏二御宅田稲数一事」、『内裏式』『儀式』『年中行事御障子文』など）が平安初期に行われていたが、これは大化前代の新嘗にも付随した儀式であった可能性は高い。新しく天武天皇二年に畿外稲を対象とした新嘗が開始されたとしても、天皇の食膳の稲粟は従来どおり大和の直営田（屯田）から供給されていたであろうから、祭祀用の粟も屯田・官田粟が供膳されたであろう。皇位継承後、大嘗祭までの間にも、天皇食膳確保の儀礼は重要であり、当然譲位後も新帝のもとで途絶えることなく「宮内省奏二御宅田稲数一事」は行われてきただろう。であるならば、畿外稲と官田粟による祭祀は一貫して斎行されてきたと考えてよいだろう。

では、稲とともに粟祭祀が天皇新嘗祭祀の両翼とされてきたのはなぜか。粟は非常時のために飢饉の備蓄とされており、民生安定には欠くことはできない食料であった。大嘗祭には、災害の予防が祈念されており、天皇祭祀の本質は、稲だけではなく、粟の祭祀が重要であったことを強調しておきたい。

折口信夫マトコオフスマ論から九十年、寝座秘儀説否定の拙論から三十年、そして今、新たな大嘗祭論を提示してみた。

注

（1）山口祐樹「神嘗祭」（岡田莊司編『事典　古代の祭祀と年中行事』吉川弘文館、平成三十一年）。

(2) 落合偉洲「新嘗祭と粟」(『神道及び神道史』二十五号、昭和五十年)。
(3) 岡田莊司「天武朝前期における新嘗祭祀と伊勢斎王」(岡田莊司編『古代の信仰・祭祀』竹林舍、平成三十年)。
(4) 岡田莊司、前掲注(3)論文。
(5) 岸俊男「「額田部臣」と倭屯田」(『日本古代文物の研究』塙書房、昭和六十三年、初出昭和六十年)、岡田莊司「大嘗・新嘗の祖型」(本書第一部第二章、初出「大嘗・新嘗の淵源—倭の屯田を訪ねて」『大美和』七七号、平成元年)、三谷芳幸「令制官田の構造と展開」(『律令国家と土地支配』吉川弘文館、平成十八年、初出・平成十年)。岡田精司は、大化前代の新嘗について、地方豪族からの食物供献による「ニイナメ＝ヲスクニ」服属儀礼と論じられたが、その後、稲穂の出所が官田であることから拙論を受け入れ、「全国支配にかかわるような政治的な意味は考えられない」と述べて、前説を撤回された(岡田精司「大嘗祭の神事と饗宴」(『古代祭祀の史的研究』塙書房、平成四年)。
(6) 橋本義彦「大炊寮領について」(『平安貴族社会の研究』吉川弘文館、昭和五十一年、初出昭和四十七年)。『師守記』貞治六年(一三六七)九月十七日条(『史料纂集』)。
(7) 大津透「律令国家と畿内」(『律令国家支配構造の研究』岩波書店、平成五年、初出昭和六十年)。
(8) 岡田莊司「神今食と新嘗祭・大嘗祭」(本書第一部第四章、初出平成二年)。
(9) 岡田莊司「〝真床覆衾〟論と寝座の意味」(本書第一部第三章、初出平成元年)。
(10) 宮地治邦「大嘗祭に於ける神饌に就て」(『千家尊宣先生還暦記念論文集』神道学会、昭和三十三年)、田中初夫「神饌(酒と飯)」(『践祚大嘗祭　研究篇』木耳社、昭和五十年)、安江和宣「大嘗祭の神饌御供進」(『神道史研究』二七巻四号、昭和五十四年)、同「大嘗祭に於ける神饌御供進の御儀—『建保大祀神饌記』の成立をとおして—」(皇學館大学神道研究所編『続大嘗祭の研究』皇學館大学出版部、平成元年)、木村大樹「神今食の神饌供進儀に関する考察—大嘗祭卯日神事と関連して—」(『神道研究集録』三一輯、國學院大學大学院、平成二十九

年)、松本郁代「秘儀の相伝」(『天皇の即位儀礼と神仏』吉川弘文館、平成二十九年)。
(11) 安江和宣「大嘗祭記録『法性寺殿御次第』の成立」(『神道宗教』一四〇・一四一号、平成二年)。
(12) 所功監修『京都の御大礼』思文閣出版、平成三十年。
(13) 東山御文庫所蔵。宍戸忠男氏の御教示による。
(14) 木村大樹、前掲注(10)論文。
(15) 岩本徳一「神祇官代新嘗祭考」(『國學院雜誌』六七巻六号、昭和四十一年)、高木博志「明治維新と大嘗祭」(『近代天皇制の文化史的研究』校倉書房、平成十八年、初出昭和六十二年)、武田秀章「明治大嘗祭前史の一考察」(『維新期天皇祭祀の研究』大明堂、平成八年、初出平成二年)、阪本是丸「近世の新嘗祭とその転換」(『近世・近代神道論考』弘文堂、平成十九年、初出平成三年)。
(16) 所功編『近代大礼関係の基本史料集成』国書刊行会、平成三十年。
(17) 内閣大礼記録編纂委員会編『昭和大礼記録』昭和六年。
(18) 塩川哲朗「鎮魂祭の祭祀構造に関する一考察」、木村大樹「天皇と斎王の祭祀構造―「戸座」の位置付けを手がかりに―」(ともに『神道研究集録』第三二輯、國學院大學大学院、平成三十年)、岡田莊司、前掲注(3)論文。
(19) 七世紀後半の律令祭祀制形成過程については、岡田莊司「古代神祇祭祀体系の基本構想―「天社・国(地)社祭祀制」―」(『神道宗教』第二四三号、平成二十八年)、同「古代の国家祭祀―祈年祭の淵源を探る―」(『神道史研究』六五巻二号、平成二十九年)、同「天武朝前期における新嘗祭祀と伊勢斎王」、前掲注(3)論文。

第五章　神座（寝座）秘儀説の現在

はじめに

折口信夫は昭和度大嘗祭（昭和三年十一月）に際して、『國學院雑誌』において天孫降臨神話のマドコオフスマ（真床覆衾）と同一の場と推定した嘗殿の寝具を備えた寝座(1)（神座）の上で、天皇による秘儀のあったことを推定した。

私は大嘗宮に於ける御衾が、神代紀にみえた真床襲衾で、これにお籠りになる聖なる御方が、新しい悠紀・主基の外来魂をとりこんで、立ち直られることを中心として、大嘗祭の御儀を、ほのかながら、御観察申しあげたいのである(2)。

大嘗祭寝座秘儀説のはじまりである。その仮説が昭和の時代に学界に与えた影響は計り知れない。折口の①マドコオフスマ論秘儀説の派生として、②先帝遺骸同衾説（洞富雄）、③聖婚儀礼説（岡田精司ほか）など、「折口亜流」の諸説も現われ、大嘗祭論は混迷を深めていく。そうした中で、平成度大嘗祭（平成二年十一月）に際して、私は①②③の寝座秘儀説を全面否定した論を本誌に掲載した。[3] 平成以降、私見に対する反響・批判は著書・論文に数多く掲載され、その数はすべてを把握していないが、おそらく百を超えるであろう。それらの批判に対して、逐一反論することを避け、現在まで沈黙を守ってきたのは、感情的対立を好まないからであったが、発表から早くも十四年を過ぎているので、現在における大嘗祭秘儀説のゆくえについて確認し、私見を補足しておきたい。

一　顕斎考そのほか

歴史学からは岡田精司が中心となり、共同して私見に対する批判が開始された。祭祀史料研究会は、一九九〇年（平成二）五月例会を「岡田荘司論文の検討会」にあてている。『歴史評論』（歴史科学協議会編）一九九一年一月号（通巻四八九号）に掲載された「歴史のひろば」欄の内容は、「「大嘗祭論」をめぐって―岡田荘司氏の近業を中心に―」と題して、祭祀史料研究会の「解説」（文責・岡田精司）のあと、榎村寛之「古代皇位継承儀礼研究の最新動向をめぐる一考察―岡田荘司氏論文『大嘗祭―〝真床覆衾〟論と寝座の意味―』を中心に―」[4] ほか、加茂正典・松前健・寺川真知夫・岡田精司ら参加者の批判的発言の要旨がつづく。この意図するところは、岡田精司説を「折口亜流として過小評価しているのは、看過しがたい特徴である」（榎村論文）とされ、「折口亜流」と名指しされた岡田精司説批判に対して、共同して反論・加勢しようとするものであった。以下では必要に応じて榎村論文を引用して論じていくことにする。

①顕斎考

岡田精司は寝座秘儀説の傍証として、「神武天皇即位前紀」戊午年九月戊辰（五日）条に、

時勅二道臣命一、今以二高皇産霊尊一、朕親作二顕斎一、（中略）用レ汝為二斎主一、授以二厳媛之号一、

とみえる神武天皇の顕斎（ウツシイハヒ）を持ち出され、「天皇みずから高皇産霊神に扮して斎主の道臣命らの祭祀を受け、「厳瓮の粮」を「嘗」めたという「顕斎」の神事は、神饌親供の原形をよくうかがわせるものであろう。大嘗宮の悠紀殿・主基殿においても、天皇は最高守護神に扮して（すなわち神の依り代となって）神として捧げられた神供を食べるというのが本来の形であろう」(5)とされた。

また、後考(6)においても、大嘗宮の神座のあり方について、顕斎が手掛りになるとされ、「天皇自らタカミムスビの神になって」食饌の儀礼を行っていると理解し、「天皇（或いは大王）がこの神事において神座に着座すると同時に神の依り代となり、「神」そのものとして行動し、神饌を食べたものであろう」として、顕斎の作法を積極的に評価する。

その上で顕斎を行う場としての神殿について考察を加え、その内部は狭く、中央神座の左右にゆと

りのなかったことから、「本来は神座東側の御座や第二の神座は無かったと考えた方がすっきりする。中央の神座の上に天皇が座り、神の座にあって〝神〟として神饌を口にしたと考えれば、殿内の配置についても説明がつくであろう」とされ、岡田精司が求めるその整合性のある内容に導いていく。しかし、文献にみえる二つの神座の事実を勝手に消去し、自説に都合のよい解釈をするという、かなり強引な意見の表明といえる。神饌親供については、新嘗と大嘗祭の祭祀形態の原形というべきものであるが、その顕斎の解釈については問題が残されている。

顕斎論について、積極的見解を示しているのは真弓常忠の論である。(7)

神武天皇が、八十梟を討って倭国の王者として君臨されるためには、顕露に見えぬ高皇産霊神の霊が憑りついて、現実に見える神、すなわち〝現人神〟となられる儀式が必要であったことを意味する。天皇が神としての御霊質を得られることによって、はじめて天皇としての御資格をもたれる儀であるといえる。

と論じ、高皇産霊尊の霊が天皇に憑りつき「祭られる神」に転生するものとした。顕斎の解釈については、飯田武郷が『日本書紀通釈』に「天皇御親ら高皇産霊尊となり賜へは、神武天皇の御身に帰坐て、現に神と現れ賜うなり」と解釈し、左記の『日本書紀』の注釈・補注によって広く一般に流布するところとなっている。

『岩波・古典文学大系』＝「天皇親ら高皇産霊尊となる儀を行うままに、高皇産霊尊の霊が神武天皇の身に憑りついて、現に神と現れることをいう」

『小学館・新編古典文学全集』＝「神武天皇がその神霊の憑人《よりまし》となり、自ら高産霊尊となること

によって、目の前に顕在した祭神となる祭祀の形態をいう」

ただし、右の解釈に関しては、検討が必要と思われる。顕斎とは、「現実には見えない神の身を現実にいるようにして斎《いつ》きまつること」（小学館版『日本国語大辞典』）であり、高天原における天上の儀を地上の葦原中国において目に見える形で斎行することをいう。「神武天皇即位前紀」は神代から人代への移行期であり、目に見えぬ神を祭祀する形式として、顕斎が始められたということに尽くされる。天皇がヨリマシとなり、神が憑りつくとか、神になるといった拡大した解釈にはならないはずである。

顕斎に関する今林義明の論考は注目される。今林は天皇が神がかりして高皇産霊尊に成ったという解釈は誤りであり、「「顕斎」の記事は、同日同条に見られる天つ神（大日孁尊・高皇霊尊）の御教えのまにまに、天皇が「顕斎」儀礼の全責任者として顕露に見えぬ隠り身の神々すなわち幽神たる天神地祇をこの地上（葦原中国）においてハッキリと顕に見えるかたちで斎き祀ったその最初を物語るもの」と正しく論じている。[8] また、今林は折口信夫が指摘した「神武紀の此条にも、今以高皇産霊尊（中略）とあるのは、尊は、神の尊号に用ゐられたのではなく、御言の意でなければならぬ。即、天上の高皇産霊神の御言を伝達して、地上において、我親ら顕斎を作さむと宣せられた」[9] とある部分を

引いて、「けだし卓見というべき」と賛同している。現在の顕斎論は折口の理解をはるかに超えている。折口が神武天皇紀の顕斎を、大嘗祭論の傍証として利用しなかったのは正しい判断であった。

さて、榎村寛之は、その批判論考の「岡田荘司論文の個別問題点」における〔神人共食について〕の項の中で、天皇の大嘗宮での食事について、岡田精司らの唱えた顕斎ではないかと論じる解釈に、「全く論及していない」と批判するが、これは右に触れたとおり、神武天皇みずから神がかりして高皇産霊尊となり、天皇が現に神として現れるとは解釈できないのである。

なお、岡田精司はこの顕斎のほか、諏訪大祝の就任儀礼「職位」式を大嘗祭秘儀説の傍証として掲げるが、諏訪の事例は、中世的世界に属するものであり、ここでの傍証事例とはならないだろう(10)。

②聖婚説と「天皇御之」

岡田精司は折口のマドコオフスマ論秘儀説を否定したが、寝座秘儀説は放棄しなかった。むしろ中央の寝座での秘儀、聖婚儀礼のあることを想定した。その相手には国津神の女や地方豪族から貢上された采女、また中宮（皇后）との聖婚の可能性を推定している。岡田が聖婚説を想定する有力な根拠として、大嘗祭と類似した祭祀である神今食に関する、『江次第抄』六月神今食条にみえる『新儀式』の注記「内裏式云、縫殿寮供寝具、天皇御之者」を引いて、「天皇が実際にこの寝具に臥すものであったことが知られる」と論じた。しかし、私は旧稿において、時間経過が式次第としては不整合であること、「天皇御之」は神嘉殿への着御であることなどを推定し、天皇が寝具に入ることが、唯一の解釈ではないことを論じた。その後、補論を用意し、あらかじめ縫殿寮によって寝具が供えられる時刻、その場に天皇が臨まれ立ち会うものと推測した(11)。

榎村論文の「岡田荘司論文の個別問題点」における〈天皇は寝座に「御」したか〉でも、この問題が取り上げられている。榎村は現存する『内裏式』においては、天皇を指す用語は、すべて「皇帝」で統一されており、「天皇」とした例は皆無であり、「「天皇御之」はきわめて不自然な文章で」「『内裏式』にそのままの形であったとも考えられない」とされた。この指摘は重要であり、榎村の論から言えば、史料の信憑性に問題ありということになろう。この史料をもって、天皇が寝具に入御する根拠にはならないことになる。ところが、榎村は『新儀式』の編者が『内裏式』を改めたものと都合よく解釈し、「少なくとも神今食においては、天皇はやはり寝座に「御」していたのである」と述べて、結果的には岡田精司と同じ理解になっているのは不審といえる。ただし、これに続けて、「しかし、「御」はあくまで、「御」であって「寝」や「臥」ではない。もとより儀式史料は貴族のための次第書であり、天皇の所作については具体的に書かないことが多く、「御」＝「寝」「臥」ともいえないわけだが、これだけを論拠に聖婚儀礼と直結させる岡田精司説にも推測に頼る部分が多く、必ずしも確固たるものではない。」と述べて、聖婚説の根拠が薄弱であることを指摘された。この岡田精司聖婚説への榎村批判には賛同したい。

また、岡田精司は追加の論考「即位儀・大嘗祭をめぐる問題点(12)」で、中宮の大嘗祭参加と聖婚儀礼の問題を推測する根拠として、「新嘗・神今食において、中宮＝皇后が天皇と並んで廻立殿において沐浴を行い神嘉殿にも共に入って神事を行ったことは、『延喜式』に明瞭な記載がある」とされ、『延喜式』主殿寮の「新嘗会供奉料　中宮准レ此」にみえる沐槽・浴槽など「廻立殿における沐浴の設備の品目が多くあげられ」ていることから、「廻立殿に中宮＝皇后も入り、天皇と同様に沐浴した」と論じられた。

ここには大嘗祭と新嘗祭との混同がある。廻立殿は大嘗祭の時、大嘗宮の北に建築される建物のことであり、新嘗祭・神今食の祭儀には使用されない。これは単純な誤りである。神嘉殿内部の神殿の西に寝所・湯殿が設けられているので、この場所のことかと思われる。ただし、中宮は『延喜式』中宮寮によると、神今食には神嘉殿に出かけるが、新嘗祭には出かけることの記載がない。中宮は内裏内で忌籠りするとすれば、この用具は内裏内に設営されるものであり、この記述から、天皇と中宮が同じ神事の場に出かけ、沐浴を行った「明瞭な記載」にはならない。岡田精司は中宮の神事参加と寝具の用意から、聖婚説へと結びつけ、「古い大王のニヒナメ神事は聖なる座において神饌を享け、神床に臥して巫女と聖婚を行う―それらを神の資格において行う」と見る。寝座秘儀による新たな折口以上の即神論が展開されている。

聖婚説は折口信夫も大嘗祭における廻立殿の儀において、聖婚を想定し、性の解放に言及している。

聖婚儀礼説は現在も大嘗祭に限らず祭祀論に大きな影響をもっており、最近では賀茂祭の御阿礼神事にまで、聖婚説と男女神職の性的関係を論ずる見解が出されている。これら聖婚説の源流には、柳田[13]国男が論じた神の妻となり、神の子を産む巫女論が存在する。柳田巫女論は、神に仕える女性（巫女）は神の妻と解釈され、性的関係、聖婚儀礼説を形成する土壌となったのであったが、祭祀論の立場から今後、柳田巫女論を含めて聖婚説は根本から再検討を必要とするであろう[14]。

③天皇御座の方角

旧稿において私は、御座の天皇の向きが、平安時代の中期から後期にかけて東から巽（東南）に移動していることを論じ、ともに伊勢神宮・天照大神を意識し、祭神としたものと論定した。大嘗祭の成立時の宮都は、飛鳥に所在しており、飛鳥から伊勢神宮の方角は、真東であった。平城京・長岡京・平安京へと、北へ北へ遷都して、東南の方角になっても、平安中期までは、長く東の方角で祭祀が行われていた。このことは、大嘗祭の御座に限らず、斎王発遣儀礼においても、天皇御座は東から東南に移っており、その早い例を『春記』長久元年（一〇四〇）八月十五日条「御半畳向㆓巽方㆒也、是等皆有㆓先例之事㆒也」から確認できる[15]。斎王発遣は伊勢祭祀を一貫して意識してきたものであり、ともに同時期に方角が東から東南に移動していることは、大嘗祭祭神・天照大神論を補強するものである。

榎村寛之は斎王発遣儀礼における御座の配置を十分承知していながら[16]、榎村論文「岡田荘司論文の個別問題点」における〔祭神の問題について〕で「当該論文の説く、アマテラス祭神説は根拠薄弱」とされるのは、不審である。

このほかにも、岡田精司・榎村寛之は隅々まで批判しており、反論すべき事項は少なくないが、意見の相違、水掛け論にもなってしまうので、この辺で筆を前へ進めることにしたい。

二　大嘗祭と諸祭との構図

ここでは、角度を変え、大嘗祭と天皇祭祀・伊勢祭祀における諸祭との対応関係について論じ、私見の補足をしておきたい。

表11は、昼の神祇官班幣行事と夜間の天皇親祭、そして伊勢祭祀との対応関係を示したものである。ここから大嘗祭を含めた祭祀の全体像が見てとれる。六月十二月の神今食は伊勢三節祭の月次祭と対応する。『神祇令義解』には、月次祭について「即如二庶人宅神祭一也」とあるが、これは正確には月次祭の夜半に天皇親祭で行われる神今食を指したものであろう。また、九月の神宮神嘗祭は早稲献納の祭祀、これに対応するのが、宮中天皇親祭の十一月晩稲の新嘗神事である。これら天皇親祭と伊勢三節祭の、年中あわせて六祭は、ともに二度の同じ祭儀が行われる。このうちの二祭は持統天皇朝か

ら神嘗祭が二十年一度式年遷宮になり、新嘗が一代一度大嘗祭となる。持統天皇即位の年（六九〇）に第一回内宮式年遷宮、翌年一代一度大嘗祭、翌々年（六九二年）第一回外宮式年遷宮が斎行されている。ともに伊勢・天照大神を皇祖の祭神と意識しての、新たな制度の執行であった。式年遷宮と大嘗祭の成立は、国家的祭祀構想の両翼としてここに確立をみる。

祭祀の内容についても、神今食・新嘗と大嘗祭とは類似しており、伊勢三節祭の月次祭・神嘗祭も、ともに祭祀は夕御膳と朝御膳とを差し上げる神事であることは、すべてに共通している。こうした点を勘案すると、大嘗祭は新嘗神事を起源にしていることは確実といえる。

大嘗祭の悠紀殿儀式は夕御膳行事であり、主基殿儀式は朝御膳行事であることは動かない。その祭儀の中心は、「薦享」儀（『延喜式』践祚大嘗祭）と呼ばれる天皇による神饌親供にあり、供膳の作法のなかで、天皇は低頭して、拍手・称唯の所作を行う。この所作は毎年の神今食・新嘗とも共通しており、神殿に招かれた大神と天皇と

表11　神祇官・天皇・神宮祭祀

	神祇官祭祀・班幣	天皇親祭・御饌祭祀	伊勢神宮三節祭
二月	祈年祭（昼）		
六月	月次祭（昼）	神今食（夜）	月次祭
九月			神嘗祭（二十年一度式年遷宮）
十一月	新嘗祭（昼）	新嘗（夜）（一代一度大嘗祭）	
十二月	月次祭（昼）	神今食（夜）	月次祭

の間には、完全な上下関係が認められ、天皇は皇祖の大神に対し、粛敬の態度を示したものにほかならない。

私見では、称唯を伴う「薦享」儀を天皇が奉仕することによって、神霊・恩頼（ミタマノフユ）を頂戴し、ミコトモチとして祭祀権者の地位を確実にするというものだろう。

岡田精司は、神殿内の称唯について、一切取り上げていない。岡田は『儀式』巻五、天皇即位儀の「群官称唯再拝、舞踏再拝」の文について、称唯は「おお」と答えること、舞踏は拝舞のことと解説し、「新しい天皇に服従と忠誠を誓う行為である」とされる。それなら神殿内の天皇による称唯は何を意味するものか。称唯は臣下が天皇または目上の者に対して行う作法であり、天皇が「おお」と応答する称唯を行うのは唯一、大神に対してのみに限られる。岡田はこの所作について何ら反応されていないが、榎村寛之は「天皇がその場で称唯《いしよう》をおこなうのは事実であり、そこには外来の神に対する敬意が見られることは、否定できず、「顕斎」説に一定の打撃を与える論であることは事実である」とその作法の重要性に一定の理解を示している。

寝座秘儀説と聖婚説とを支持する側にとって、マイナスの材料となるのは、天皇が称唯の作法を行うこと、そして大嘗祭のほかに年中三度（神今食と新嘗神事）同じ祭祀が行われ、しかも、それらの祭儀は、ともに夕御膳・暁御膳の二度の神事が行われることである。毎年恒例で何度も繰り返される供膳の作法は、寝座秘儀説・聖婚説を採用する方々にとって、説得的な説明がほしいところである。

大嘗祭・新嘗儀礼の神語りは、天孫降臨神話や海神宮訪問神話と結びつけて、大嘗宮の寝座秘儀説が論じられてきたが、まず第一に天岩戸神話の天照大神の新嘗を挙げるべきであろう（神代紀第七段本文）。また、天狭田・長田の御田に稲種を植えて耕作が開始されており（神代紀第五段一書）、新嘗祭祀に必要な斎田の稲作りと神衣の機織りとが備わっている。この天上の御田を地上世界に再現したのが倭の屯田である。稲を用意する倭の屯田とともに、天皇供御の蔬菜を貢納したのが倭の六御県であり、新嘗神事と豊明宴には、これら供御の品々が用いられたであろう。岡田精司は大化前代の宮廷新嘗において地方豪族の食物供献儀礼をニヒナメ＝ヲスクニ儀礼と名付け、服属儀礼であることを論じた。[17] しかし、神膳の稲は天皇直轄の倭の屯田の収穫が充てられており、私見を取り入れて、[18]「新嘗の神饌・供御が大嘗祭のそれとちがって直轄領からの貢納であったとすれば、その神事には服属儀礼的なものはなかった」「古い新嘗においては、卯日の神事には服属儀礼の要素は含まれず、豊明の宴の場において地方首長の服従の誓いがなされたのであろう。後の新嘗祭の卯日神事にも、服属儀礼的要素は認められない」[19]と述べて、前説を撤回し、長年学界を席捲してきたニヒナメ＝ヲスクニ儀礼論は遂に破綻した。首肯すべき見解の変更である。

さて、赤坂憲雄は、象徴天皇制と大嘗祭に照準をあてた著書の中で、私見を取り上げ「國學院という、むしろ折口学の影響が強いとおもわれる場所から投げかけられた折口批判である点で、わたしたちにある衝撃をもたらした」とされ、論考の骨子を紹介した上で、「岡田の論考の末尾に描かれた大嘗祭の姿は、たいへん暗示的なものである」として、旧稿の末尾の部分を紹介する。

大嘗祭は東または東南の伊勢の方角に向って天照大神をお迎えし、神膳供進と共食儀礼を中心とする。そして第一の神座（寝座）にお移りいただき一夜休まれる。ここは天皇といえども不可侵の「神の座」である。悠紀（斎忌）殿・主基（次）殿とも、二殿合一であり、嘗殿二殿を別個に考える必要はない。要は丁重に大神を迎え清浄を重んじる主旨から、暁神膳も新殿を用いるにすぎない。主基殿における神膳供進、共食（薦享儀）が終ると夜空は次第に明るくなり、大神は帰られてゆく。

まことに厳粛・素朴な天皇一代一度の〝まつりごと〟というべきであろう。

右の文を掲げた後、「正直にいってみれば、ここに描かれた大嘗祭の像は、かぎりなく平板で、かぎりなく貧しい。大嘗祭の祭儀の核心は、天皇がただひとりで皇祖神アマテラスと神饌を共食することである、という。アマテラスは天皇家の神話的な始祖である。その皇祖神アマテラスに神饌をそなえ共食することが大嘗祭であるなら、それは国民とも国家とも関わりのうすい、天皇家のイエ祭りにすぎないという結論が導きだされはしないか」「大嘗祭が一世一代の、天皇が天皇になるための王位継承儀礼であるのだとしたら、そこには王としての神性ないし聖性を賦与する儀礼のメカニズムが、いかなる形であれ組み込まれていなければならないはずだ。岡田の解釈からは、それが欠落している」(20)と批判する。赤坂が「幻想」を求めようとする願望は研究者の立場からはよく理解できるが、大嘗祭が農耕に関わるイエの祭り新嘗儀礼から出発している以上、その要素を否定し去ることはできない。誰もが必ず引用する『常陸国風土記』筑波郡条、『万葉集』の葛飾早稲歌などは、その原初の形態を彷彿とさせてくれる。

赤坂憲雄は別の著書[21]において次のように分類する。「すでに、大嘗宮におかれた寝具とマドコオブスマを連結し、そこに天皇霊の継承をめぐる秘儀がおこなわれたと想定する折口説は、岡田精司によって根柢から批判されていた（「大王就任儀礼の原形とその展開」）。岡田（精）は天皇霊の継承儀礼の代わりに、天皇と采女ないし皇后との聖婚儀礼が執りおこなわれたとみたわけだが、岡田（荘）は寝座の秘儀そのものを否定することで、折口批判をさらに一歩すすめるかたちとなった。しかし、両者の折口批判はじつはまるで逆の方位をもったものだ。岡田（精）は折口説を批判しつつ、折口のしめしたものとは異質な、もうひとつの大嘗祭の聖性附与のメカニズムの解明に向かった。それにたいして、岡田（荘）は寝座不可侵説を唱えつつ、大嘗祭をひたすらイネ祭りに還元することをめざした」とされ、私見の寝座秘儀の否定論に対して、「逆にいま突きつけられているのは、それでも大嘗祭は王位継承儀礼なのかという深刻な問いである」と論じられた。

この赤坂の問いに私が答えるよりも、折口信夫と並ぶもう一人の柳田国男の意見に耳を傾けてみたい。柳田は実は意外にも、大嘗祭を学問的に論じたものは少ない。柳田は昭和二十八年十一月（折口没後にあたる）、にいなめ研究会編『新嘗の研究』第一輯に「稲の産屋」[22]を収めた。

この大嘗の日の神殿の奥に、迎へたまふ大神はただ一座、それも御褥御枕を備へ、御沓杖等を用意して、祭儀の中心を為すものは神と君と、同時の御食事をなされる、寧ろ単純素朴に過ぎたとも思はれる行事であつた。

柳田は折口マドコオフスマ論を十分承知していながら、これに一切言及していない。この柳田論も「平板」ともいえるが、核心をついた大嘗祭論といえよう。柳田国男から見れば、この時点でマドコオフスマ論は折口信夫から解放されたという感覚であったのであろう。しかし、柳田の「稲の産屋」が発表された時、折口信夫は黄泉の世界へ旅立っていた。

三　折口信夫と藤井貞和

天子を「あらひと神（現人神）」という。現人神は生き神だとするのを「天子即神論」、そうでないとするのを「天子非即神論」をとっている。しかし、これは恥ずかしいが、ごく最近まで、戦争がすむまで、天子即神論だった。[23]

右は折口信夫の敗戦後における述懐である。天子即神論は昭和二年（一九二七）六月頃の草稿とされる「ほうとする話―祭の発生その一」[24]に登場する。

拝賀は臣下のする事で、天子は其に先だつて、元旦の詔旨を宣り降されるのであつた。此時の天子の御資格が、神自身である事を忘れて、祭主と考へられ出したのは、奈良・藤原よりも、もつと古いことであらう。併し、天子は、此時遠くより来たまれびと神であり、高天原の神でもあつたのだ。さうして、現実の神の詔旨伝達者の資格を脱却せられてゐる。元旦の詔旨を唱へられると共に、神自身になられるのである。

とされ、天皇は神であることと神のミコトモチの、二つの側面のあることを論じている。その中で、「大嘗祭の本義」以前にすでに大嘗祭に関しても触れている。

大嘗祭りは、御世始めの新嘗祭りである。同時に、大嘗祭りの詔旨・即位式の詔旨が一つのものであつた事を示してゐる。即位から次の初春迄は、天子物忌みの期間であつて、所謂まどこ・おふすまを被つて、籠られるのである。春の前夜になつて、新しい日の御子誕生して、禊ぎをして後、宮廷に入る。さうして、まれびととしてのあるじを、神なる自分が、神主なる自身から享けられる。此が、大祓へでもあり、鎮魂でもあり、大嘗・新嘗でもある。さうして、高天原の神のみこともちたる時と、神自身となられる時との二様があるので、伝承の咒詞と御座とが、其を分けるのである。

とされ、「二様」のあることを指摘して即神論・非即神論が交錯している。昭和の初期、折口は必ずしも完全な天子即神論者ではなかった。岡野弘彦は「昭和初期のまれびと論が次々と生れてくる一方で、同じ時期に折口はまたやや違った面の研究に、はげしい集中力を見せてたちむかっている」とされ、「折口は天皇の資格については、神の「みこともち」としての一つの通った見解を持っていて、天皇は即ち神であるという考えとは別の立場を持っている」と論じている。しかし、大嘗祭論では、折口学問の中枢といえるマレビト論・ミコトモチ論から突出して、天子即神的理解であるマドコオフスマ論・寝座秘儀説へと拡散していく。

折口の著書『古代研究・民俗学篇第二冊』（昭和五年）の「追ひ書き」においても、

此書物の中から、私の現在の考へ方を捜り出さうとするのは、無理である。実は、今におき、悩んでゐる。日々、不見識な豹変を重ねてゐるのだから。

と述べて、その苦悩を綴っている。折口は敗戦後、天子非即神論へ軸足を移した。[26]その時点で、大嘗祭マドコオフスマ論は折口説ではなくなったというべきであろう。しかし、折口の意図とは別に、その後、また没後、折口マドコオフスマ論、寝座秘儀説の部分のみが「幻想」となって脚光を浴びつづける。折口没後五十年（平成十五年〈二〇〇三〉九月三日）、完全に神霊となられた今年、そろそろ折口信夫をマドコオフスマ論から解放してあげるべきであろう。それが折口神霊の希望する鎮魂の作法でもある。

詩人であり国文学者でもある藤井貞和は、折口のもっとも近い真の理解者と思われるが（貞和の父藤井貞文が折口の高弟であったことを含めて）、折口大嘗祭論に関しては厳しい対応を示している。[27]本来、マレビト論者である折口は、昭和の初期「自身の〝まれびと〟論を貫徹させるべきその要所で」「何とも説明しがたい暗部をのこした」との、後代からの藤井の問い掛けは学問世界において重い意味をもっている。

折口が考えたのは天皇が神になって、大嘗宮内の寝具をににぎの真床覆衾に見立て、そこに横たわり物忌みをする、という幻想であった。つまり折口による、天皇即神論の発生がここにある。一方では天皇〝みこともち〟論者として天皇非即神論であってよい人が、「大嘗祭の本義」を書いた昭和三年から二十年という年月のあいだに、天皇即神論をも許容していったという図をここに見る。

と藤井は分析され、寝座における秘儀を否定した私見に対して賛同する見解を示された。さらに藤井は著書の最後「〝まれびと〟の学の赴くところ(28)」において、神話学者・国文学者へ向けて、「一方に、神話学や〝国文学〟からはなお、折口の仮説について、廃棄しさるのにはあまりに惜しい魅力に満ちた学説だ、との評価があとを断たない。ほんとうにそうだろうか。（中略）あるいは、次代を産みだす真の努力が払われていない現状だとしたら、そのかぎりで折口の学は学として死にきれないでいまなおあるということではないかと思う」と鋭い批判を送りつづけていることは、真に勇気のある発言だと思う。

平成の大嘗祭論議から十四年、寝座秘儀説は一応の終止符を打ったとの観もあるが、一方では天皇霊・天子霊・大王霊の受霊論はさらに発展して、埋葬施設の前方後円墳における「首長霊」継承儀礼

を想定する見解が出されている。(29)「幻想」は常に再生する。学問とは別次元において。(30)

（平成十五年九月記）(補注1)

注

（1）旧稿（注3）において神座とはせず寝座の語を用いていることに対し、岡田精司は「岡田莊司氏が何故古代の用語を避けて近世の語を用いるのが、不可解である。」（『古代祭祀の史的研究』「即位儀・大嘗祭をめぐる問題点」塙書房、平成四年）と言われるが、神座には寝具を備えた第一の神座と、天皇と対座して饗膳の儀礼がある第二の神座とがあるので、二箇所の神座を区別するのは紛らわしく、第一の神座（寝座）における秘儀の有無の論議を問題点としたため、あえて「寝座」としたのである。

（2）折口信夫「大嘗祭の本義ならびに風俗歌と真床襲衾」（『國學院雑誌』御大礼奉祝号・下、昭和三年十一月）。同文は談話の形をとっている。折口説において大きな影響を与えたのは、その後に発表された『古代研究・民俗学篇二』所収の「大嘗祭の本義」（大岡山書店、昭和五年、全集第三巻収録）である。以下の折口大嘗祭論は特記しない限り、此れに拠る。

（3）岡田莊司「大嘗祭―〝真床覆衾〟論と寝座の意味―」（本書第一部第三章、『國學院雑誌』九〇巻十二号、平成元年十二月、実際には翌年二月に発行）。『大嘗の祭り』学生社、平成二年に再録。これ以前の『國學院雑誌』九〇巻七号（平成元年七月）に「真床覆衾と〝國學院流神道〟」（本書第一部序章）と題して、短文を寄せておいた。以下の私見は、前者の論文に拠る。

（4）榎村寛之の批判論考は、特記しない限り以下此れに拠る。『律令天皇制祭祀の研究』第一章第二節「岡田莊司氏の大嘗祭論について」（塙書房、平成八年）再録。

（5）岡田精司「大王就任儀礼の原形とその展開」（『日本史研究』二四五号、昭和五十八年、のち加筆して、『古代祭祀の史的研究』塙書房、平成四年、再録）。以下、岡田精司の大嘗祭論は特記しない限り、当論文に拠る。
（6）岡田精司「即位儀・大嘗祭をめぐる問題点」（『古代祭祀の史的研究』塙書房、平成四年）。
（7）真弓常忠『日本古代祭祀の研究』「顕斎」学生社、昭和五十三年。
（8）今林義明「神武天皇紀に見る『顕斎』に関する一考察」（『神道及び神道史』五三号、平成八年）。
（9）折口信夫「即位御前記」（『史学』十九巻一号、昭和十五年、『折口信夫全集』二〇巻、中央公論社、昭和三十一年）。
（10）岡田莊司「出雲国造の新嘗会と火継ぎ神事」（『島根県古代文化センター調査研究報告書6』平成十一年）、津田勉「諏訪「大祝」職の発生」（『國學院雑誌』一〇三巻三号、平成十四年）。
（11）岡田莊司「『内裏式』逸文「神今食」条について」（本書第一部第三章補論、『國學院大學日本文化研究所所報』一五五号、平成二年、『大嘗の祭り』学生社、平成二年、再録）。このほか、森田悌は「御」を「おさむ」と読む解釈をとり、寝座での秘儀はなかったと見る（「大嘗祭・神今食の本義」山中裕・森田悌編『論争古代日本史』河出書房新社、平成三年、森田悌編『天皇の祭り村の祭り』第四章「嘗の祭りのメタモルフォンス」新人物往来社、平成六年）。
（12）岡田精司『古代祭祀の史的研究』塙書房、平成四年。
（13）柳田国男「巫女考」（大正二年）「玉依姫考」（大正六年）（『定本柳田国男集』第九巻、筑摩書房、新装版、昭和四十四年）。
（14）岡田莊司「御阿礼神事と聖婚儀礼説」（國學院大學大学院文学研究科創設五十周年記念論文集『伝統と創造の人文科学』平成十四年）、津田勉「八幡信仰の神子信仰―柳田国男の神子信仰説及び巫女論の批判的検討―」（『神道史研究』五一巻一・二合併号、平成十五年）。
（15）牟禮仁「大嘗殿「神座」の変移」（『大嘗・遷宮と聖なるもの』皇學館大學出版部、平成十一年）。

(16)榎村寛之「斎王発遣儀礼の本質について」(『律令天皇制祭祀の研究』塙書房、平成八年)。
(17)岡田精司「大化前代の服属儀礼と新嘗」(『古代王権の祭祀と神話』塙書房、昭和五十年)。
(18)岡田莊司「大嘗・新嘗の祖型」(本書第一部第二章、『大嘗の祭り』学生社、平成二年)。
(19)岡田精司「大嘗祭の神事と饗宴」(『古代祭祀の史的研究』塙書房、平成四年)。
(20)赤坂憲雄『象徴天皇という物語』筑摩書房、ちくまライブラリー、平成二年。
(21)赤坂憲雄『結社と王権』「大嘗祭の本義・再考」作品社、平成五年。
(22)『定本柳田国男集』第一巻、筑摩書房、新装版昭和四十四年。
(23)折口信夫「神道観の沿革」昭和二十一年十一月、日本民俗学講座講演(『折口信夫全集ノート編追補』第一巻、中央公論社、昭和六十二年)。
(24)『折口信夫全集』第二巻、中央公論社、昭和三十年。茂木栄「折口信夫の大嘗祭観」『國學院雑誌』創刊百巻記念号、平成二年。
(25)岡野弘彦『折口信夫伝—その思想と学問—』「十一、新しい神の発見」中央公論新社、平成十二年。
(26)牟禮仁「折口信夫『大嘗祭の本義』と「天子非即神論」」(『神道宗教』一四〇・一四一合併大嘗祭特集号、平成二年)。
(27)藤井貞和「国文学の思想—折口信夫〝天皇即神説〟の発生—」(『思想』一九九六年十月号、『国文学の誕生』三元社、平成十二年、再録)。
(28)藤井貞和『折口信夫の詩の成立』第四章「「大嘗祭の本義」から戦後へ」第五章「〝まれびと〟の学の赴くところ」中央公論新社、平成十二年。
(29)寺沢薫「首長霊観念の創出と前方後円墳祭祀の本質」(初期王権研究委員会編『古代王権の誕生』Ⅰ東アジア編、角川書店、平成十五年)。

（30）　大嘗祭論は今後、地道な研究作業が必要とされよう。牟禮仁「天仁元年大嘗会の神座」「大嘗殿「神座」の変移」（『大嘗・遷宮と聖なるもの』皇學館大學出版部、平成十一年）、林一馬「大嘗宮の配置構成とその意味」「大嘗宮正殿と神嘉殿の神座・御座考」（『伊勢神宮・大嘗宮建築史論』中央公論美術出版、平成十三年）など。

（補注1）　最後に記した「平成十五年九月記」とあるのは、本稿を記した平成十五年（二〇〇三）九月（三日）が、折口信夫歿後五十年祭（昭和二十八年歿）にあたっていたところから、鎮魂の気持ちを込めて書き入れたものであった。ただし、そのことを記載することは、憚られたため、このような記述になった。

〔補　論〕

『内裏式』逸文をめぐって・再考

一　『内裏式』逸文論争の結末

昭和から平成に前後して、寝座秘儀の有無について、『内裏式』逸文「神今食」条にみえる「縫殿寮供二寝具一、天皇御之」（『江次第鈔』所引）の解釈をめぐって論争が行われた。

本書第一部第三章①「〝真床覆衾〟論と寝座の意味」に収めた「祭神と共食儀礼」（九九頁）において、その研究史にふれ、さらに補論②「『内裏式』逸文「神今食」条について」（一一二頁）の中で、新たな補足をした。拙論①では、天皇の神嘉殿への出御と解釈したが、ついで、②の補論では、自説を撤回し「神嘉殿西隔の御休所に着かれている天皇が、縫殿寮による寝具を供える所作のとき、隣の西隔より神殿までわずか数メートルの距離ではあるが、もっとも大切な神料の寝具供進に「御」され、その場に臨まれ立ち合われたとみるのが穏当な理解」と考えたのであった。

その後、長い年月がたち、新たに西本昌弘が宮内庁書陵部所蔵、九条家本『神今食次第』（鎌倉時代書写、粘葉装本）を紹介され、この中で『内裏式』新出逸文の全体が示された[(1)]。その「天皇御之」の前後について、

　近仗陣二階下一、御畳至二階下左右一、少将已上各一人、共升監鋪二御畳一、訖退出閉レ門、縫殿寮供二寝具一、天皇御之、亥一剋、主水・采女就二内侍一申二時至一也、寝内女官引出、縫殿供二御衣一、女御已上転供、若無者、内侍・蔵人亦得、

とある。同文の出現により、「衍字や脱文を想定する必要はなくなったのである。「内裏式」は主として天皇が関わる礼式を定めた書物であるから、神嘉殿の階下まで御畳を運んだ掃部寮などの官人の動きは省略したのであろう」と述べられた[(2)]。これにより、『内裏式』逸文の論議は進むことになった。

詳細な研究史とその論議は、西本論考と木村大樹の研究[(3)]をご覧いただきたい。これにより、天皇は縫殿寮の寝具供進に臨御され、立ち会われたと解釈することが妥当になった。もちろん、この「天皇御之」の文面から、寝座秘儀が始まることはなかった。『内裏式』逸文は寝座秘儀説唯一の有力証拠

とされてきたが、全文の公開によって、秘儀説は完全否定されたといってもよいであろう。

ただし、西本論考では『詩経』に「御」が賓客に酒食を「進める」意味で用いられていることから、拙論②で論じた神殿に出御するだけでなく、「天皇みずから寝具（御衾）を供進することで、神の来臨をより強く祈念する姿勢を示した」とされ、縫殿寮の寝具供進に臨御した以上に、みずから寝具を供進したと論じている。この新たな西本見解については、木村大樹は、「「御」には「進める」との意もあるかもしれないが、神饌供進の場面にあってすら自身が盛り付けた神饌を直接的に神食薦上に供えず陪膳采女を介していた天皇が、寝具を直接自らの手で進めたとは考えにくいのではないだろうか。やはりここでは全体の文意を考慮して「御」を「出御（臨御）」の意で解するのが穏当であろう[4]」とされた。首肯すべき意見である。

「天皇御之」について、西本論考では「あくまでも神今食儀の準備過程の一つであり、これのみから祭儀の本質を読み取ることは妥当ではない」との見解を示されながら、自説を押し進め、「神今食のさいに天皇が神座上に神の寝具を整えたことに注目すると、神と采女などとの聖婚儀礼が想定されていた可能性はあるのではないか」と述べられた。西本論考の前半は史料に基づいた堅実で実証性の高い論述でありながら、以後になると、論拠のない聖婚儀礼説に同意されていることは不審といわざるをえない。木村大樹も同様の批判をされ、西本論考の「後半では神話解釈に影響され過ぎた感がある。祭祀理解における神話分析は重要であるが、神々の物語である神話の一つが神と人とのやりとりである祭祀の一つと直接的に結びつくとは考えにくい」とされた。神話論と祭祀・祭式論とは、神人関係において、一定の隔離意識があったことを、考察の根底に置くべきであろう。

二　皇后助祭について

皇后・中宮による神今食・新嘗祭との関係・関与については、本書第一部第三章①「〝真床覆衾〟論と寝座の意味」に収めた「聖婚儀礼説と中宮」（一〇八頁）において論じたように、神今食に中宮は御輿に乗り、神嘉殿に向かわれている（『延喜式』中宮職）。さらに神具（寝具）の用意もされる（『延喜式』掃部寮、年料鋪設条に「六月神今食、十二月神今食、十一月新嘗祭亦同」とある）。六月・十二月神今食に、中宮の行列が神嘉殿に向かい、神事に参加していたことは明らかであるが、中宮の新嘗祭関与については、明確な記載が『延喜式』に確認できなかったので、「中宮は常寧殿より出られた様子はなく、新嘗の神事は神嘉殿における天皇祭祀と、内裏内の中宮祭祀が同時併行して斎行された」と推定したが、この根拠は不十分であり、傍証ではあるが『延喜式』左右近衛府、『延喜式』大膳に、中宮が神嘉殿へ出かけられる中宮陣や駕輿丁についての記載があるので、神今食と同じく御輿に乗り、天皇祭祀の場である神嘉殿に出かけられたもの、と訂正したい(5)。

先の西本論考においても、『内裏式』新出逸文の中で、分注にみえる、弘仁六年（八一五）十一月、新嘗祭にあたり、皇后（嵯峨天皇皇后、橘嘉智子）行啓を紹介された。さらに、弘仁十一年二月に皇后

「助祭之服」（『日本紀略』）として帛衣が規定されたことから、唐制を参照して、天皇・皇后・皇太子の服制が整備されたことを指摘された。

この中宮の祭祀関与については、曖昧な事項が多く、天皇祭祀の「助祭」が徹底されてはいない。天皇祭祀権は天皇一人に属するものであり、中宮祭祀・伊勢斎王祭祀は天皇の付属的なものといえる。これに関して、岡村幸子の鋭い指摘がある。(6)

『掃部寮式』に載せる中宮料は、種類は揃っているが量的に不完全であり、これらの神具では中宮が神饌供進を行い得たとは思えない。また、『大炊寮式』には新嘗祭料として「納御幷中宮御米粟袋」が見える。これがどのように使われたかは不明だが、斎服を着ず、不完全な神具で、神殿にも入らない、が、神饌の米と粟の袋は用意されている、こういう『延喜式』のあり方が中宮の「助祭」なのである。

大神への完璧な祭祀執行を願い、厳しい清浄性を確保しようとした実態とは、大きくかけ離れている。中宮の「助祭」が不完全なことは、あくまでも天皇祭祀に付随した存在であったからであった。さらに、岡村論考では、「神具（これは寝具でもあるが）は中宮が別個に持っている以上、聖婚に使用されたとは言えない」という指摘もある。個別に寝具の神座が設けられたとするならば、一緒に共寝する座というよりも、やはりここも大神来臨の祭祀における見立ての座というべきであろう。神来臨の場は、各所に顕われる、まさに「見立てる」ことであった。(7)

注

（1）西本昌弘「九条家本『神今食次第』所引の「内裏式」逸文について―神今食祭の意義と皇后助祭の内実―」（『日本古代の年中行事書と新史料』吉川弘文館、平成二十四年、初出平成二十一年）。

（2）西本昌弘、前掲注（1）論文。

（3）木村大樹「神今食の神饌供進儀に関する考察―大嘗祭卯日神事と関連して―」（『神道研究集録』三十一輯、平成二十九年）。

（4）木村大樹、前掲注（3）論文。

（5）本書第二部第五章「神座（寝座）秘儀説の現在」にも同様の誤りがある。この批判については、榎村寛之「岡田荘司氏の大嘗祭論について」（『律令天皇制祭祀の研究』塙書房、平成八年）、岡村幸子「天皇親祭祭祀と皇后」（『ヒストリア』一五七号、平成九年）、木村大樹「天皇と斎王の祭祀構造―「戸座」の位置付けを手がかりに―」（『神道研究集録』三十二輯、平成三十年）がある。

（6）岡村幸子、前掲注（5）論文。

（7）折口信夫「神道に現れた民族論理」「古代人の思考の基礎」（『折口信夫全集』第三巻、中央公論社、昭和三十年、『古代研究　民俗学篇第二冊』大岡山書店版、昭和五年）、西田長男「「見立て」の民族論理」（『日本神道史研究』第二巻、講談社、昭和五十三年、初出昭和四十三年）。

終　章　大嘗祭研究のこれから

本書第一部の序章に掲載した「真床覆衾と〝國學院流神道〟」（本書二五頁）は、「平成大嘗祭論争」の開始を告げる論点であり、多くの反響があったことが昨日のことのように記憶される。今回の天皇退位法案の公布をうけて、ふたたび同誌（『國學院雜誌』）に求められたので寄稿し、新年号元年（二〇一九）大嘗祭に向けて、新たな論議に挑むきっかけになった。

一　真床覆衾と〝國學院流神道〟：ふたたび

『國學院雜誌』平成元年（一九八九）七月号いらい、二十八年ぶりの「談話室」登場である。その誌上において、折口信夫の大嘗祭の本義にかかわる真床覆衾論（中央の神座〈寝座〉における天皇の秘儀）を否定した。その中で、同年三月刊行された『図書寮叢刊』所収の摂政藤原忠通「大嘗会卯日御記」（崇徳天皇大嘗祭）を紹介し、私の理解する大嘗（新嘗・月次の神今食を含めて）の祭儀の本旨は天皇親祭による神膳の御供進と共食にあり、いわゆる〝真床覆衾〟にくるまる秘儀はまったくなかったと考えている。秘儀とは前者のみをさしていう。したがって折口説を容れる余地はなく、〝國學院流神道〟なる範疇がもしあるとすれば、私は國學院において、はみ出し者以外の何者でもない。（中略）嘗殿に設けられた神座は客人としての神祖がお休みになられるために見立てられた神座であり、ここには天皇といえども近寄ることはなかったと考えたい。即ち、折口の推論である〝真床覆衾〟説は六十年間にわたって私たちに与えつづけてきた幻想であり、〝國學院流神道〟も存在しないことになる。

と論じた。大嘗祭の本義をめぐる折口論に対して外部から〝國學院流神道〟と命名する論も出ていたので、私は「はみ出し者」と言ったのであったが、拙論は即座に当時の週刊誌に取り上げられ、「論争が起こって然るべき重大な問題提起」と批評された。平成の大嘗祭論争のはじまりである。その半年後、『國學院雑誌』平成元年十二月号に、その詳細な論文「大嘗祭―〝真床覆衾〟論と寝座の意味―」を掲載していただいた。ただ、國學院の卒業生でもある岡田精司・松前健らのご批判は厳しく、その後、研究者の間から批判の雑誌特集号が組まれ、数十の批判論文が出回ることになる。

同年（平成元年）三月に刊行された『続日本紀』第一巻（新日本古典文学大系・岩波書店）の補注、新嘗祭（三四二頁）では「神との共食とともにマトコオフスマの秘儀が行われたが、その詳細は知りえない」、また月次祭でも「天皇は中和院内の神嘉殿において二度にわたり神と共食する。またマトコオフスマの秘儀を行う」とあり、折口論が席巻していた。その三年後の同書第三巻（平成四年十一月）では、「新嘗祭の祭儀の中心は、卯の日の夕刻に天皇が入浴斎戒したのち、神嘉殿において天皇みずから神々に新穀による神酒・神饌を供し、みずから食する祭儀であった」（五一一頁）と、ここでは折口論の影はなく、次第に否定論が浸透したものと考えたが、なお折口論の派生である聖婚儀礼説は、いまも燻ぶりつづけている。その後の反論と研究史は、『國學院雑誌』平成十五年十一月号「大嘗祭「寝座」秘儀説の現在」（本書第二部）で論じた。

拙論について、赤坂憲雄は「國學院という、むしろ折口学の影響が強いとおもわれる場所から投げかけられた折口批判である点で、わたしたちにある衝撃をもたらした」（『象徴天皇という物語』平成二年）とされ、その上で「ここに描かれた大嘗祭の像は、かぎりなく平板で、かぎりなく貧しい。大嘗祭の祭儀の核心は、天皇がただひとりで皇祖神アマテラスと神饌を共食することである、という。アマテラスは天皇家の神話的な始祖である。その皇祖神アマテラスに神饌をそなえ共食することが大嘗祭であるなら、それは国民とも国家とも関わりのうすい、天皇家のイエ祭りにすぎないという結論が導きだされはしないか」と批判されたことは印象深い思い出である。

大嘗祭は新嘗祭がその基になっており、イネ祭りを中心とした、神道祭祀の本義とされる食膳儀礼、最高の「おもてなし」である。東日本大震災の発生は、神道の神観念に大きな影響を与えた。神道祭祀は人間日常の食生活につながる食膳儀礼であり、自然の厳しい脅威に向き合い、大災害を眼前にした私たちにとって、今はとてもこれを「かぎりなく平板で、かぎりなく貧しい」祭祀儀礼とはいえない。

「秘事」とされる大嘗祭祈請文（後鳥羽院「大嘗会神饌秘記」『神道大系・践祚大嘗祭』）の前半は、新穀を供える毎年の新嘗祭と趣旨は同一である。その後半では、災いを未然に防ぎ、自然の山河、所々が鎮まるように祈念した。それは自然の恵みへの感謝と災害の予防であった。大嘗祭と天皇祭祀は災害への対応を組み込むことで、祭祀への理解が深まることになる。

本日、「天皇の退位等に関する皇室典範特例法案」が公布された。これを受けて、平成の年号は終わり、新たに元号が立てられ、天皇即位、そして二年後の秋十一月には、つぎの大嘗祭を迎えることになる。

（平成二十九年六月十六日記）

二　古代の祭祀文化を現代に宿す

ことし御代替りの年を迎えた。皇位継承の儀式である即位とともに大嘗祭が十一月に予定されている。祭りの本義は、稲と粟など農耕生育への感謝と災異現象へ対する予防とであった。衣（三河国の絹織物、阿波国の麻織物の奉献）、食（稲・粟と海産物の神饌）、住（古い簡素な大嘗宮の建築様式）の文化を古代のままに映し出し、天皇が祈りを捧げる祭祀には、日本列島に暮らす人々の想いが込められている。

稲を供える地域は、国郡卜定によって選ばれた悠紀（斎忌のこと）・主基（次、二番目の斎忌のこと）の二ヶ国が定められ、最初の天武天皇の新嘗祭（大嘗祭と区別される以前）は、播磨（兵庫県）と丹波（京都府）に始まり、平成の大嘗祭では秋田県と大分県が選ばれた。大嘗祭は天皇親祭による「秘事」の祭りとされているが、数千人の国郡の人々が都にのぼり、「標《ひょう》《シメ》の山」と呼ばれる飾り物の山車を曳き回し、賑やかに参加した（中世後期に廃絶）。三年前、ユネスコの無形文化遺産に祇園祭の長刀鉾など「山・鉾・屋台行事」三三件が指定されたが、その淵源が大嘗祭の「標の山」である。折口信夫先生（院友＝注：國學院卒業生のこと＝十八期、明治四十三年卒業）の早い時期の作品に「盆踊りと祭屋台と」があり、すでに大正の大嘗祭のとき、「標の山」に注目されている。また、国民の奉賛の形として、明治の大嘗祭において、甲斐（山梨県）の特産物である「庭積《にわつみの》机《つくえ》代物《しろもの》」が奉献され、大正の大嘗祭から以後、全国の特産物が寄せられていることも重要である。

九十年前、昭和の大嘗祭にあたって折口先生は、中央の神座においてマトコオフスマの秘儀があることを論じられた。わたしは、三十年前この秘儀説を否定し、「平成大嘗祭論争」が始まる。「國學院流神道」とも呼ばれてきた國學院の学問内部から、折口先生を批判する論が出されたため、多くの研究者に衝撃を与え、論議が過熱していった。大学院教授会の席では周りに、折口先生の教え子の先生

図32　標の山（中嶋宏子画）

方が沢山おられたが、やさしく接していただいたことは有難かった。とくに最後のお弟子である岡野弘彦先生（院友五十六期、昭和二十三年卒業）から、折口先生の学問履歴が詳細に記された『折口信夫手帖』（國學院大學折口信夫古代学研究所編）を、教授会の席で、そっとお渡しいただいたことは、年をとるごとに深く心に刻まれ蘇えり、その御本はわたしの最高の宝物になっている。

当時、大嘗祭をわかりやすく理解していただくために、クラス担任として教え子でもあった中島宏子さん（院友九十四期、昭和六十一年卒業、國學院栃木短期大学助教授、平成十五年逝去）に大嘗宮の復原と神殿内部の図、「標の山」図を描いていただいた。三十年をへて、再び中島さんの絵を本書に掲載させていただいた（平成三十一年元旦、著者岡田は院友七十九期、昭和四十六年卒業）。

三　次代の大嘗祭に向けて

前回の大嘗祭から三十年近く。自然災害に多く見舞われた私たちは、災異現象と祭祀との関係に深い理解ができ、最上の天皇祭祀には、そのことが組み立てられてきたという認識に立つに至った。第二部の論点には、災異列島日本における天皇祭祀の真義を考えてみた(1)。

「平成の大嘗祭論争」は、三十年をへて、一応終止符を打ったと考えているが、別の角度から新たな折口信夫論が登場している(2)。前近代の地域に根差した祭礼・儀礼研究を精力的にすすめている斎藤英喜は、昭和三年（一九二八）という時代性をとおして、折口「大嘗祭の本義」成立の背景に迫っている。そして、「神道学者」としての折口信夫を、「神道史の研究」と不可分であったという視点で考察している。

図33　纒向遺跡の宮殿跡柱列

祭祀考古学では、数多くの祭祀遺跡の調査が成果をあげている(3)。とくに三十年前、本書第一部第二章に「纒向遺跡の発見」と題して、まだ纒向の周辺遺跡の調査段階であったが、古代祭祀の源流について解説した。ところが近年その中心部である纒向遺跡（国史跡）から、居館域と祭祀土坑が確認されており、その遺物には、新嘗祭祀と共通する内容が少なくない。これらは、新しい成果といえる(4)。

そして、第二部に収録したとおり、ここ一・二年の論議と新稿とを織り込んで、新年号元年（二〇一九）大嘗祭に向けて、提言させていただいた。折口信夫批判に終始するのではなく、新たな大嘗祭論を提示するのが、本書の最高の目的である。ここでは、その内の、二・三について、終章の終わりに紹介しておきたい。

第二部第二章には「天武朝前期における天皇新嘗」を考察した。これと関連して伊勢斎王大来皇女の伊勢赴任と斎王新嘗については、別稿で論じた(5)。この大来斎王の伊勢斎宮跡が発見されれば、天武朝祭祀論の大きな成果になるであろう。伊勢斎宮跡の発掘調査の進行に期待したい。

第二部第三章の「大嘗祭祭祀論の真義―遙拝・庭上・供膳祭祀―」は、遥拝・庭上・供膳を祭祀・祭式論をとおして論述した。

大嘗祭研究において祭祀祭式論の視点は、これまで、ほとんど研究の対象とはされなかった。大嘗祭の殿内神座は、見立ての座と遥拝の座という、相反する二つの座をもつ、特殊な祭祀構造である。この古代人の祭祀の世界を、現代人はどのように理解したらよいのか。古代と近現代の段差は小さくない。ここを埋めていくには、なお、詳細な研究の必要性を感じている。ここでは、伊勢神宮の御饌殿祭祀との共通性をとおして、その祭祀上の真義が遥拝・供膳にあることを論じた。

本章は古代天武朝初期の天皇新嘗と明治四年大嘗祭との比較をするなかで、理解を深めることができた新たな視点である(6)。三十年前の第一部と比べると、その違いは大きい。まだ、現段階では着地点は見えない。わたしも、「日々、不見識な豹変を重ねてゐる」のだろう。

第二部第四章「稲と粟の祭り―大嘗祭と新嘗―」は、粟祭りに焦点を合わせて、その特質を論じた。『延喜式』の神祇関係式をみると、米の祭祀は祈年祭・鳴雷神祭・春日祭はじめ、ほとんどの祭りに供えられている。一方、粟はどうかというと、天皇の神今食・新嘗と伊勢斎王新嘗・正月節料などに限定されている。これまで、大嘗祭と新嘗祭研究において、稲祭りとしての性格は強調されていても、粟祭りに関して、その性格を論じたものは皆無に等しい。古代いらい神祇祭祀は稲祭りであるということが常識になっており、伊勢神宮祭祀も稲祭りで一貫しており、粟の存在を確認することはできない。ところが、祭神・天照大神を同じくする六月・十二月神今食、十一月天皇新嘗と大嘗祭の神膳には稲（米）とともに粟が供えられ、共食の儀礼が行われる。

天武朝前期における天皇新嘗は、畿外国郡を対象としており、稲は大和官田稲ではなく、畿外稲が使われた。ここには粟を確認することはできないが、新嘗祭祀に先立って、その前々日の中丑日に、供御用の官田（宮内省営田）の稲束数を奏上する政事向きの宮内省御宅田の稲数を奏上する儀が平安初期に行われており、この儀式と新嘗・大嘗祭との関係は不可離のものであるので、祭祀用の粟も官田粟から準備されたものと推定した。

粟は非常時のために飢饉の備蓄とされており、民生安定には欠くことはできない食料であった。大嘗祭には、災害の予防が祈念されており、天皇祭祀の本質は、稲だけではなく、粟の祭祀が重要であった。稲祭りに隠された粟祭りは、天皇祭祀最大の「秘事」であり、天下を統治した天皇の理想と現実が、大嘗祭と天皇新嘗には投影されている。

以上の祭祀祭式論と祭祀の本義とされてきた、稲祭りに加えて、粟祭りの重要性を強調することで、もう一度、大嘗祭を含めた日本列島祭祀論を再構築していきたい(7)。

注

（1）岡田莊司「古代の天皇祭祀と災い」（『國學院雜誌』一一二巻九号、平成二十三年）、小林宣彦『律令国家の祭祀と災異』吉川弘文館、平成三十一年）。

（2）斎藤英喜『折口信夫』ミネルヴァ書房、平成三十一年。國學院大學博物館「列島の祈り」講演会、斎藤英喜「昭和三年の大嘗祭と折口信夫」（平成三十年十二月二十二日）。

（3）笹生衛『日本古代の祭祀考古学』（吉川弘文館、平成二十四年）、同『神と死者の考古学』（吉川弘文館、平成二十八年）。「祭祀考古学からみた古代祭祀」の章の笹生衛・松尾充晶・穂積裕昌・橋本輝彦・米川仁一の各論考（岡田莊司編『古代の信仰・祭祀』竹林舎、平成三十年）。

（4）『纏向遺跡発掘調査概要報告書—トリイノ前地区における発掘調査—』（桜井市教育委員会、平成二十五年）、橋本輝彦「纏向遺跡の居館域と二つの祭祀土坑」（岡田莊司編『古代の信仰・祭祀』竹林舎、平成三十年）。

（5）岡田莊司「天武朝前期における天皇新嘗と伊勢斎王」（岡田莊司編『古代の信仰・祭祀』竹林舎、平成三十年）。

（6）岡田莊司「古代と近代の大嘗祭と祭祀制」（『國學院大學研究開発推進機構紀要』第十一号、平成三十一年）。

（7）岡田莊司編『事典　古代の祭祀と年中行事』（吉川弘文館、平成三十一年）は、古代祭祀祭式論の入門書ともいうべきもので、併読されることをお奨めしたい。

あとがき

本書のあとがきを記すにあたり、まずは本書第一部に収められた平成二年（一九九〇）刊行の『大嘗の祭り』のあとがきを掲載する。

本書（第一部）は、昨年（平成元年）五月から一年間にわたって書き綴った大嘗祭関係論考に加筆して収録したものである。その初出雑誌は次のとおり。

序章「皇位継承儀礼・一代一度の大嘗祭」（『大美和』七九号、平成二年七月）、「大嘗祭論の検討―真床覆衾論および神座（寝座）秘儀説批判―」（生田神社編『即位の礼と大嘗祭』平成二年四月）、「真床覆衾と〝國學院流神道〟」（『國學院雑誌』九十巻七号、平成元年七月）をもとに加筆。

第一章「大嘗祭の本義をめぐる研究史」（『明治聖徳記念学会紀要』復刊二号、平成元年十一月）に加筆。

第二章「大嘗・新嘗の淵源―倭屯田を訪ねて―」（『大美和』七七号、平成元年七月）に加筆。

第三章「大嘗祭―〝真床覆衾〞論と寝座の意味―」(『國學院雑誌』九十巻十二号、平成元年十二月)に加筆。

補論は「『内裏式』逸文「神今食」条について」(『國學院大學日本文化研究所所報』一五五号、平成二年七月)。

第四章「天皇祭祀と国制機構―神今食と新嘗祭・大嘗祭―」(『國學院雑誌』九十一巻七号、通巻千号記念〝大嘗祭をめぐる諸問題〞平成二年七月)。

第五章「大嘗宮と御神座」(『別冊歴史読本・皇位継承「儀式」宝典』平成二年五月)、「大嘗祭は古代の生活様式の凝縮」(『歴史読本』五三〇号、平成二年七月)より抜粋、加筆。

第六章「古代の遷宮」(『神宮式年遷宮の研究』第一輯、昭和六十三年九月)より抜粋、加筆。

第一・二章は、折口・柳田を中心とした研究史と大嘗祭の原型にあたる新嘗儀礼の本源を明らかにした。しかし、本書の核心は第三・四・五章にある。折口〝真床覆衾〞論およびその亜流である聖婚儀礼説を代表とする寝座秘儀説への批判は歴史学文献検証の方法からは一応の成果があったと思う。つづいて神今食、新嘗祭を通して国制機構の運用の側面から天皇親祭祭祀の特徴と意味づけについて考えてみた。この第四章は、恒例の天皇親祭祭祀をとりあげて、第三章の私説の補強につとめたものである。さらに視点をかえて文化史的方法から大嘗宮を天皇御在所の〝場〞と把え、ここに伝統的文化や生活様式の〝衣食住〞空間が代替りごとに再現され伝承されていくことの重要性を論じた。客観的立場からいえば、ここにも柳田学の世界が見え隠れする。この第五章の主旨は古代人の心がそのまま時間の移り変わりを超えて、現代に伝えられてきたのであり、日本文化の一面を垣間見ることができよう。

代替りごとに、古代の形式のままに生活空間を再現して天皇親祭が斎行されてきたことは、ここに祖霊の来臨を仰ぐ農民の家の信仰とも共通点が認められ、天皇祭祀の本源的形態は祖霊との結びつきを意識したものであった。第五章は農民に長い間流れつづけてきた文化要素を通して検討を加えたものであるが、それはおのずと第三章を文化（史）学という別の視覚から補う論点をもっている。

平成の時代に発表した私の「仮説」は、今回限りで終わらせたくはない。今後とも多角的研究・批判にも耐えられる内容に成長させ、大嘗祭研究史の一翼を担っていくように励みたい。そして、長年の研究テーマである国制史における儀礼祭祀の展開について更に内容を充実させていくことに努めていきたい。その学問的基礎が文献実証にあることを認識しつつ。

（平成二年七月）

＊　＊　＊

本書は、三十年前の第一部（『大嘗の祭り』平成二年十月刊）に加えて、序文・第二部は、第二部第五章を除いて、平成二十九・三十年に書き綴った大嘗祭関係論考に加筆して収録したものと新稿とを収めた。わたしの人生の前半部と後半部とを対比した、自分史の学問成果でもある。その初出雑誌は次のとおり。

序文　大嘗祭の本義を求めて（原題「神道と大嘗祭」『資料で見る大嘗祭』國學院大學学術資料センター編、平成三十年十一月）に加筆。

第一部　古代祭祀と大嘗祭

第一章　古代神祇祭祀の体系と大嘗祭（原題「神道と祭祀」『現代思想』「総特集・神道を考える」青土社、平成二十九年二月臨時増刊号）に加筆。

第二章　天武朝前期における天皇新嘗（原題「天武朝前期における天皇新嘗と伊勢斎王」『古代の信仰・祭祀』竹林舎、平成三十年十月）の前半部に加筆。

第三章　大嘗祭祭祀論の真義―遙拝・庭上・供膳祭祀―（新稿）。

第四章　稲と粟の祭り―大嘗祭と新嘗―（原題に同じ、『國學院雑誌』一一九巻十二号、平成三十年十二月）に加筆。

第五章　神座（寝座）秘儀説の現在（原題に同じ、『國學院雑誌』一〇四巻十一号、平成十五年十一月）に加筆。

〔補論〕『内裏式』逸文をめぐって・再考（新稿）。

終　章　大嘗祭研究のこれから（「真床覆衾と〝國學院流神道〟：ふたたび」『國學院雑誌』一一八巻八

号・平成二十九年八月、「大嘗祭：古代の祭祀文化を現代に宿す」『(國學院大學) 院友会報』三七〇号、平成三十一年正月新年号) に加筆と新稿。

ことし (二〇一九年) 三月、平成の終わりとともに定年を迎え、四十年近くにわたる「國學院神道」の学問研究と後継者育成から身を引くことになっている。学究生活が楽しくできたのは、國學院の風通しの良さによるところが大きい。豊富な文献史料と向き合う機会は多く、真摯に史料と格闘できたことは有り難かった。その結果が、三十年前の「大嘗祭論争」と現在とである。三十年前の論議の結末は、わたしの中では確定しており、本書第二部には、新たな大嘗祭論を提示させていただいた。この新たな提起は、今後も継続していきたいと願うものである。そして、大嘗祭の学問的論議に加わっていただいた多くの研究者に感謝申し上げたい。これらの厳しいご批判がなければ、ここまで行き着くことはなかったであろう。そして、今日まで全国の神社をはじめ、國學院の内外で多くのお世話になってきた皆様に対して、深く御礼を申し上げたい。

この間、年を経るごとに「学問の力」に接してきた。古代から近現代へ、神道を繋いできたのは、卜部氏・卜部神道の学問研究によるところが小さくない。卜部氏の一族とされる、鎌倉末・南北朝期に生きた『徒然草』の著者である卜部兼好は学問について、つぎのように述べる。

人より優れた人物になるためには、学問をすることが肝要であるとされ、「道を学ぶとならば、善に伐《ほこ》らず、輩《ともがら》に争ふべからずといふ事を知るべき故なり、大きなる職をも辞し、利をも捨つるは、ただ学問の力なり」（一三〇段）とある。

なぜ道を学ぶのか、それは良い行いを自慢せず、同僚と争ってはいけないことを知ることであるという。そして、重要な職をやめ、大きな利益を捨てるのは「学問の力」によると。

最後に、今月末に刊行される編著『事典　古代の祭祀と年中行事』に引き続いて、本書の編集を担当していただいた吉川弘文館の並木隆氏に、厚く御礼を申し上げます。

平成三十一年正月

岡　田　荘　司

著者略歴

一九四八年、神奈川県に生まれる
一九七三年、國學院大學大学院文学研究科修士課程修了
現在、同大学神道文化学部教授、博士（歴史学）

〔主要編著書〕
『平安時代の国家と祭祀』（続群書類従完成会、一九九四年）
『日本神道史』（編著、吉川弘文館、二〇一〇年）
『事典 神社の歴史と祭り』（共編著、吉川弘文館、二〇一三年）
『古代の信仰・祭祀』（『古代文学と隣接諸学』七、編著、竹林舎、二〇一八年）
『事典 古代の祭祀と年中行事』（編著、吉川弘文館、二〇一九年）

大嘗祭と古代の祭祀

二〇一九年（平成三十一）三月二十日 第一刷発行

著者 岡《おか》田《だ》荘《しょう》司《じ》

発行者 吉川道郎

発行所 株式会社 吉川弘文館
郵便番号一一三—〇〇三三
東京都文京区本郷七丁目二番八号
電話〇三—三八一三—九一五一〈代表〉
振替口座〇〇一〇〇—五—二四四番
http://www.yoshikawa-k.co.jp/

印刷＝亜細亜印刷株式会社
製本＝株式会社ブックアート
装幀＝清水良洋・陳湘婷

ISBN978-4-642-08350-8

天　皇	祭　　日	悠紀・主基	事　　項
四　条	嘉禎元年(1235)11·20	近江・丹波	
後嵯峨	仁治3年(1242)11·13	近江・備中	
後深草	寛元4年(1246)11·24	近江・丹波	
亀　山	文応元年(1260)11·16	近江・備中	
後宇多	文永11年(1274)11·19	近江・丹波	
伏　見	正応元年(1288)11·22	近江・備中	
後伏見	永仁6年(1298)11·20	近江・丹波	
後二条	正安3年(1301)11·20	近江・備中	
花　園	延慶2年(1309)11·24	近江・丹波	
後醍醐	文保2年(1318)11·22	近江・備中	
後村上	不　詳		南朝以後三代，斎行されず．
長　慶	不　詳		
後亀山	不　詳		
(北朝天皇)			
光　厳	正慶元年(1332)11·13	近江・丹波	北朝以後六代のうち，五代斎行．
光　明	暦応元年(1338)1119	近江・備中	
崇　光			観応元年(1350)予定の大嘗祭，観応の擾乱のため延期，以後斎行されず．
後光厳	文和3年(1354)11·16	近江・丹波	
後円融	永和元年(1375)11·23	近江・備中	
後小松	永徳3年(1383)11·16	近江・丹波	北朝として斎行，明徳3年(1392)南北朝合体．
称　光	応永22年(1415)11·21	近江・備中	
後花園	永享2年(1430)11·18	近江・丹波	
後土御門	文正元年(1466)12·18	近江・備中	京都兵乱のため，12月に延期．吉田兼倶，抜穂使を勤める．御禊行幸・標の山行われる（以後，廃絶）．
後柏原			以後，霊元天皇まで中絶．
後奈良			天文14年(1545)伊勢神宮へ大嘗祭が斎行できないことを謝る宣命．

天　皇	祭　　　日	悠紀・主基	事　　項
正親町			
後陽成			
後水尾			
明　正			
後光明			一代一度天曹地府祭を斎行（仁孝天皇まで）.
後　西			
霊　元			霊元天皇再興を希望.
東　山	貞享4年(1687)11·16	近江・丹波	霊元上皇の強い意志により再興. 以後, 紫宸殿南庭で行うことが恒例となる.
中御門			斎行されず.
桜　町	元文3年(1738)11·19	近江・丹波	再び再興. 荷田在満拝観.『大嘗会儀式具釈』を著わす.『大嘗会便蒙』を刊行.
桃　園	寛延元年(1748)11·17	近江・丹波	
後桜町	明和元年(1764)11·8	近江・丹波	
後桃園	明和8年(1771)11·19	近江・丹波	
光　格	天明7年(1787)11·27	近江・丹波	承明門外に設ける.
仁　孝	文政元年(1818)11·21	近江・丹波	膳屋を月華門南北から嘗殿の外, 東西に設ける.
孝　明	嘉永元年(1848)11·21	近江・丹波	大中臣教忠, 寿詞奏上. 中臣氏世襲の最後.
明　治	明治4年(1871)11·17	甲斐・安房	東京·皇居吹上御苑, 福羽美静, 寿詞奏上.
			明治22年 (1889)『皇室典範』制定. 皇位継承は崩御によってのみ行うこと. 即位礼·大嘗祭は京都で行うことが定められる. 明治42年 (1909)『登極令』公布. 即位礼·大嘗祭は秋冬に続けて行うことを定める.
大　正	大正4年(1915)11·14	愛知県・香川県	昭憲皇太后崩御により翌年に延期.『登極令』による最初の大

天　皇	祭　日	悠紀・主基	事　項
			礼，京都・仙洞御所で斎行．
昭　和	昭和3年(1928)11・14	滋賀県・福岡県	京都・仙洞御所で斎行．皇后初めて参列．
			昭和22年(1947)『登極令』廃止により，新規定のないものは従前の例による．
今　上	平成2年（1990）11・22	秋田県・大分県	東京・皇居東御苑．
次　代	新元号元年(2019)11・14予定		東京・皇居東御苑　予定．

＊　日本学士院編『帝室制度史』第4巻（吉川弘文館，昭和54年，初版昭和15年）をもとに，北朝天皇を加え，作成した．

大嘗祭年表

天　皇	祭　　日	悠紀・主基	事　　項
天　武	天武天皇2年(673)11・16	播磨・丹波	国郡卜定を伴う最初の新嘗. 天武天皇5年(676)尾張・丹波の卜定を伴う新嘗，天武天皇6年新嘗.
持　統	持統天皇5年(691)11・24	播磨・因幡	「飛鳥浄御原令」による世ごとの大嘗祭，中臣大島，天神寿詞奏上.
文　武	文武天皇2年(698)11・23	尾張・美濃	
元　明	和銅元年(708)11・21	遠江・但馬	
元　正	霊亀2年(716)11・19	遠江・但馬	平城宮朝堂院か.
聖　武	神亀元年(724)11・23	備前・播磨	平城宮朝堂院か.
孝　謙	天平勝宝元年(749)11・25	因幡・美濃	南薬園新宮.
淳　仁	天平宝字2年(758)11・25	丹波・播磨	乾政官（太政官）.
称　徳	天平神護元年(765)11・22	美濃・越前	平城宮朝堂院.
光　仁	宝亀2年(771)11・21	三河・因幡	太政官院，大中臣清麻呂寿詞奏上.
桓　武	天応元年(781)11・13	越前・備前	太政官院にて斎行，天神寿詞奏上とともに鏡剣奉上が辰日前段行事となる.
平　城	大同3年(808)11・14	伊勢・備前	御禊行幸，初見.
嵯　峨	弘仁元年(810)11・19	三河・美作	一代一度仁王会定まるか.
淳　和	弘仁14年(823)11・17	美濃・丹波	標の山，初見.
仁　明	天長10年(833)11・15	近江・備中	鏡剣奉上，廃絶.
文　徳	仁寿元年(851)11・23	伊勢・播磨	八十島祭，初見.
清　和	貞観元年(859)11・16	三河・美作	『儀式・践祚大嘗祭儀』定まる.
陽　成	元慶元年(877)11・18	美濃・備中	
光　孝	元慶8年(884)11・22	伊勢・備前	
宇　多	仁和4年(888)11・22	近江・播磨	一代一度大神宝使・仏舎利使，初見.
醍　醐	寛平9年(897)11・20	近江・丹波	以後，孝明天皇まで悠紀国近江に固定，郡卜定は行う.
朱　雀	承平2年(932)11・13	近江・丹波	

天　皇	祭　　　日	悠紀・主基	事　　項
村　上	天慶９年(946)11･16	近江・備中	
冷　泉	安和元年(968)11･24	近江・播磨	
円　融	天禄元年(970)11･17	近江・丹波	以後，孝明天皇まで主基国丹波か備中固定.
花　山	寛和元年(985)11･21	近江・丹波	
一　条	寛和２年(986)11･15	近江・備中	
三　条	寛弘９年(1012)11･22	近江・丹波	
後一条	長和５年(1016)11･15	近江・備中	
後朱雀	長元９年(1036)11･17	近江・丹波	
後冷泉	永承元年(1046)11･15	近江・備中	
後三条	治暦４年(1068)11･22	近江・備中	
白　河	承保元年(1074)11･21	近江・丹波	
堀　河	寛治元年(1087)11･19	近江・備中	
鳥　羽	天仁元年(1108)11･21	近江・丹波	大江匡房『天仁大嘗会記』. 正殿高床化か.
崇　徳	保安４年(1123)11･18	近江・備中	摂政藤原忠通，幼帝を介添(『卯日御記』).
近　衛	康治元年(1142)11･15	近江・丹波	藤原頼長『台記別記』に「中臣寿詞」を記録.
後白河	久寿２年(1155)11･23	近江・丹波	
二　条	平治元年(1159)11･23	近江・丹波	
六　条	仁安元年(1166)11･15	近江・丹波	
高　倉	仁安３年(1168)11･22	近江・備中	
安　徳	寿永元年(1182)11･24	近江・丹波	大極殿・朝堂院焼失のため，再建できず，以後中世後期まで朝堂院の故地で斎行.
後鳥羽	寿永３年(1184)11･18	近江・丹波	安徳天皇在位中に大嘗祭斎行.
土御門	建久９年(1198)11･22	近江・備中	
順　徳	建暦２年(1212)11･13	近江・丹波	後鳥羽上皇宸記『大嘗会神饌秘記』.
仲　恭			承久の乱（1221年）のため，即位儀･大嘗祭以前に退位.『帝王編年記』に「半帝」とあり.
後堀河	貞応元年(1222)11･23	近江・備中	

日本神道史

岡田莊司編

四六判／三五〇〇円

古来、神は日本人の精神的より所としてあらゆる場所に存在したが、国家が形成する中で大きな位置を占めるようになった。天皇祭祀、神信仰のあり方など基本事項を詳細に描き、現代神社の信仰分布を解明。神話と祭祀考古学の世界、神道の成立から神仏習合、国家神道までを辿り、神社と神道のあり方に迫る。今も人々の生活に息づく神道の世界を解明する。三八四頁・原色口絵四頁

（価格は税別）

吉川弘文館